王智军
鄢定友 等/编著

江苏高校优势学科建设工程资助项目（PAPD）

现代警务研究概论

江苏人民出版社

图书在版编目(CIP)数据

现代警务研究概论/王智军等编著. —南京：江苏人民出版社,2020.12
ISBN 978-7-214-24021-7

Ⅰ.①现… Ⅱ.①王… Ⅲ.①公安工作-研究-中国 Ⅳ.①D631

中国版本图书馆 CIP 数据核字(2019)第 231228 号

书　　　　名	现代警务研究概论
编 著 者	王智军　鄢定友等
责 任 编 辑	陆　宁
装 帧 设 计	黄　炜
责 任 监 制	王列丹
出 版 发 行	江苏人民出版社
出版社地址	南京市湖南路 1 号 A 楼,邮编:210009
出版社网址	http://www.jspph.com
照　　　排	江苏凤凰制版有限公司
印　　　刷	江苏凤凰数码印务有限公司
开　　　本	718 毫米×1 000 毫米　1/16
印　　　张	17.25　插页 2
字　　　数	290 千字
版　　　次	2020 年 12 月第 1 版　2020 年 12 月第 1 次印刷
标 准 书 号	ISBN 978-7-214-24021-7
定　　　价	58.00 元

(江苏人民出版社图书凡印装错误可向承印厂调换)

前 言

一、《现代警务研究概论》的编著基础

现代警务研究已经成为国家一级学科公安学学科发展的重要组成部分,更成为当前警务运行与改革理论及实务研究的主要内容。因此,编著《现代警务研究概论》一书,既有利于现代警务研究工作的深入,也有利于现代警务研究人才的培养。本书对现代警务研究的对象(即现代警务研究的本体论)和现代警务研究的方法(即现代警务研究的方法论)进行的两个层面的系统梳理,是对当前现代警务研究的体系性和创新性构建。本书编著团队成员所在的江苏警官学院,早在2013年起就每年开办了现代警务研究人才训练班,并为训练班学员和全校学生开设《现代警务理论研究》和《现代警务研究方法与写作》两门选修课程,由公安部部级智库和江苏省重点培育智库——江苏现代警务研究中心制定、学院教务处审定了两门课程的教学大纲和讲义。2013年再由江苏警官学院研究生教育部组织课程组为南京师范大学和学校合办的法律硕士(警务方向)研究生编写了《现代警务研究专题》课程指南和讲义。应该说,这两个层次的教学过程和讲义使用为本书编著奠定了先期基础。

二、《现代警务研究概论》的主要内容

《现代警务研究概论》一书,分上、下两篇,上篇是现代警务研究的本体论部分,主要关注现代警务研究的对象,包括现代警务的内涵、现代警务的中国发展、现代警务的国别比较、现代警务的理论范式、现代警务的改革创新等;下篇则是现代警务研究的方法论部分,主要关注现代警务研究的方法,包括现代警务研究的选题确定、现代警务研究的内容与框架设计、现代警务调查研究方法、现代警务研究的研究报告写作、现代警务研究的论文写作等,两部分很好地廓清了现代警务的研究对象和研究方法之间的关系。

三、《现代警务研究概论》的创新特色

《现代警务研究概论》一书的创新特色有二:一是内容的原创性。目前,国内专门研究现代警务方面的著述不多,特别是对现代警务研究进行本体论和方法论两个方面研究的著述鲜见。本书的创新性工作和出版,将填补国内此类研究的空白。二是体系的完整性。本书的体系既关注了现代警务研究的本体,具体包括国内外现代警务发展历史、成熟的现代警务理论以及与警务密切相关的理论模型等,也关注了现代警务的研究方法,具体包括现代警务研究的选题确定、现代警务研究的思路和方法、现代警务调查研究的方法、现代警务研究报告及论文的写作等,从而在理论和实务两个方面对现代警务研究进行了系统地阐释和梳理。

王智军

2020 年 9 月

目 录

上篇　现代警务研究的本体论

第一章　现代警务的内涵与外延：警务的现代性及警务革命进程　3
　　一、现代警务的内涵　3
　　二、现代警务的外延及其运行环境　6
　　三、警务革命的进程及发展趋势　11

第二章　国外现代警务理论创新与实践　20
　　一、国外现代警务理论创新：缘起与意义　20
　　二、国外现代警务理论创新：形式与特征分类　27
　　三、国外现代警务理论创新：实践与有效性述评　41

第三章　中国近代警察制度的发轫与发展　46
　　一、历史上警察角色的嬗变　46
　　二、西学东渐与中国近代警察制度的发轫　52
　　三、民国时期警政建设理念与实践路径　63

第四章　警务治理:现代警务的理论基础与范式演进　74
一、理论基础:治理与善治理论概述　74
二、现实考察:国家警务社会化的演进　79
三、警务治理:治理理论对现实警务的分析结论　89
四、当下考量:社会排斥背景下的警务治理　95

第五章　现代警务机制创新:主要问题与对策思考　105
一、现代警务机制的基本内涵　105
二、改革开放以来我国现代警务机制发展脉络　107
三、安全稳定形势对创新现代警务机制提出新要求　111
四、公安工作短板弱项需要警务机制创新　112
五、以治理能力现代化为目标创新现代警务机制　114
六、按照实战化要求创新现代警务机制　116

第六章　媒介警务:媒介变革与现代警务发展　119
一、历时考量:从宣传警务、公关警务到媒介警务　119
二、研究架构:理论指向与政策含义　123
三、个案分析:移动互联网时代的媒介变革及其对网络安全防控的影响　130
四、前沿探讨　137

下篇　现代警务研究的方法论

第七章　现代警务研究的流程　143
一、现代警务研究的类别定位　143
二、现代警务研究工作的准备　145
三、现代警务研究资料收集的基本方式　146
四、现代警务研究的设计与实施　150

第八章 现代警务研究的方向确定与课题设计 154

一、现代警务研究的方法论含义 154

二、现代警务研究的选题方向确定 156

三、现代警务研究的选题论证及设计 162

四、现代警务研究选题确定与设计举隅 168

第九章 现代警务调查研究方法 178

一、现代警务调查研究概述 178

二、现代警务调查研究的类型 188

三、现代警务调查的基本方法 197

四、现代警务调查资料的整理和分析 207

第十章 现代警务研究报告写作 215

一、现代警务研究报告撰写的意义 215

二、现代警务研究报告的类型 216

三、现代警务研究报告的结构 218

四、撰写现代警务研究报告的基本要求 225

附录 创意警务：公安工作创新驱动的全新命题 230

第十一章 现代警务研究论文写作 246

一、现代警务研究论文的写作过程 246

二、现代警务研究论文的一般论述过程 252

三、现代警务研究论文写作的思维方式 254

四、现代警务研究论文写作的语言特点 256

参考文献 261

后记 268

上 篇
现代警务研究的本体论

第一章　现代警务的内涵与外延：警务的现代性及警务革命进程

一、现代警务的内涵

"警务"(Policing)一词,从狭义的角度,是"警察事务"的简称,在这个角度看来,"警务"与"警事"概念并无本质区别,都是指国家专门机构及个体(主要是警察机关和警察个人)实施的旨在预防、警报、察知和即时抗击危害社会安全行为的事务,是通过执行规则或执行法律、犯罪调查和安全预防等有组织的维护秩序、维护治安,以确保社会治安秩序的过程。就狭义警务谈警务,或就狭义警务分析进行分析,显然不能分析警务问题的实质。发掘警务的深层次内涵,要将警务放入国家治理能力的宏观范畴中去,这是理解现代警务内涵的关键。

(一) 对警务内涵的多种理解

1. 不同学者的理解。"警务"(Policing)一词发源于西方语境。"Police"一词在拉丁语中为"politia",即民政(市政)管理(civil administration),而在希腊语中对应的"polis"则表示城市之意。可见,"警务"一词的使用,最初是与对外特征明显的军事权力相对比,主要强调一种内务取向的行政管理权力。从发展来看,有学者指出,西方"警察"与"警务"语词的含义从近代警察产生以来经历了由窄到宽,再由宽到窄的发展。由窄到宽是指这一过程是伴随着警务变革由"警察专门化"到"社区警务"的发展而表现出来的,到社区警务的全面展开达到高峰。由宽到窄则是"警察"一词逐渐为其所专用。而"警务"一词随着"911"事件之后,情报主导警务战略的全面实施,也便趋向专指化。① 英国学者琼斯和纽伯恩在与把警务定义为"社会控制"或"管理或提供安全担保"进行对比的基础上,不赞同对警务过于宽泛的界定,认为警务是"由个人或组织承担的有组织的维护秩序、维护治安、执行规则或执法、犯罪调查和预防,以及其他形式的调查和相关信息监管活动——这可能涉及有意识地实施强制权,这些活动被这些个人或组织或其他人看成是他们工作目标的主要或决定性部分。"② 这一理解行为视角的分析,是较为狭义的理解。而罗伯特·雷纳则从较宽泛的意义上认为,警务是试图通过监控和对危险的制裁来保证安全。③ 这是从社会控制的宏观视角,将警务作为广泛的社会控制的一个方面。

2. 警务的实质。这里对警务的内涵解读主要从宏观视角,罗伯特·雷纳所指出的警务通过一系列的行动确保特定社会秩序或一般社会秩序的安全。这可以被理解为警务的实质,即一方面要创造一种社会都顺从的环境,另一方面设置一套监控系统对因发现的品行不端的人带来威胁的立即惩罚,或是借助于传授一些刑罚程序的知识实现上述目的。

3. 警务的基本要素。一是有意图或有目的的行动;二是个人或组织自觉地行使权力或权威;三是执行规范或规则、维护秩序、确保安全;四是试图实现现在或将来的治理。

(二) 警务的不同维度

英国学者 Alison Wakefield 总结了警务的多种解读视角④:

1. 作为警察工作的警务。警务首先被看作警察的工作,其次才是其他机构和社区、居民和商业机构的活动。不同警察体系,虽然警察维持秩序责任一致,但有些国家警察主要从事应对政治不安定工作,某些社会警察承揽广泛的业务,有些国家警察则与福利政策有关。

2. 作为法定规范的警务。这一视角将警务作为一个较为宽泛的概念,是由现代政府控制的内部的、禁止性的立法活动,而且其中总是伴随着国家警察的活动。

---

① 石启飞:《论西方"警察"与"警务"含义的演化对中国警务发展的启示》,《公安教育》,2017年第5期。
② T. Jones, and T. Newburn, *Private Security and Public Policing*, Oxford: Clarendon, 1998.
③ [英]罗伯特·雷纳:《警察与政治》,易继苍、朱俊瑞译,知识产权出版社,2008年版,第4页。
④ [英]Alison Wakefield:《社会发展与警务变革——公共领域的社会化警务》,郭太生等译,中国人民公安大学出版社,2009年版,第4—6页。

由于警察具有广泛的、历史性的作用,这一视角认为,警务是内部的、执行禁止性的法令的完整领域。政府依靠它,就可以将控制手段委派给特定的管理当局。① 这种界定特别强调警务是区别于外交事务的全部内政。

3. 作为系列活动的警务。通过监控和确认威胁来提供安全服务的努力,可以作为确定警务概念的一种参考因素。

4. 作为维护秩序的警务。这一视角将警务视为维护秩序的活动。维护秩序是警察授权的核心,既有基于设置警察的需要,也有警察在历史上通过依法巡逻和对人群控制来维护公共秩序、预防犯罪的功能与作用。这一视角可以将警务理解为通过监控和确认威胁来提供安全服务的所有努力。具体来说,可以包括组织化的维护秩序、保持安宁、犯罪调查与预防以及其他的调查形式等。

5. 作为治理的警务。警务是"网络化节点式管理",使无数的有关联的机构和组织意识到是自身在参与治理过程,以及自身和治理之间的联系。第三方警务是典型代表。国家机关仅是管理网络的众多网点之一,私人警察、保险公司、管理机构、社区、学校、家庭等都是安全网络中的网点。这种改变主体也发展出风险概念,风险管理的责任将从政府转移到个体身上,个体必须对自己风险决定的后果负责。国家关注的焦点,从负责防止和控制犯罪,转变到建立一个控制与预防犯罪体系的网络,该网络负责危险确认与管理。有效的治理依靠两个条件:一是急迫的社会需求要创造有利的解决办法;二是创造参与的机会让大众对治理过程有普遍的接近通道。科技带动全球化使各类冲突频率与广度日益升高如有组织犯罪、恐怖活动、网络犯罪等跨越国家界限,而非传统的国家安全或治安议题。有效的治理至少包括三个层面:宏观层面是各国政府只有透过国与国之间的协定,才能有效处理这种跨国安全议题;中观层面是企业将取代许多政府的职能,企业有它的社会责任;微观层面是第三部门(社会组织)有它的社区使命。治理活动模式见表1-1。

表1-1 治理活动模式

层次	部门		
	私人部门	政府部门	第三部门
超国家层次	跨境公司	政府间组织	非政府组织

---

① 郭太生、戚丹:《警务理念创新与社会管理的完善》,《中国人民公安大学学报》(社会科学版),2009年第3期。

续表

层次	部门		
	私人部门	政府部门	第三部门
国家层次	公司	中央政府	非营利组织
次国家层次	地方	地方政府	地方

资料来源：R. Keohane, and N. Joseph, "Introduction", in *Governance in a Globalizing World*, Washington, DC: Brookings Institution Press, 2000, p. 13.

(三) 现代警务的内涵

"现代警务"(Morden Policing)一词，既有其时间维度上的现代意涵，是相对于古代警务，这主要以1829年英国"苏格兰场"的建立作为现代警务出现的标志。现代警务也有其特征维度上的现代意涵，主要是指警务在运行和发展的过程中，展现出的警务的现代性特征和内容。现代警务的这些现代性特征主要表现在五个方面：一是警察职能的独立化；二是警察组织的系统化；三是警察职权的法治化；四是警察工作的职业化；五是警务装备的文明化等。① 这些特征很好地表明，现代警务已经从国家事务和政府事务中独立出来，成为人类为实现社会治安和社会秩序的独立的治安政策制定和治安行政管理的运行过程。警务一直在其内在的现代化进程之中，如河流般浩浩汤汤，不复停息。现代化带来现代性的外显，随着人类政治运行进程的不断优化和完善，现代警务也在不断进行着自我进化和外在革命的完善，使警务呈现其现代性特征的同时，也服务着人类社会不断进入一个更符合安全和秩序要求的轨道之中。

二、现代警务的外延及其运行环境

(一) 现代警务的外延

1. 公私安全视角下的警务

公私安全视角下的警务，其实质体现了警务专业化与大众化之间的张力。

(1) 公共警务与国家警察。长期以来，人们所关注的警务主要集中在国家警

---

① 王智军：《警察的政治属性》，社会科学文献出版社，2009年版，第209—215页。

察机构身上。认为国家警察机构组成了通常所称的警察服务。在中国、日本、丹麦、芬兰、希腊、瑞典等国,特定的政治体制和历史发展形成了单一的国家警察体制。公共警务成为警务的最重要与核心的部分。从现代警务发展史上看,19世纪中叶开始,英国不仅有一支专业的国家警察队伍,且这支队伍还被授予一定程度的合法性。现代警务的发展,其实质是使警务成为国家官僚机构的工作,也就是说,从某种意义上,这种认识会限制甚至排除民众参与警务活动,而将相关工作交给专业人士来完成,导致"在更广泛的范围内要求民众远离普遍参与刑事司法体系,在这一体系内,调查、审判和处罚权应掌握在专业人士手中,而且任何形式的干预都应受到证据法和程序法的严格约束"①。

(2)私人安全的专业化发展与社区自我保护。在另一些国家,如美国则不同。美国有超过17000个州与地方执法机构,12300个地方警察机构,县治安官超3000人。因此,包括执法类工作、司法类工作、社会矫正类工作等都包括在"警务"的宽泛范围中。值得一提的是,从私人安全视角分析,私人安全公司,私人安全涉及的保安、信息安全、保镖等,对其从业人员标准与训练成为推动私人安全专业化发展的重要方面,也成为警务发展需要关注的范畴。此外,在只靠警察自身无法消除或控制犯罪,社区需要参与的预设之下,社区自我保护的力量发展也成为"警务"范畴的关注焦点,由此产生的社区警务与问题导向警务等理念,强调了警察与社会之间必须建立工作关系。警务工作一方面需要指导公众使居所或商业机构尽可能地防御犯罪;另一方面也需要社区居民注意可疑人员、向警察报告犯罪线索等配合警察使邻里环境更加安全。

2. 警察角色与公共警务

(1)警察角色。警察社会学中对于警察功能的研究,其焦点是对警察角色的界定:一是维护秩序。警务研究早期,按照迈克尔·班顿对警察角色的研究,执行巡逻任务的警察主要是一名"治安官",而不是一名"执法者"。从逮捕违法者的意义上说,他用于执法的时间相对较少,更多的时间是用在监管其辖区并且对援助请求做出回应的"维持治安"上。② 许多学者在其研究中都强调维护秩序是警察的重要角色任务,虽然这类定义后来因其忽略了其任务的多样性而受到批评,但也表明了,从警察所做的工作进行分析时,维护秩序是对警察角色较为精

---

① P. Rawlings, "The idea of policing: a history", *Policing and Society*, 1995(5):143.
② [英]罗伯特·雷纳:《警察与政治》,易继苍、朱俊瑞译,知识产权出版社,2008年版,第131页。

准的角色定位。二是打击犯罪。此后,研究者对从警察工作分析警察角色提出了一些质疑。警察打击犯罪的专业化角色越来越得到重视。有学者指出,警察所接报警电话是否达到"犯罪",这不仅取决于是否发生了犯罪,罪犯是否在场等等,而且还取决于现场处置警察的决定,经过与他人商定,他们是否把其所处置事件作为犯罪记录在案。① 从这个意义上说,警察工作在打击犯罪活动方面发挥着重要作用。此外,正如雷纳所述,现代警察机构的变化已使具有执法功能的专家数量增加,而且对常规犯罪问题的调查任务也已下放至身着制服的巡警。现代警务工作更多地以犯罪为中心,这也使警察自身更加强调打击犯罪这一角色。三是提供服务。除了维护秩序与打击犯罪外,警察的角色还更多地与"服务"密切相关。如警察要满足社会(社区)需求,在特定环境下,警察的主旨还会与努力增进社会福利、尊重个体权利与尊严等相关。由此,警察被赋予了很多延伸功能,这使其角色具有一定的模糊性。警察在处理不测事件时所具有的法律权力使其区别于一般的公权力角色,且在应急服务上有更加多元的角色定位。

(2) 警务目标。基于警察角色的多重性,对警务目标的认识也呈现多元趋势。如有学者指出:警务的首要目标是维护秩序与保障生命财产安全。警务的次要目标包括以下六项:一是预防犯罪;二是逮捕与起诉侵犯者;三是找回被盗窃或遗失财物;四是帮助生病或受伤者;五是强化对非犯罪的社会规制;六是补充提供社会(社区)服务。② 特雷弗·琼斯和蒂姆·纽伯恩强调,警务活动可能涉及有意识地实施强制权,这些活动被这些个人或组织或其他人看成是他们工作目标的主要或决定性部分。③

(3) 公共警务。除公共警察外,有许多组织也具有犯罪调查、执法、秩序维护及预防犯罪等方面的"警务"功能。国内有学者对于私人安保是否能够翻译成私人警务或能否放入警务的范畴尚存在质疑与争议。国外对公共警务与私人安保之间的关系,也一直存在较大争议。在西方国家,传统观念中私人安保被视为可能挑战政府权威的角色,然而随着私人安保就业的增长,美国兰德公司认为私人安保逐渐被概念化为"警务"中的"次级合作伙伴",而学者希林和斯滕宁则认

---

① [英]特雷弗·琼斯、蒂姆·纽伯恩:《私人安保与公共警务》,李继红、朱安春、徐青等译,南京出版社,2013年版,第15页。
② S. J. Dempsey. *An Introduction to Policing*, Wadsworth Publishing Company, 1994, p.116.
③ S. J. Dempsey. *An Introduction to Policing*, Wadsworth Publishing Company, 1994, p.20.

为,私人安保本质上是预防性的,是预防损失,不像公共警察机构是以预防犯罪为主。学者约翰斯顿却不赞同所有试图从功能角度探讨公共警务和私人安保之间的本质区别。故这里主要研究公共警务与警察角色之间的关系。公共警务的特征可从以下几个要素把握①:一是部门要素,通过"国家对市场"结构而表现出来,公共警务的提供者是国家工作人员,其资金来源是国家和地方税收;二是空间要素,公共警务对应的警察群体在管辖权上受到的地域空间限制相对小于其他群体;三是法律界限,公共警务中的警察在逮捕、拘留、进入和搜查处所、截停和人身搜查、使用武力等方面具有更大的法律职权;四是职能界限,公共警务中警察的职能范围可以延伸,因此职能范围十分广泛。

(二) 现代警务运行环境

1. 制度环境

现代警务运行的制度环境决定了警务运行实践,如世界各国都十分重视对警察的监督与控制。在契约型政府中更重视外部控制,如在美国,更注重强化在警务体系之外,有审理民众投诉的"市民审议委员会",官僚体系、政治人物控制、法院、检察官、立法院、政党、媒体等的监督与控制。而在日本、英国等国家统治型政府中则更强调对警察的内部控制,包括系统层级监督、组织纪律程序、同行责任等。

如果将警务制度作为因变量,那么制度层面的自变量至少包括以下几个方面:一是政府形态。各国政府形态,寻求现象的解释与理论的建构,如组织、监督问责、回应性等。二是经济发展程度。这在总体上决定了警务的经济投入程度。三是文化体系,如社会普遍接受内隐式社会规范的程度。如美国人比较不会压抑、随性不讲求仪式,公共场合较守秩序、对政府怀疑、重视隐私、守时、求变等文化倾向,对警务体系会产生影响。如美国人对公共权力约束常存疑虑,愿意承受高犯罪率而减少警察的介入。

总的来说,就世界范围内警务制度的类型而言,较为典型的是警务制度三分法:一是权威式。在这种模式下,警察是正式且多为压制性社会控制角色,警察有较大权威以规范民众生活。二是英美式。这种模式警务的社会渗透性小,除一系

---

① [英]特雷弗·琼斯、蒂姆·纽伯恩:《私人安保与公共警务》,李继红、朱安春、徐青译,南京出版社,2013年版,第170—197页。

列服务性工作外,警察组织的设计目的多在处理危害与执法,而非经常性的进入邻里事务之中。三是东方式。警察是社会控制的重要工具。与前两者不同在于,东方式警察是非正式社会控制的动能,以身教指导,由服务创造警民互动、培育社区意识,共同维护社会治安。此外,也有学者从警务与社会的关系出发,作出了以下三种分类,详情见表1-2。

表1-2 警务与社会的三种分类

社会形态	警务类型		
	民主式	威权式	社群式
权威形态	理性/法律	集权/官僚	道德/家父作风
文化导向	个人主义	国家主义	团体主义
冲突处理模式	讨论式	镇压式	融合式
警察特性	被动式 分离式 怀疑式 专家	制止式 侵入式 恐惧式 全能	预防式 渗透的 尊敬的 通才

资料来源:R. Mawby, *Policing Across the World*: *Issue for the Twenty-first Century*, London: UCL Press, 1999, p. 122.

2. 文化环境

警察文化是警察具有独特的决定其内外行为的规范、信念和价值观。Muir在《警察:街头政治人物》一书中认为,专业警察应具备两种特质:一是热情,即信念与意愿。以强制力为手段达到善的目的的信念及使用强制力达到这些目的的意愿。有了热情,警察就能将权威融入道德之中;二是洞察力,即对于人性尊严的客观理解。从细微线索看出丰富内涵,也就是温馨热情与冷静判断。

对危险与怀疑、孤立与团结、独断与权威的强调是警察文化的核心元素。首先,无处不在的危险和不同预测的因素致使警察对任何可疑的事情都很警惕。警察通常拥有独特的愤世嫉俗和悲观世界观。其次,警察是一个孤立的群体,警察机构内部则呈现高度的团结。警察会对"我们"(警察)和"他们"(其他人)作出清晰的划分。第三,这一职业易忽视下属或普通公众对他们的反馈,其权威使其自身与外界有些疏离。

男子气概、偏狭、偏见和保守主义也被认为是警察文化的特色。由于是男性主导的职业,传统警察被要求须身体强壮、意志坚强、有斗志并能从事传统的男性活动。与之相对应,女性在警察工作中常被忽视,难以获得提拔。在强调性别的环境下,她们遭遇很大的压力,或者从事强调性别的工作,或者抛却部分女性气质,接受男性文化。偏狭和偏见则根源于西方社会对少数族裔的种族歧视。此外,警察在道德和政治上持保守态度,不喜欢动荡与变革。

在当前文化变革中,强调多元化结构体系是变革的主要特征,西方改善对少数族裔群体的服务,中国则强调对弱势群体的关注。此外,男性主义是警察身份的永恒主题,除传统的冲突与危险压力以外,当前警察面临新的压力,包括文书工作压力与数量游戏的压力。近年来,警务工作整体转向社区警务,"警察被鼓励把公众看作拥有合法权利和参与治安服务的成员——而不是不同于警察的不知名的民众。"[①]从这个意义上说,警察文化中的孤立与团结进一步加强。

三、警务革命的进程及发展趋势

(一) 世界警务革命的进程

早期,北美有两类警务方式:北部小镇或村是守望制度(the watch system),守望者一般不使用武器而是使用急响器或哨子向市民或其他守望者求助,且守望者并不总是那些最合格的人,殖民地机构往往把进行巡逻守望作为对轻微违法者的一种惩罚;南部是治安官制度(the sheriff system),治安官根据需要组建民防团和巡逻队,维持较广区域的社会秩序。[②]

1. 第一次革命(1829—1920):现代警察的建立

英国现代警察的诞生以1829年英国大都市警察建立为标志,有"现代警察之父"之称的罗伯特·皮尔提出了由中央与地方政府共同管理警察的机制。美国现代警察的建立有两种说法,即遵循皮尔模式的1845年纽约市警察局和1838年波士顿警察局。到1880年,美国主要城市都具有与纽约类似的警务体制。这一时期是警务的政治时代,警察机构执法权来源于地方政府,并可由任何理由加以剥夺。政客帮助警察局长和一般警察保住工作,而警察机构则帮助政客保住政府职位。主要警务策略是巡逻,犯罪状况、骚乱控制效果、秩序维持等是衡量警务绩效的主

---

① [英]贝珊·洛夫特斯:《社会变迁与警察文化的嬗变》,蒋荣丰、徐爱华、赵鹏荣等译,南京出版社,2013年版,第138页。
② 曾忠恕:《美国警务热点研究》,中国人民公安大学出版社,2005年版,第2页。

要参数。值得一提的是,1893年,国际警长协会(the International Association of Chief of Police,简称IACP)成立,旨在推动美国警务运作的一致性,其最重要的贡献是创建了刑事鉴定档案交流中心和指纹库,该机构在后来成为警察专业化最有影响的力量。

2. 第二次革命(1920—1930):美国警察专业化运动

以美国警察专业化运动为代表,其核心是摆脱地方腐败政治对警察的控制,使警察成为独立高效的队伍;加强教育培训,注重专业化。这一时期警察被视为刑事司法系统的组成部分,但不主张警察行使自由裁量权。警察在日常生活中遇到特殊问题,一般不允许他们自行解决,而是靠设立专业队(如青少年、毒品或战术专业队等)来应付。

3. 第三次革命(1930—1970):欧美警察现代化运动

以欧美警察现代化运动为标志,主要包括交通器材现代化、指挥通讯现代化、电子指挥中心和信息交流存储现代化。这一时期是专注于提高效率的警务策略,使用的主要战略是预防性巡逻和快速反应。这一时期严重依赖无线通信、911报警系统、计算机辅助调度等新技术以及机械化巡逻等手段,而对技术和装备的过分强调使警察日益脱离了他们所服务的市民。美国20世纪六七十年代的反战示威和其他抗议行动加剧了警察与公众之间的冲突,不少人因此对警察行为的合法性提出了质疑。对警务发展的研究意识到:警务只有回到以服务为中心的轨道上来,才能满足公众的需要。这一观点推动了社区警务的产生和后续的警务改革。

4. 第四次革命(1970—2011):欧美新警察模式改革

对原有警察组织结构、理论观念的冲击。社区警务战略始于20世纪70年代,其产生和发展与许多警务理论及社会公共安全理论相联系,是现代社会公共安全供给的代表性战略。以美国为例,美国学者威拉德·奥利弗于2000年将美国社区警务发展分为三个时期,即1979—1986年的改革时代、1987—1994年的扩散时代和1995—2000年的制度化时代。[①] 美国社区警务最初是在大城市进行小范围试验,1985年有300多个警察机构采纳了社区警务形式,到1994年扩大到了8000多个。目前美国社区警务已经广泛应用,截至2000年,美国1.7万个地方警察机构

---

① W. Oliver, "The Third Generation of Community Policing: Moving Through Innovation, Diffusion, and Institutionalization", *Police Quarterly*, 2000, 3(4): 367-388.

中,有68%的警察机构和90%的警员已经采纳了社区警务战略。① 社区警务战略的产生与发展中,可以看出社会公共安全供给的基本脉络。美国1994年通过《暴力犯罪控制与执法法案》,批准6年用88亿美元专门成立隶属于司法部的社区导向警务服务办公室(COPS),该机构成立之初即启动三个计划:促进雇佣、教育与部署(AHEAD),加速对较小城镇资金资助(FAST),有效地使用警官重新部署(MORE)。之后该办公室的主要职责还包括:成立全国网络型的地区社区警务研究所(RCPIs)、出版警务改革系列出版物、补助社区警务服务、类型犯罪与技术创新专项拨款、雇佣社区警务专职人员等。除美国外,世界多国都相继进行了社区警务实践,其主要做法可以归结为以下几个方面:(1)设立社区安全委员会。成立警察与居民共同的委员会、定期会议制度与社会警务培训是社区警务的重要内容。世界范围内,许多国家和地区都采用这种社区警务方式改善警民关系,寻求社会组织与个人对安全供给的支持与合作。以美国为例,美国多元文化的代表性城市——洛杉矶,建立了六个社区论坛,主要包括少数裔群体、宗教群体和青少年群体等,以更开放的姿态促进不同种族、信仰、群体的人的合作。美国加利福尼亚州的圣安娜警察局推出特别居民警务课程,促进居民了解警察行为,同时也使警察更加了解居民的需求和愿望。美国伊利诺伊州芝加哥市于1993年实行选择警务战略(Chicago Alternative Policing Strategy,简称CAPS),其主要内容涉及建立市民委员会和在警员与社区居民之间召开街区会议,并围绕特定问题进行警务培训。英国几乎所有英格兰和威尔士的警察局都建立了正式的警民咨询委员会,其主要作用包括:维系警察与公众间信任、维护社区秩序、改善社区生活质量、促进公众对警务问题与警察工作的理解、发展受害人支持服务等。② (2)建立社区安全支持机构。社区警务的重要转变在于,警察成为面向社区的服务提供者,其职责不仅是预防和打击犯罪,更要为完善社区秩序、提升社区的生活质量不懈努力。将这一理念转变为警务实践,离不开社区安全支持机构的支持。社区安全支持机构是以社区公共安全为目标,多组织及人员参与的综合性机

---

① U. S. Department of Justice, Bureau of Justice Statistics, Law Enforcement Management and Administrative Statistics: Local Police Departments 2000, Washington, DC, 2003, p. 3. 转引自[美]Kenneth J. Peak, Ronald W. Glensor:《社区警务战略与实践》,刘宏斌等译,中国人民公安大学出版社,2011年版,第22页。
② K. Newman, *The principles of Policing and Guidance for Professional Behavior*, London: The Metropolitan Police, 1985, pp. 153-174.

构。如美国佛罗里达州劳德代尔堡市成立的社区支持部(CSD),其组成部分包括:犯罪分析中心、犯罪预防中心、青少年服务机构、机动车中心、行政机构、代码执行机构、报警减少机构和展示中心等。密苏里州圣路易斯市的街区稳定小组(Neighborhood Stobilization Team,简称NST)的成立,使城市自治部门、警察机构和市民更好地合作,共同解决社区问题。①(3)邻里守望。"邻里守望"(Neighborhood Watch)是西方社区警务模式重要内容之一,它的实质是将一定区域的居民联合起来、互相帮助,共同预防犯罪,改进当地治安状况的一种犯罪预防控制方式。其主要形式是由社区协作者、守望协助者及社区警员以共同的目标相互合作。丹麦是世界上最早实行邻里守望制度的国家,主要采用先进技术防范措施和向居民宣传自我保护人身和财产安全的方法,是情境犯罪预防策略(Situational Crime Prevention)中的一项具体措施。丹麦的"邻里守望制度"不仅仅把重点放在巡逻上,而且在社区本身"软环境"及硬件设施上也十分重视,"软环境"包括对不同居住方式的人们提供不同的预防方法,提升社区文化。1972年美国推行"邻里监督计划",将其作为减少入室抢劫案件的数量的一项特别措施。在英国,1982年第一个邻里守望项目建立。十年后,全国的邻里守望项目发展到八万多个,覆盖了四百万个家庭,取得显著成效。目前邻里守望已经成为英国最常见的社区犯罪预防形式。此外,世界许多国家都在一定范围内相继发展邻里守望项目,如加拿大使用志愿者进行自行车巡逻和社区守望,取得了较好的效果。

5. 第五次革命(2011—):警务改革新专业化

2011年3月,美国人魁斯特佛·斯顿(Christopher Stone)提出了"警务改革新专业化"(Toward New Professionalism in Policing)。王大伟教授认为:警务改革新专业化的四个要素分别为:承担责任性(accountability);有效执法性(legitimacy);改革创新性(innovation);改革整体性(coherence)。承担责任性强调警察队伍面对社会日益复杂的现实状况和层出不穷的问题和挑战,要勇于承担责任,不能后退半步,不可推卸责任,只能披荆斩棘,勇往直前。有效执法性强调警权民授、善意限制、最小动用武力和满意决定警务论。改革创新性是对警务工作所面临挑战的一次又一次的被动反应,这种被动的反应带动了警务改革整体的前进。改革整体性

---

① [美]Kenneth J. Peak, Ronald W. Glensor:《社区警务战略与实践》,刘宏斌等译,中国人民公安大学出版社,2011年版,第318—319页。

则包括横向地域与纵向时间连续两个方面的整体性治理。①

(二) 当代世界警务环境的变化

1. 风险社会与社会控制。现代性破坏了亲属关系的显著性,割裂了当地社区的控制,削弱了宗教的权威和传统的感召力。风险社会背景下,科学与工业发展的结果,释放一系列前所未有的后果。我们的生存越来越依赖于现代性。风险不局限于特定团体或地点。地点上表现为全球化,如现代工业造成的污染问题或跨国犯罪、信息犯罪等。对象上与阶级地位无关,作为城市居民,不同收入的人群都面临着共同的风险,如使用地铁、隧道、桥梁等设施,如恐怖主义威胁等,这些都对犯罪控制与社会控制提出了新的挑战。

2. 主权国家对犯罪控制、安全事务的垄断被质疑。在西方国家,如在英国,随着公众和企事业单位对安全需求的增长,警察在预防犯罪方面的可信任度下降,官方对于私有化和社会个体承担安全责任的优点的认识不断提升。使原先国家主导的警务工作衰退,收费警务和志愿警务出现。埃里克森的"安全被"理论认为,非公共组织和志愿者的参与不仅体现他们所拥有的知识和服务,而且更重要的是为公众提供了一张完整的"安全被"。后现代社会不安全感的激增,警务不为国家垄断已经成为西方国家的共识。

3. 犯罪预防的复兴。自上世纪 80 年代起,不同于传统的惩罚式、分散式和排外式的社会控制模式,犯罪预防开始占有越来越重要的地位。从"威慑主义"犯罪预防,到现在的情境犯罪预防和社会犯罪预防,即集中精力改变社会环境和改变犯罪者的动机,如通过制定计划来阻止潜在的或已经发生的具有不良倾向的人将来实施犯罪。

(三) 警务的未来发展趋势

1. 警务进一步的多元化——以英国的公私警务合作与多元化警务为例。传统警务模式无法为公众提供完善的社会公共安全服务。安全的"公共空间"中的安全规定日益私人化,私人公共安全需求的多样化和传统公共安全供给的资源受限使社会化警务成为警务研究和现实政策中的焦点。世界范围内,英国的公

---

① 王大伟:《新警察专业论——第五次警务革命向何处去》,《中国人民公安大学学报》(社会科学版),2012 年第 6 期。

私警务合作发展较迅速,取得了较为显著的成效。1994年,英国学者理查德·埃里克森(Richard V. Ericson)形象地用"安全被"比喻警务机构的"拼凑"在后现代社会的运作。埃里克森指出,在当代,领土或地域安全只是社会为全体人员安全供给的方式之一。此外,还包括三种安全供给,即超越自然边界的环境安全、抵御各类安全风险的个体或组织发展生涯保障和在文化层面使个体免遭歧视对待的身份安全。公共警务力量在努力应对犯罪,提供地域安全的同时,这些方面也同样需要不懈努力。① 可见,安全领域的复杂性使单独依靠公共警务力量无法实现有效安全供给。后现代社会背景下,警察或公共警务力量角色发生了重大变化。其不再仅仅是使社会成员免遭犯罪威胁,保护其人身与财产安全的直接责任者,更需要通过与其他公共机构与社会组织的沟通与合作,承担起安全知识经纪人、安全专业顾问和安全管理者的职责与使命。"警务机构成为众多安全供给机构中的一员的事实既不意味着其他安全供给机构可以复制警察的职责,也不能说明可以减少其他机构在危机管理与安全供给中承担的共同职责。相反,正因为安全供给各机构掌握风险的独特知识与提供特殊的安全服务,共同构成整体'安全被'全面的安全供给,其在各自领域内日益重要,蓬勃发展。"②此外,在"安全被"布局的技巧上,社会公共安全"不仅关系到哪些部门(如中央政府或私人机构)掌控(或承包服务)哪些警务机构的问题,也关系到各种不同的公共和私人机构控制城市空间的方式问题"③。在英国,社会公共安全供给机构包括内政部警察、交通警察、公园警察、国防部警察、邻里看护队、城市闭路监控系统操作员、专有制保安、合同制保安、街道守望巡逻、邻里守望、居民巡逻团体、维护治安组织、反恐打击队等十多种,其所属部门类型涉及中央政府机构、地方政府机构、半私营机构、私营机构和志愿团体等五类,而其属地的空间类型又可划分为开放的公共空间、受限制的公共空间、开放的私人空间和受限制的私人空间等。这些共同构成社会公共安全供给网络。以私人保安业为代表的私人警务,在犯罪预防中起到越来越重要的作用。其原因在于,"犯罪预防更主要涉及安全问题,而不是

---

① R. Ericson. "The division of expert knowledge in policing and security", *British Journal of Sociology*, 1994,45(2):149-175.
② R. Ericson, "The division of expert knowledge in policing and security", *British Journal of Sociology*, 1994,45(2):149-175.
③ [英]Alison Wakefield:《社会发展与警务变革——公共领域的社会化警务》,郭太生等译,中国人民公安大学出版社,2009年版,第33页。

执法问题"①。从这个意义上说,私人警务介入犯罪预防是社会安全供给的重要内容,公私警务合作是实现犯罪预防的必要途径。因此,作为公共警务机构应以主动的姿态,投入时间与精力培育与私人组织等其他类型机构的关系,以实现优势互补,共同促进社会公共安全协同供给。基于对公私警务的上述分析,许多学者开始转向多元化警务的研究,认为大量的警务活动内容涉及公共的、私人的及混合性的机构。这些新兴的政府外的社会公共安全供给力量,如私人化保安组织构成政府之外的商业化供给力量、超国家安全供给力量、被授权执行安全供给的非政府力量和民间自发安全供给力量等。

2. 责任感和市民参与的加强——以澳大利亚基于犯罪预防与控制的第三方警务为例。第三方警务,是指"警方通过说服、强迫、操控以及利用法律和民事救济措施,引起或者激发第三方的兴趣,积极承担起犯罪预防或犯罪控制的责任。"②第三方警务中的第三方,是指非犯罪方,如卫生检查员、私营工商业主、业主、家长、学校等。第三方警务的目标是,通过特定方法改变第三方的日常行为方式,使其向着有利于犯罪预防与控制的方向发展。由于按照第三方的本意,是不会为了防控犯罪主动改变日常行为方式的,第三方警务实践中,需要警方通过规划运用适当的政策工具实现目标。由此,对不同类型犯罪进行预防与控制过程中,针对不同的"第三方"群体,所采取的政策工具也多种多样,这里以对毒品犯罪、暴力犯罪、青少年犯罪和财产犯罪的控制为例,对第三方警务的实践进行分类分析。首先,在控制毒品犯罪中,第三方主要包括业主、工商企业主和公住房管理机构,主要做法有:对业主(房东)的策略如采用多机构响应的专门小组进行实地走访,这些小组成员包括住房、消防、市政工程等部门,向业主宣传相关法律法规,向其施压,使其主动驱逐不良房客;对工商企业主主要采取的策略是,要求其对可用于毒品加工的合法化学品销售进行报告,与此同时,对酒吧、旅馆或商店等商业点定点采取执法措施;对于公住房管理机构,警方则要求其规定,只要租赁人违反公住房政策或管理规定的行为,即签发"停止租赁通知",以驱赶租赁人和收回房屋。其次,在控制暴力犯罪中的第三方警务。这里的暴力犯罪主要包括人身伤害、抢劫、家庭暴力和枪支犯罪等。与之相应,第三方主要包括商业主、被害人、公职人员(如学校行政人员、当地

---

① [英]Alison Wakefield:《社会发展与警务变革——公共领域的社会化警务》,郭太生等译,中国人民公安大学出版社,2009年版,第48页。
② [澳]洛林·梅热罗尔、珍妮特·兰斯莉:《第三方警务》,但彦铮等译,中国人民公安大学出版社,2012年版,第67页。

市政官员)、专业服务人员(如医务人员、律师、会计师)及非营利性服务人员(如被害人支持者、社工)。① 如要求商业主清理店面、加强照明、安装监控、进行员工安全培训等;警方与家庭暴力犯罪中的被害人交谈,建议其提出申请禁令;警方与公职人员合作,要求其出台某项法规或规定以利于控制和减少犯罪;警方向专业人士(如医生、心理学家等)汇报涉嫌暴力的情况;非营利性服务人员如被害人支持者关注被害人的需求并在出庭时提供帮助等。再次,在控制青少年犯罪中的第三方警务策略,其目的是改变目标青少年的不良行为。第三方涉及面较广,主要包括商业主、家长、学校、社区组织等。如通过干预措施改变商业地点的环境,例如增加照明设施,在青少年常去的电子游戏游乐场等地选用更为透明的玻璃等;要求青少年的父母对子女加强教育配合青少年地区宵禁法和防止逃学计划的实施;要求社区巡逻队成员帮助青少年远离不安全的区域或处境等。最后,在控制财产犯罪的第三方警务中,第三方主要涉及商业主、制造商、车主、保险公司等。以上这些"第三方警务"实践做法都取得了较好的效果,也存在一些负面效应,如表面应急化可能使导致犯罪的深层次社会问题的忽视;对区域性犯罪控制的追求可能带来犯罪的转移,由于法律体系的不健全可能引发责任困境等。可见,围绕第三方警务的全局设计和法律框架还有待完善。但就总体而言,第三方警务的成功之处在于,创造了警方与其他各社会主体的更细致的协商和合作途径,有利于调动广大公众在社会公共安全领域参与的积极性,从而壮大社会公共安全供给力量,实现更高水平的社会公共安全协商与合作。

3. 技术与科技的影响加深——以美国情报主导警务为例。现代风险社会所遭遇的种种危机不仅改变着人们的行为方式,也推动着政府及公共管理机构实践的变迁。现代信息技术的发展使人们对自然界的风险有了更强的预测、分析能力,进而在防灾减灾方面有了丰富的经验和较高的能力。在社会公共安全领域,这种风险管理与分析技术也是预防和应对社会公共安全失序的核心技术与重要途径。这里的风险管理与分析技术,不仅局限于传统意义上的对犯罪率、破案率等社会面公共安全的基本数据录入与统计分析。其与传统意义上的安全数据统计与分析的不同之处,同时也是风险管理与分析技术的发展方向,主要包括三个方面:一是所收集信息数据的面更广,不仅是与违法犯罪行为、社会治安有关的数据,在风险管

---

① [澳]洛林·梅热罗尔、珍妮特·兰斯莉:《第三方警务》,但彦铮等译,中国人民公安大学出版社,2012年版,第126页。

理与分析中,与政府治理相关的一切重要的信息,都应是风险分析的重要信息来源,因为"政府治理本身就成为安全配置机制的一部分"①。从这个意义上说,以政府为主体的公共服务质量相关的一切信息都与社会风险相关。二是用统计学方法尝试对道德、社会心理、伦理等以往认为不可统计的因素进行程度分析,以更为精确地实现对社会风险的分级化预测和预防。三是通过对风险技术分析结果向社会面的公开,提升公众个人或相关群体对风险的自我防范与治理能力,在沟通互动中相互强化对风险的抵御意识,特别是增强其利用周边资源共同对抗风险的能力,从而全面提升整个社会的风险识别与应对水平。

---

① R. Ericson, and K. D. Haggerty, *Policing in the Risk Society*, Toronto: University of Toronto Press, 1997, p. 85.

第二章 国外现代警务理论创新与实践①

一、国外现代警务理论创新:缘起与意义

19世纪早期,伦敦大都市警察的设计和创建成为西方社会寻求如何维护秩序、控制犯罪并最终提高人民生活质量的基础和模板。这一时期的改革将警务工作的基本原则从运用军事力量制止犯罪和骚乱转变为警察与全社会合作预防犯罪和骚乱。皮尔针对警务工作确定的九项原则②后来在西方国家得到广泛认同和支

---

① 本章内容根据《当代美国警务理论与模式创新》一文修改而来[见《中国人民公安大学学报》(社会科学版),2017年第1期]。
② 罗伯特·皮尔的九项警务原则是:(1)警察的基本使命是预防犯罪和无序,而不是用军事力量和严厉的法律惩罚来镇压犯罪和骚乱。(2)警察履行其职责的能力,有赖于公众对警察的存在、行为以及获得并保持公众尊重能力的认可。(3)警察必须获得公众心甘情愿的合作,他们必须自愿地遵守法律,才能得到和保持公众的尊重。(4)警察得到公众配合的程度高低,与为实现警察目标所需要使用的武力与强制的多少成反比。(5)警察不靠迎合公众的意见,而是靠展示他们对法律绝对公正的忠诚来寻求和保持公众的喜爱,他们靠乐于不分种族与社会地位地为所有社会成员提供个人服务与友谊,靠乐于牺牲个人以捍卫和保护生命来获得公众的喜欢。(6)警察只有在说服、建议和警告都不足以实现警察的目标的情况下才能使用需要程度的武力以确保法律得到遵守和秩序得到恢复。并且,警察应该在任何情况下都仅仅使用最低限度的武力以实现警察目的。(7)任何时候警察都应该和公众保持这样一种关系,以实现警察是公众和公众是警察的历史传统,警察仅仅是这样一种公众,他们专职就社区的福利向每个市民负责并由此获得报酬。(8)警察应该一直为实现其功能而行动,而绝不用为个人和国家报仇或武断地审判犯罪和惩罚罪犯的方式篡夺审判权。(9)警察效率的判断标准是没有犯罪和骚乱,而不是警察为对付他们而采取的行动的那些看得见的证据。参见"皮尔原则",https://baike.so.com/doc/7291918-7521438.html,访问日期:2020年6月12日。

持,并且使预防犯罪的理想、公众对警察战略和做法的认可、社区内警民之间的合作,以及警察在最低限度内使用必要的武力,成为西方警务的基本特点,即使警察组织的结构方式及其采用的具体做法随着时间的推移发生了变化,但这些基本原则却始终保持不变,并且处于警察任务的核心。

(一) 国外现代警务的历史演进

在英美等西方国家,根据每个时代占据主导地位的警务哲学基础,可以把现代警务的发展历史大致分为政治时代(19世纪40年代—20世纪30年代)、改革时代(20世纪30—80年代)和社区时代(20世纪80年代至今)。

早期的警察部门从当地民选官员那里获得权力和权威,并由最具政治权力的民选官员直接控制。地方民选官员和警察发展了一种互惠关系,警察依靠民选官员获得权力和资源,民选官员依靠警察为公民服务,并帮助其留任。警察部门是在分散的基础上组织起来的。行政区在地理上被划分为警察辖区,警察从辖区居民中招募产生,其分配和解雇、监督和管理也在辖区一级进行,辖区警察指挥官与辖区的政治领导人协同工作。警察负责预防犯罪和维持秩序,也为市民提供广泛的社会服务,对警察服务的需求主要来自辖区政治领导人以及直接向徒步巡逻的警察提出请求的市民。警察采用的主要战术是徒步巡逻,在处理问题、犯罪和骚乱方面有着很大的自由裁量权。

在政治时代,警务的哲学基础是在警察和市民之间建立密切的个人关系。市民对警察服务的满意度以及民选官员对警察的政治满意度是警察部门的主要目标。警察完全融入了社区,并与市民建立了密切的联系。市民经常与警察互动,帮助警察履行职责。然而,警察与市民和政治领导人之间的密切联系也滋生了警察的腐败行为。辖区一级警务的分散性质允许警察持有很大程度的自由裁量权,这种自由裁量权被警察用来歧视某些族裔和种族的少数群体,以及不住在附近的陌生人。警方还干预选举,甚至协助当地政治领导人操纵选举,政治赞助也导致受雇为警察的人往往是有着政治关系的人,而不是最有资格履行警务职能的人。此外,警民关系密切也使警察容易受到贿赂和回扣影响。

19世纪末20世纪初,政治机器和政治腐败受到市政改革者的抨击。改革者拒绝将地方政治作为警察组织和运作的基础,认为政治和政治参与是西方警务的症结所在。20世纪二三十年代,西方警务的哲学基础开始从政治哲学向专业主义哲学转变。在警务的改革时代,警务以专业精神和刑法为基础,以反应性、事件驱动的方法为特征,强调定量结果,如要求服务的次数、逮捕率等。警察部门成为执法机构,以控制犯罪、震慑罪犯、逮捕罪犯为目标。警民之间的密切关系和互动被中立和疏远所取代,公民的犯罪控制责任仅限于报警。警察只负责犯罪问题,社会问题则由社会工作者处理。这一时期,警察部门的结构和组织也发生了变化。警察改革者根据科学管理理论的分工和等级控制原则构建其组织,强调分级控制,通过一系列指挥、监督、信息流和记录来实现对警察的集中管控。技术促进了警察工作的标准化和效率。双向无线电的出现加上汽车的使用,使警察能够更加有效地执行打击犯罪的任务,使徒步巡逻成为一种过时的战术,预防性汽车巡逻被视为一种反犯罪策略,使警察能够巡逻更大的地理区域。警车也提高了警察的效率,因为警察可以迅速响应服务电话。警察改革者还推崇档案保存工作,制定了犯罪分类和报告制度,犯罪统计和犯罪率成为衡量警察在犯罪控制和逮捕罪犯方面是否有效的重要措施。

在改革时代,传统警务模式(又叫"警务标准模式")[1]在西方警务中占据主导地位。这种警务模式将警察组织视为一个封闭系统,以专业化发展和快速打击犯罪为首要任务,以犯罪率是否降低、破案率是否升高、报案反应是否迅速等作为警察部门的绩效考核标准,单纯依靠增加巡逻警力、开发高效能的警务指挥系统、提升警察部门的工作强度来减少犯罪。"警务标准模式"背后的假设是:无论犯罪的程度、性质或其他变量如何,减少犯罪的一般性反应策略可以在所有司法辖区通用;增加警力有助于减少犯罪;随机预防性巡逻是防止犯罪、增加公民安全感的有效途径;提高警察对求助电话的反应速度有助于提高逮捕率;警察随访调查案件方法的改善将带来犯罪控制效益;强化执法和逮捕政策不仅会使罪犯因遭囚禁而不能犯罪,也会对潜在罪犯构成震慑。[2] 根据这种模式,扩大警察机构规模、乘坐警车在社区随机巡逻、加快对报警求助电话的反应速度、随访调查犯罪受害人和证人、逮捕刑事罪犯成为警察预防犯罪的主体工作,警察部门大多通过威慑和逮捕刑事罪犯来预防打击犯罪,使罪犯为其罪行负责。

20世纪六七十年代,传统警务模式开始受到质疑,在此背景下,西方警务逐渐

---

[1] Committee to Review Research on Police Policy and Practices, *Fairness and Effectiveness in Policing*: *The Evidence*, Washington, DC: The National Academies Press, 2004.
[2] J. E. Eck, and D. P. Rosenbaum, "The new police order: Effectiveness, equity, and efficiency in community policing", in D. P. Rosenbaum(ed.), *The Challenge of Community Policing*: *Testing the Promises*, Newbury Park, CA: Sage Publications, 1994, pp. 3-23.

向社区时代迈进。① 这一时期,警务理论和实践经历了显著变化和快速创新,警察和警务研究人员开始重新思考警察的基本使命、警务核心策略的实质以及警民关系的性质。这些探讨并不局限于警务从业人员和相关研究学者,而是经常见诸媒体,成为政治辩论的激烈主题。这段"警务史上最引人注目的时期"②,对警察的职责任务、社区治安的实践策略,乃至全球警务理念和实践都产生了非常深刻的影响,值得研究探讨。

(二) 对传统警务模式的质疑和反思

西方警务变革产生的背景和动因主要在于警察的合法性和有效性危机,创新的本质是对警务领域常见问题和困境的反应,尤其是对传统警务理念和警务模式的质疑。

20世纪60年代,美国出现了巨大的社会动荡。许多少数族裔公民,特别是非洲裔美国人,抱怨警察虐待以及得到的警察服务不足,美国仅在1967年就发生了150次以上的种族骚乱,史称"漫长炎热的夏天"③。著名黑人民权运动领袖马尔科姆·艾克斯和马丁·路德·金的先后遇刺使美国种族之间的紧张关系和内乱进一步恶化。与此同时,美国各地围绕越南战争升级出现了越来越多的抗议活动,这些活动于1970年5月4日俄亥俄州州长在肯特大学制造枪杀反战学生的惨案时达到高峰。在平息种族骚乱和抗议活动的过程中,警察往往身处冲突第一线,暴力的过度使用加上警察与黑人以及其他少数族群之间的恶劣关系进一步激化了社会矛盾,民众对警察执法的严重不满引发了警察的合法性危机。

在社会动荡的同时,美国的犯罪率也居高不下。从1964年开始,美国暴力犯罪率连续十年出现了显著的全国性变化,凶杀案数量激增了一倍,抢劫、入室盗窃、强奸等其他严重街头犯罪翻了不止一番④,极大影响了美国城市生活质量和公众对治安执法的态度。1974年美国犯罪率达到历史新高,此后20年间一直围绕这一峰值上下波动。⑤ 统计数据表明,警方在"向犯罪宣战"的过程中失败了,即使最

---

① 之所以称其为社区时代,是因为在各类警务理念与警务实践创新中社区警务出现最早、影响最大。
② D. H. Bayley, *Police for the Future*, New York: Oxford University Press, 1994.
③ http://www.policefoundation.org/about/history/.
④ F. E. Zimring, *The City That Became Safe: New York's Lessons for Urban Crime and Its Control* (Studies in Crime and Public Policy), Oxford: Oxford University Press, 2011, p.1.
⑤ F. E. Zimring, *The City That Became Safe: New York's Lessons for Urban Crime and Its Control* (Studies in Crime and Public Policy), Oxford: Oxford University Press, 2011, p.1.

有效率的警察部门也无力扭转局面,二战以来在警察实践中占主导地位的传统警务模式似乎对遏制犯罪的增长不起作用。

随着犯罪率的上升,诉诸暴力情况的增加,以及很多社会不满或愤怒群体与警察之间紧张情绪的不断升温,变革警察工作的需求比以往任何时候都更为迫切。1965年,美国总统林登·约翰逊发布11236号行政令,宣布成立"总统执法与司法行政委员会",两年后发布了题为《自由社会中犯罪的挑战》的报告,建议美国执法和司法部门重新审视旧的运作方式,勇于改革创新。① 不久之后,美国关于内乱的肯纳委员会以及关于暴力原因及其预防的艾森豪威尔委员会分别发表报告,对美国刑事司法的本质以及警务的组织实施,尤其是警察在控制内乱、维持秩序的同时,在个人和集体层面平衡公民权利的能力提出质疑。② 这些报告加深了人们对美国刑事司法系统的担忧,凸显了警察的合法性与有效性危机,促使政策制定者、学者和警务从业人员开始反思美国警务的性质。

无独有偶,这一时期,英国警察的合法性和有效性也开始受到质疑。20世纪70年代,英国经济的缓慢增长与迅猛的通货膨胀交织在一起,形成了滞涨局面。失业率不断攀升,阶级对立尖锐,犯罪率屡创新高,英国出现了二战以来最糟糕的社会危机。除了常态化的足球赛季的球迷暴力,此起彼伏的城市骚乱和工业动荡也严重危害了英国的社会秩序。1981年,英国有30多个地区发生骚乱,引发了公众对犯罪的恐惧,并且将法律和秩序问题提升到撒切尔夫人的决策日程。与此同时,伦敦大都市警察被控在侦探过程中存在腐败行为。1969年,《泰晤士报》利用防盗报警装置搜集伦敦大都市警察的腐败证据,其报道犹如重磅炸弹,引发了对系统化、体制化、并且有着广泛传播性的警察腐败网络的揭露。1972年,时任内政大臣罗伯特·皮尔任命拥有"廉洁警官"美誉的罗伯特·马克为伦敦大都市警察厅总监,意在应对警察的腐败问题。70年代中期,伦敦大都市警察厅内部的毒品和淫秽出版物缉捕队先后接受调查,但调查并未公开进行。在马克担任总监的四年期间,英国约有500名警察离开警察队伍,许多人自愿接受调查。然而,马克的努力未能阻止公众对警察信任的下滑。1960年警察专门委员会的调查显示,46.9%的

---

① President's Commission on Law Enforcement and Administration of Justice, *The Crime Commission Report: The Challenge of Crime in a Free Society*, Washington, DC: US Government Printing Office, 1967, pp. 80 - 81.
② Kerner Commission, *National Advisory Commission on Civil Disorder*, Washington, DC: US Government Printing Office, 1968, p. 157.

英国民众不相信警察存在受贿行为,但1981年英国政策研究机构对伦敦市民的调查则表明,只有14％的人认为警察不接受贿赂。此外,层出不穷的警察腐败丑闻引发了大量反对警察刑讯逼供的运动。据英国内政部特别委员会统计,警察局在押人员死亡人数从1970年的8名上升到1978年的48名,1971—1979年这类死亡总数高达274名。① 尽管不能就此得出结论,认为所有这些事件都涉及警察的渎职行为,但它确实使英国民众对警察在打击犯罪问题的过程中违反合法程序的事实给予一定程度的关注。

此外,从1966年到1991年,英国警察的人数逐年增长,这给国家和纳税人都带来巨大的压力,因为英国警察的工资、福利都很高。当时英国新警的收入几乎和大学讲师相同,而且警察工资每年自动上调两次,与物价上涨同步。除此之外,警察还有养老金、住房、保险等多种补贴。但可悲的是,英国在警力增加的同时,犯罪率却出现了同步增长,警察的合法性和有效性出现了危机。

英美等国几乎同步出现的警察合法性与有效性危机使人们开始反思当时占主导地位的传统警务模式,人们发现,对于该模式背后假设的有效性以及警务策略对犯罪或公众态度的影响,几乎没有做过严谨科学的调查研究,正如时任美国堪萨斯城警察局长克拉伦斯·凯利所说,"我们中的许多人感到,我们正在训练、装备和部署人员,去做一些我们和其他任何人都知之不多的工作。"②

这方面的尝试始于1972年10月的堪萨斯城预防性巡逻实验。在这项大型社会实验中,凯林及其同事与堪萨斯城警察局合作,选择15个警察巡逻区分成三组进行不同程度的巡逻。一组为"回应型"巡逻区,取消了常规的预防性巡逻,警察进入这些巡逻区只是为了"回应居民的求助电话";一组为"控制型"巡逻区,警察巡逻"维持在每个巡逻区一辆警车的原有水平";剩下一组为"主动型"巡逻区,"通过指派额外的巡逻车,将常规的预防性巡逻增加到以往的两到三倍"③。这项实验设计了若干问题,所用资料源于受害调查、犯罪率报道和逮捕数据、地方企业调查和态度调查以及观察员对警民互动情况的监督。实验发现,警察增加或减少巡逻频次

---

① 这部分相关数据散见:薛向君的《英国现代警察的治理与问责》一书(知识产权出版社,2013年版)。
② P. V. Murphy, "Foreword", in G. L. Kelling, A. Pate, D. Dieckman, and C. E. Brown, *The Kansas City Preventative Patrol Experiment: Technical Report*, Washington, DC: Police Foundation, 1974, p. v.
③ G. L. Kelling, A. Pate, D. Dieckman, and C. E. Brown, *The Kansas City Preventative Patrol Experiment: Technical Report*, Washington, DC: Police Foundation, 1974, p. 3.

没有对住宅和商业盗窃、汽车和汽车配件盗窃、抢劫或破坏公物行为产生显著影响;公民对犯罪的恐惧和对警察的满意度并不受不同巡逻程度的影响。实验期间,陪同警察乘车巡逻的观察员还发现,巡逻警察60%的时间都在等待回应民众的报警求助电话。

这项实验的结果虽然并未证明警力在特定环境中的显著呈现没有对罪犯造成影响,但它的确表明,警察的常规预防性巡逻几乎没有犯罪预防价值,或是让市民感到安全。这项实验跻身于美国历史上少数重大社会实验之列。美国警察基金会在对这项实验进行评估时指出,之前从未尝试过通过这样一种广泛而科学的评估来确定警察巡逻的价值,这是警察研究在质量方面出现的激进而重要的变化。尽管这项实验的研究设计后来也受到学术界的批评,但在当时的背景下,无疑对警察管理者和警务研究者产生了至关重要的影响。

在此之后,研究人员考察了其他传统的核心警察实践。1975年,詹姆斯·莱文通过分析过去关于警力配置和犯罪率的国家犯罪数据,指出"增加警察数量无助于阻止犯罪"[①]。1977年,堪萨斯城警察局的另一项调查研究并未发现警察对报警电话的快速反应能够有效控制犯罪。[②] 在这次调查的基础上,1984年,威廉·斯佩尔曼和戴尔·布朗在美国国家司法研究所的支持下,采访了美国4座城市大约3300起严重罪行的4000名受害者、证人和旁观者,他们的结论是,警方对严重犯罪受害者的求助电话做出快速反应,所造成的现场逮捕几率为2.9%;市民的报案时间极大影响了现场逮捕罪犯的可能性;警察反应时间的微小改善对于逮捕或拘留罪犯来说没有造成真正的影响。[③] 此外,20世纪70年代末和80年代初的一系列研究[④]表明,案发后的侦探调查对犯罪几乎没有影响,很多犯罪(特别是财产犯罪)不可能通过警方调查得以解决;如果公民没有向对报案做出第一反应的警察提

---

① J. P. Levine, "Ineffectiveness of adding police to prevent crime", *Public Policy*, 1975(23): 523 - 545, P. 544.
② Kansas City Police Department, *Response Time Analysis*, Kansas City, MO: Kansas City Police Department, 1977.
③ W. Spelman, and D. K. Brown, *Calling the Police: Citizen Report in Serious Crime*, Washington: US Government Printing Office, 1984, p. xix.
④ 例如,P. W. Greenwood, J. Petersilia, and J. Chaiken, *The Criminal Investigation Process*, Lexington, MA: D. C. Heath, 1977. W. G. Skogan, and G. E. Antunes, "Information, apprehension, and deterrence: Exploring the limits of police productivity", *Journal of Criminal Justice*, 1979(7):217 - 241. J. E. Eck, *Solving Crime: A Study of the Investigation of Burglary and Robbery*, Washington, DC: Police Executive Research Forum, 1983.

供嫌犯信息,则警方调查不太可能产生成功的结果。

上述研究也许夸大了从研究结果可能推知的关于警务标准模式的结论,但却粉碎了关于警察实践的一些基本假设,动摇了警察管理者视为核心信条的传统警务策略。1994年著名警务学者大卫·贝利甚至指出,"警察无法预防犯罪。这是现代生活中保守得最好的秘密之一……首先,重复不断的分析一直未能找到警察数量和犯罪率之间的任何联系。其次,现代警察采取的主要策略已被证明对犯罪只有很少的影响或是完全没有影响。"[①]自此,传统警务模式无效论的风潮开始引领警务学者彻底思考犯罪的本质和预防模式,开发切实可行的警务策略,西方警务进入快速创新时期。

二、国外现代警务理论创新:形式与特征分类

20世纪80年代以来,在英美等西方国家,社区警务、情报主导警务、问题导向警务、循证警务、热点警务、预测警务等新型警务理念和警务模式层出不穷。各种警务理念和警务模式有着不同的目的和策略方法,其适用范围也随着地区特性和实务工作的需求而存在差异。按照这些警务理念、警务策略和模式在应对传统警务的合法性与有效性危机、变革传统警务模式方面的不同思路和切入点,可以对一些影响较为广泛的警务创新作如下分类(见表2-1):

表2-1 英美现代警务创新分类及例举

创新分类	警务模式例举
重新界定警察职能任务	社区警务、破窗警务
重新思考警察工作方法	问题导向警务、杠杆威慑警务
科学高效利用警力资源	情报主导警务、热点警务
合理变革警察组织模式	计算机统计警务(Compstat)
重新构筑警务工作基础	循证警务
利用情报数据优化警务工作	预测警务
借用社会资源延伸警察权	第三方警务

其中,社区警务对警务创新的重要贡献在于,认为警察能够解决传统意义上未

---

① D. H. Bayley, *Police for the Future*, New York: Oxford University Press, 1994, p. 3.

被定义为犯罪问题的很多重要的社区问题,警察的职能任务从而得以扩大,不仅仅包括打击犯罪和维持秩序,还包括化解冲突,预防犯罪,解决社区问题,提供社区服务等。[①] 究其原因,要么警察在历史上确实履行过类似职能,要么社区视其为警察的重要功能,因为社区认同是警察合法性的重要来源。破窗警务也试图将警察的职能任务指向传统警察实践中受到忽视的问题。破窗警务理念来自1981年美国警察基金会开展的纽瓦克徒步巡逻实验。从这项研究中,詹姆斯·威尔逊和乔治·凯林确定了失序现象和犯罪之间的联系,认为防止出现社会失序现象和社区的自然衰退现象是维护公共安全、减少犯罪的关键,他们鼓励警察关心失序问题,而将犯罪本身置于第二位,或至少是警务第二阶段的目标。[②] 从这个角度说,破窗警务通过扩大警察的职能再次回应了警察的合法性危机。由于社区警务和破窗警务在很大程度上将警察的核心职能界定为打击犯罪以外的其他活动,警察打击犯罪的失败变得不那么重要。

问题导向警务则另辟蹊径。1979年赫尔曼·戈尔茨坦在关于问题导向警务的最初构想中指出,"警察的工作要求他们处理社区中广泛存在的行为问题"[③],但他更倾向于认为,警务危机的解决方案在于改变传统工作方法,而不仅仅是扩大警察的职能。[④] 问题导向警务试图通过解决问题的模式,探寻改善犯罪和其他社会问题的成功方法,认为警察应该系统分析社区问题,设计各种解决方案,改变造成重复犯罪问题的基本条件,并对解决问题的效果进行评估。杠杆威慑警务源于20世纪90年代波士顿的"停火行动",是问题导向警务的翻版,但与传统的问题导向警务方案相比,这种警务策略往往针对特定类型的惯犯群体以及城市环境中的严重暴力事件和毒品交易行为,所采用的策略方法往往更加广泛和全面,不仅包括刑事司法干预手段,也包括各种社会服务和社区资源的使用。

相比之下,尽管传统警务模式在打击犯罪方面的功效受到了诸多质疑,但热点警务并不要求警察改变以往使用的具体警务策略,而是认为警方应该把有限的资

---

① G. L. Kelling, and M. H. Moore, "From political to reform to community: The evolving strategy of police", in J. R. Greene, and S. D. Mastrofski (eds.), *Community Policing: Rhetoric or Peality?* New York: Praeger Publishers, 1988, p. 2.
② J. Q. Wilson, and G. L. Kelling, "Broken windows: The police and neighborhood safety", *The Atlantic Monthly*, 1982(3): 29-38, p. 32.
③ H. Goldstein, "Improving policing: A problem oriented approach", *Crime and Delinquency*, 1979(24): 236-258, p. 242.
④ H. Goldstein, *Problem-oriented Policing*, New York: McGraw-Hill, 1990.

源和犯罪防控工作集中用于犯罪聚集的地方;情报主导警务也聚焦于对打击犯罪分子(或集团)、预防犯罪的资源进行合理分配;计算机统计警务(Compstat)不太关注警察打击犯罪的具体策略,而是更多关注警察机构组织模式的变革;循证警务认为警察应该改变以往主要依靠从业者经验的工作基础,转而重视实验证据在警务决策中所起的作用;第三方警务遵循戈尔茨坦关于警察策略的"工具箱"应该扩大的建议①,将"第三方"纳入警察的可用资源范围,认为鉴于警察权力的有限性,单凭警察无法成功解决许多犯罪和社会问题,更多的社会控制应该由警察以外的其他机构行使,犯罪可以通过刑法以外的手段加以管制。各类新型警务理念和警务模式情况如下:

(一) 社区警务(Community-oriented policing)

多年来,世界各发达国家传统上强调以快速打击犯罪、专业化分工为主的专业警务模式已经逐渐被注重社区联系、问题导向的社区警务所取代。社区警务依靠这样的假设:警务必须有社区的参与,其核心在于重新定义警察和社区之间的关系,使两者能够共同合作,识别并解决社区问题。在这种关系中,警察要鼓励民众分担治安责任,社区要成为公共安全的"联合生产者"。

需要指出的是,社区警务不是一种警务模式,而是一种警务理念,可能包括各种各样的计划或策略,但一般来说,和社区警务相关的项目都会包含"社区参与""权力下放""解决问题"等共同要素。

关于"社区参与",其根本原因可能在于,居民深切关注的问题也许是警方从未注意的问题。比如公众往往关注可能造成威胁或引起恐惧的情况,更加关心社会失序现象以及所在社区的自然衰败现象,他们可能会担心涂鸦、聚众饮酒以及附近商业地带的垃圾和停车问题,而不是传统意义上的"严重犯罪";公众有时可能会将问题定义为需要得到教训的某些人,比如希望某些小混混离开街道,而不是法律界定的违法犯罪事件。但警察受到的训练是识别犯罪事件,组织起来应对犯罪事件。由于存在这些差异,社区警务要求警察部门开发解决社区问题的新渠道,这就是公民参与的意义所在。为了在未来的合作伙伴之间建立起信任与合作关系,警察和社区居民之间必须有大量的"会面时间",为此许多警察局召开社区会议并形成咨

---

① H. Goldstein,"Improving policing: A problem oriented approach", *Crime and Delinquency*, 1979(24): 236-258.

询委员会,设立街头警务站,恢复步行巡逻,开展公众调查,创建信息网站,或是在学校派驻警察。在一些地方,警察还通过市民警校之类的教育计划让市民深入了解执法,进而共享警务信息。

关于"权力下放",由于社区警务面向的是基层民众,要求了解基层情况,解决基层问题,因此从事社区警务的一线警察必须拥有根据当地社区情况开展社区警务的充分自主权,这对警察这种高度集权化的纪律部队提出了组织变革方面的要求,主要涉及分权、减少层级结构以实现扁平化管理、相信警察的专业性等方面。分权是为了鼓励警察和社区居民进行充分沟通,建立对当地问题的认识,使警察能够在调查情况、解决问题、教育公众方面更加自主,能够更好地发现并设定自己的工作目标,管理自己的工作日程。但权力下放也会带来一些问题。首先,由于社区警务是劳动密集型的,因此很难将分权贯彻到基层一线,因为需要太多人手和经费从事这项工作,这会和警察部门关于尽快回应公众报警电话的承诺产生矛盾,而后者在很大程度上决定了警力资源该如何部署。如果人们认为,以前用于应对紧急电话的资源现在被转用于社区警务这种"社会实验",社区警务就会遇到沉重的政治阻力。其次,权力下放也会带来管理方面的困难,因为很难评价许多社区警务活动的有效性。公众往往需要警察针对一些与警察个人或部门绩效毫无关系的事情采取行动,但当今警务的管理环境强调的是"结果问责",无论警察部门开展的社区警务活动多有意义,他们可能不会因此获得奖励,因而绩效方面的考虑也使权力下放很难实现。此外,权力下放意味着基层警察拥有更多的自由裁量权,但警察有时的确会滥用自由裁量权,并且收受贿赂,因而从队伍管理的角度考虑,警察管理者们也不愿去冒这些风险。

关于"解决问题",具体来说,就是如何发现问题、识别问题原因、设计策略以根除这些原因。警察对问题的界定往往非常狭隘,他们往往根据法律或过往经验制定问题解决方案,而这些方案往往不外乎逮捕某人。社区居民对"问题"的界定可能不同于警察,他们往往更加关注社区破败(包括废弃的建筑物、垃圾、涂鸦),青少年闲逛,停车和交通等问题,这些问题的广泛性要求警察与其他机构形成伙伴关系,比如学校以及负责医疗、住房、垃圾清运、汽车牵引、涂鸦清理的机构,但难就难在如何与这些机构形成伙伴关系来解决问题,因为其他机构往往认为社区警务是警察部门的工作,和他们无关,因此不愿改变自己的优先目标以迁就向其寻求帮助的警察。这也是警察在实施社区警务方案中面临的棘手问题之一。为此,有必要开展具有针对性的警察培训。

由于在实践中遇到诸多困难,因此对社区警务项目的评估往往褒贬不一。但它在某种程度上,的确改变了用来衡量警务工作是否成功的一些指标,人们越来越接受使用一些社区导向的结果(比如社区的安全程度、民众的满意度、市民对犯罪的恐惧感及安全感、服务电话数量及服务质量等)来代替传统警务中被优先考虑的一些结果(比如逮捕数、报案数等),开始重视对警务部门服务态度的评估。关于社区警务,大卫·贝利曾经给予这样的评价:社区警务方法创建了警察的新角色与绩效的新标准,如果警察不能减少犯罪、逮捕更多罪犯,他们至少能够减少人们对犯罪的恐惧,减少少数族裔和警察之间的不信任,调解纠纷,克服边缘群体的孤立,组织社会服务,帮助发展"社区"。[1]

(二) 破窗警务(Broken-window policing)

1982年威尔逊和凯林发表《警察与社区安全:破窗》一文,提出破窗理论。[2]该理论源自人们对周边生活环境的观察以及一般大众对犯罪行为的反应。如果一栋建筑物的某扇窗户出现破损而未被修复,其他窗户可能会陆续遭到破坏,倘若破坏的情形继续恶化,整栋建筑物与整个社区将会岌岌可危。破窗理论假设在有犯罪动机的人和一般民众之间存在差异性。对前者而言,如果某住宅有扇窗户遭到破坏却无人修理,则会认为此栋建筑无人管理,社区居民对生活环境漠不关心,这些人就会进一步实施更加严重的犯罪行为,比如入室盗窃或抢夺等;如果社区环境中出现轻微违法犯罪行为并且未能及时处理,就会如同某种默许或暗示,向更多的潜在罪犯传递关于该社区居民不关心其财产且凝聚力较差方面的信息;一旦警察未能察觉该社区财物损失的信号,形势就会继续恶化,继而引发重大犯罪活动。对一般民众而言,无人管理的破窗所衍生的社会失序行为将使其产生恐慌和不安全感,并影响其生活质量,他们会逐渐对警察与政府部门的不作为失去信心;久而久之,社区居民不敢站出来为自己及他人争取权利,会逐渐失去信赖感和共同责任感,甚至搬离社区,导致社会控制崩溃,从而为潜在的罪犯提供大量犯罪机会。

根据破窗理论,损坏失修的社区环境与失序行为及犯罪的发生息息相关,无人

---

[1] D. H. Bayley, *Police for the Future*, New York: Oxford University Press, 1994.
[2] J. Q. Wilson, and G. L. Kelling, "Broken windows: The police and neighborhood safety", *The Atlantic Monthly*, 1982(3): 29-38.

理会的破窗现象将成为社区衰败的象征,而持续的衰败状态会引发更严重的犯罪。因此,社区中一些较为轻微的犯罪或扰乱公共秩序行为,诸如违法摆摊、随意涂鸦、破坏公物、流浪汉或醉汉四处游荡聚集、大声喧哗等现象一旦出现且持续发生,就会传递出当地缺乏管理、监控力量衰弱的信息和暗示,吸引潜在罪犯来到此地,在遇有适当目标时就会极易发生犯罪行为。警方在致力于减少和防控犯罪时,不能忽略当地的社区管理,尤其是自然环境与社会环境衰败的问题。

破窗理论认为,警察可以通过解决无序的社区条件来防止犯罪,包括物理条件的恶化(破窗)和其他社会失序行为。破窗策略的四种元素解释了它对犯罪减少的影响:首先,应对失序现象使警方得以与犯下更严重罪行的人接触;其次,警察的高度可见性对潜在犯罪者形成了威慑作用;再次,公民也参与了社区犯罪防控工作;最后,随着失序和犯罪问题成为社区和警察的共同责任,犯罪被以综合的方式予以打击。破窗理论提醒人们,不能忽略目标地区的任何物理或社会失序事件。警察在处理社会失序问题时应使用自由裁量权,将警告、解释、谈判和咨询作为第一选择;在处理物理失序问题时要向适当的城市清理机构报告各种失序状态的具体情况,如果问题没有得到及时处理就对这些机构进行跟进。

(三) 问题导向警务(Problem-oriented policing)

问题导向警务是一种与社区警务相辅相成的警务策略,这种警务首先关注社区存在什么问题,然后使用模型充分评估问题的根本基础,接着与社区合作,建立能够真正影响问题并减少犯罪和混乱现象的对策或策略。

问题导向警务最早于1979年由赫尔曼·戈尔茨坦提出,并在美国麦迪逊警察局开始执行。戈尔茨坦认为,社区居民希望警察能够重视社区长期存在的问题或是严重的犯罪问题,而不是少数犯罪个案;警察很少能够深入社区了解影响犯罪的真正原因,因而在维护治安秩序方面遭遇了很多困难。戈尔茨坦建议警察机关用更为积极的方法代替警务的标准模式(主要是被动反应和事件驱动),以识别和锁定导致犯罪、失序和其他社区问题的原因;同时开发各种项目,改善造成治安或失序问题的情况。

在美国社区导向警务办公室(COPS)的大力支持下,问题导向警务模式目前已经成为美国警察行政研究论坛的制度化策略,也成为很多西方国家执法机构使用最为广泛的警务策略之一。按照这种警务模式,警察机构应该将有限的资源投入到造成大多数犯罪的问题上(所谓的80/20法则),系统分析社区问题,寻找有效解决方案,改变造成重复犯罪问题的基本条件,并评估其效果。问题导向警务干预措施可以采取各种不同形式,并根据所要解决的具体问题有所变化。

1987年犯罪学家艾克和斯佩尔曼开发了一个实施问题导向警务的框架,使用SARA模式解决辖区治安问题。[①] 为了准确定义和解释问题,犯罪分析人员需要使用GIS与犯罪制图技术对犯罪发生环境及犯罪行为模式进行分析。首先,在数据扫描(scanning)阶段,警务部门要依靠不同来源识别并优先考虑与所在辖区犯罪和失序有关的潜在问题,包括识别社区关注的问题、确认问题的存在、弄清问题的后果、确定问题发生的频率等。警务部门可以利用辖区犯罪专题图协助进行犯罪问题扫描,发现辖区内的犯罪热点以及易被害区域的空间环境,并掌握该区域周边环境等静态基础数据。一旦确定了问题,就进入问题分析(analysis)阶段。在这一阶段,警务部门确定和分析相关数据,了解问题的更多情况,包括可能缩小问题的范围、找出对问题发生原因的可能解释,这对于下一步选择最有效和适当的解决对策来说至关重要。警务部门可以运用卫星影像图或现场勘察方式搜集犯罪热点周边建筑及社区类型、道路及路灯分布、交通路线、娱乐场所等容易犯罪处所的物理环境与地理分布数据,并且通过空间分析方法了解掌握犯罪空间模式以及导致这种犯罪分布形态的区域性社会经济和机会性因素。在勤务响应(response)阶段,警察与其合作伙伴召开社区治安联席会议,基于上个步骤的分析结果选择一个或多个对策或干预措施,制定响应计划,包括每个对策的本质、旨在实现的具体目标、参与实施对策的各种合作伙伴的责任等。一旦选择了对策,将由警察及其合作伙伴依照权责分工共同执行。在犯罪预防措施执行一段时间后,就进入评估(assessment)阶段,由专门的评估小组对犯罪预防措施进行过程评估和效果评估,客观衡量犯罪预防措施的执行效果,包括实施方式是否与响应计划一致,是否有效实现降低犯罪率或民众被害恐惧感的目标,是否继续执行目前的预防措施还是制定新的犯罪预防措施等等。作为问题导向警务推崇的核心方法,SARA模式实质上是对同一类型的治安问题进行"群集"分析,进而提出治本之策,这无疑要比传统警务模式针对单一事件、个别机动的快速处置方法更加有效。[②]

除了SARA模式,问题导向警务还可以采取多种方式,它可能关注犯罪热点,

[①] J. E. Eck, and W. Spelman, *Problem Solving: Problem-Oriented Policing in Newport News*, Washington, Police Executive Research Forum and National Institute of Justice, 1987.
[②] H. Goldstein, *Problem-oriented Policing*, New York: McGraw-Hill, 1990, pp. 32–49.

也可能关注犯罪和其他问题的非地理集中情况,包括惯犯、重复的受害者和重复受害次数等。这种警务模式的关键因素是选择仔细界定的问题类型,广泛采取有针对性的应对措施以减少问题的发生率或严重性。其他重要因素包括警察机构以外合作伙伴的参与,数据和信息在选择问题类型、分析问题、评估对策、根据需要调整对策等过程中的核心作用等。

(四) 杠杆威慑警务(Pulling-levers Policing)

杠杆威慑警务也叫集中威慑策略。从本质上说,这也是一种问题导向的警务战略,遵循的是威慑理论的核心原则,主张充分发挥刑罚的威慑作用,不仅强调刑罚的严厉性,还强调刑罚的必然性和及时性;认为潜在的罪犯会在犯罪成本和收益之间做出权衡,如果犯罪成本大于犯罪收益,犯罪行为可能不会发生,因而犯罪是可以预防的。①

杠杆威慑警务主张在阻止罪犯实施犯罪行为时,尝试使用各种威慑策略(杠杆),无论是正式策略还是非正式策略。如果说传统的威慑策略重在改变可能产生的客观制裁结果,集中威慑策略则试图通过直接就潜在罪犯的行为可能产生的后果与其进行沟通,以便影响罪犯对制裁结果风险的判断和感知,其主要途径是针对此类犯罪苗头迅速实施严厉的制裁措施,使潜在的罪犯能够直接观察到其行为可能产生的后果,同时警告潜在的罪犯"执法迫在眉睫",从而达到杀鸡儆猴的威慑效果。

集中威慑策略一般针对特定类型或群体的罪犯,如街头青年帮派、城市环境中的凶杀案件和严重暴力事件,这些通常涉及惯犯的犯罪活动。这种策略强调集体责任观念,意在使群体所有成员对任何个体成员的行为负责。使用集中威慑策略最典型的案例是20世纪90年代波士顿警察局部署的"停火行动",杠杆威慑警务模式就是在这次行动中形成的。在"停火行动"中,波士顿警方通过直接告知帮派成员警察将不再容忍暴力行为、当暴力犯罪发生时警察会使用合法可用的"每一种杠杆"来阻止严重的帮派暴力犯罪;另一方面,通过青年工人、缓刑和假释官以及其他社区组织向帮派成员提供服务、资源和就业机会②,通过这些积极的激励措施,

---

① F. Zimring, and G. Hawkins, *Deterrence: The legal Threat in Crime Control*, Chicago: University of Chicago Press, 1973.
② D. M. Kennedy, "Pulling levers: Chronic offenders, high-crime settings, and a theory of prevention", *Valparaiso University Law Review*, 1997(31):449-484.

对潜在目标的合规行为和非暴力行为进行奖励。概括地说,集中威慑策略包括以下基本行动框架:选择特定的犯罪问题;整合跨部门执法小组;依赖一线警察的实战经验识别关键罪犯及其行为背景;制定专门执法行动,利用各种制裁菜单阻止犯罪行为发生;与罪犯及团伙进行直接、反复的沟通,使其知道自己已经成为警方关注目标以及能够做些什么来避免警方对其采取执法行动;利用社区服务和道德工作配合警方的执法行动等。①

(五) 情报主导警务(Intelligence-led policing)

情报主导警务模式1993年起源于英国肯特警察局,是由大卫·菲利普斯爵士最先提出的,开始只是一种管理犯罪分析和犯罪情报的业务模式,后来演化为更广泛的警务管理模式,最后发展为英国的国家情报模式。情报主导警务聚焦在关注犯罪人群、管理犯罪热点、调查犯罪事件、进行犯罪测量等四大模块,强调将警务资源从被动反应的犯罪调查部门转向更为积极的社区警务等部门,并且在警务决策程序的关键环节添加了情报职能,要求各警区普遍建立情报机构,整合专业人员,广泛开展情报收集工作,提高情报分析能力,通过犯罪情报分析指导警察战术行动,服务警务决策。其具体做法是由情报分析人员对犯罪高发区域进行空间分析,了解并确认区域内的犯罪问题;通过上报情报分析结果及专业建议,使决策人员在充分了解犯罪情报信息的基础上,更好地制定犯罪预防和打击策略,有效运用相关资源对犯罪问题施加整治和管理。

情报主导警务模式的推广应用带来了犯罪率的明显下降和警务资源的节约,更重要的是提高了警察部门积极、理性应对犯罪的能力。拉特克利夫将这种模式定义为一种业务模式和管理理念,其中,数据分析和犯罪情报是客观决策框架的关键,这种框架通过策略管理和以要犯和累犯为目标的有效的实施策略,促进犯罪与问题的减少、瓦解与预防。情报主导警务包括以下10条标准:消息灵通的指挥结构;以情报主导警务作为整个组织的核心工作方法;综合的犯罪分析;将执法活动集中于要犯、累犯,而不是集中于犯罪本身;有效的分析与主管培训;召开战略与战术任务分配会议;筛除大量的常规犯罪调查;数据足够充分、可靠、可用,能够支持影响决策的优质产品;能够处理情报产品的管理结构的存在;合理使用预防、破坏、

---

① D. Kennedy, A. Piehl, and A. Braga, "Youth violence in Boston: Gun markets, serious offenders, and a use-reduction strategy", *Law and Contemporary Problems*, 1996(59): 147 – 196.

执行等干预措施。这种警务模式不太注重犯罪调查,而是注重通过分析犯罪情报更加合理地配置警务资源,注重测量威胁所产生的社会危害效果。

除英国之外,加拿大皇家骑警的情报运用也有很长的历史,其早期情报工作只与战术行动有关,20世纪90年代加拿大皇家骑警在指挥中心建立犯罪情报理事会,从事战略情报的分析与运用,开发创新情报分析项目,并采取一些提高情报分析员地位的措施。在情报主导警务存在的七年里,犯罪情报计划给加拿大皇家骑警带来了巨大变化和重要回报。欧盟也非常重视情报主导的警务模式,因为随着社会、政治和经济的全球化,欧盟共同体内各国之间屏障的被撤除,犯罪分子可以在国家之间随意流动,由此促进执法信息的合作开发和共享成为欧盟执法机构的重要任务。

(六) 热点警务(Hot-spots policing)

随着空间数据分析技术的迅速发展,获取和处理各种犯罪相关信息变得更加容易。自2001年以来,美国警务部门开始大量运用计算机犯罪制图技术实施热点警务,即以犯罪热点为目标进行警力投放,有的放矢地打击和预防犯罪。

热点警务模式源于1988年的明尼阿波利斯热点实验,这次实验使谢尔曼和维斯博德获得了关于犯罪簇生于离散的热点区域的经验证据:如果"一座城市,在要求警察作出反应的电话请求中,半数以上都集中在3%的地址;如果40%的地址和十字路口在一年以上的时间内没有调派过任何警察前往;而且,如果在报过警的60%的地址中,多数地址在一年当中只报过一次警,那么,在某个巡逻区,把警察集中在少数几个地点比平均分配警力更有意义"[①]。这次实验并未推翻堪萨斯城预防性巡逻实验的结论,但它的确表明,如果警方将预防性巡逻紧密集中在热点区域,同时强化重复犯罪场所的勤务部署,会更加有效地实现减少犯罪的目标。与其他不太集中的警务方法相比,热点警务策略关注犯罪集中的小范围的地理区域或地点,其资源分配方式更加有效。

目前热点警务被美国大多数警察部门使用,但对于"热点"的界定,依然未能形成一个共同定义。通常认为,它是在至少一年以上的时间内,犯罪频发因而可预测程度较高的小型地点,比如建筑或地址、街面或街段、地址群、十字路口、街区或街

---

① L. W. Sherman and D. Weisburd, "General deterrent effects of police patrol in crime 'hot-spots': A randomized controlled trial", *Justice Quarterly*, 1995(12): 626 – 648, p. 629.

段群。在地图上,热点可以用点图或空间椭圆等不同格式加以显示,可以使用ArcGIS等软件包来识别、检测犯罪热点。对警察来说,热点分析和犯罪制图其实并非新鲜概念,问题是如何将这种思维制度化,融入当代的警务策略方法。

有三种相关的理论观点影响着基于地点的犯罪研究:理性选择理论、日常活动理论和环境犯罪学。理性选择理论假设罪犯是自私自利的,在做出犯罪选择之前会权衡犯罪的成本和收益[1];日常活动理论认为犯罪是有动机的罪犯、合适的目标、缺乏有能力的监护人这三种因素在时间和空间上的聚合[2];环境犯罪学关注犯罪事件以及犯罪发生地点的特征的重要性[3]。热点警务在一定程度上是从这些犯罪学理论中形成的。在具体策略方面,热点警务主要依赖问题导向的警务方法,或是集中使用传统的警务策略,比如定向巡逻、秩序维护、毒品管制、枪支搜查和收缴等,辅之以犯罪制图和犯罪分析技术,旨在通过一般威慑和增加被捕风险来预防打击犯罪,但是要求警察将其资源和犯罪控制工作集中在少数特定地点,如地址或街道的簇集处,以及十字路口,后者产生了大量的城市犯罪问题。

(七) 计算机统计警务(Compstat)

正如戈尔茨坦所说,警务标准模式的失败可以通过以下事实得以解释:警察部门在应对犯罪时疏于组织。[4] 开发Compstat就是为了克服警察部门的这种组织缺陷。纽约市时任警察局长威廉·布拉顿在创立这种警务模式时指出:"我们创建了一个系统,其中警察专员是执行核心,他首先授权警区指挥官构想一个打击犯罪的计划,然后就计划的开展情况进行询问……在下一个层面,警区指挥官担任了与专员同样的角色,授权并询问分区指挥官……一路下来,直至整个组织的每个人都获得授权、得到激励,积极活跃,获得评估,取得成功。"[5]

---

[1] D. Cornish, and R. Clarke, "Understanding crime displacement: An application of rational choice theory", *Criminology* 1987, 25(4): 933 - 959.

[2] L. E. Cohen, and M. Felson, "Social change and crime rate trends: A routine activity approach", *American Sociological Review*, 1979(44): 588 - 605.

[3] P. Brantingham, and P. Brantingham (eds.), *Environmental Criminology*, Sage, Beverly Hills, Calif, 1981.

[4] H. Goldstein, "Improving policing: A problem oriented approach", *Crime and Delinquency*, 1979(24): 236 - 258.

[5] W. J. Bratton, and P. Knobler, *Turnaround: How America's Top Cop Reversed the Crime Epidemic*, New York: Random House, 1998, p. 239.

计算机导向的犯罪统计是伴随循证警务发展的。20世纪90年代,计算机统计警务首先在纽约试点使用,然后推广到其他城市。警务执法部门通过Compstat或犯罪分析会议等方式,主动收集辖区内的社会、经济数据和犯罪相关数据,以及上一个月(季)的整体犯罪预防与执法效果方面的数据,然后运用时间序列方法分析辖区内犯罪的变化趋势、模式特征以及与其他类型犯罪之间的关联性,综合评估、预测辖区内的未来犯罪高发区域或犯罪模式,将其作为决策部门针对辖区治安态势进行动态警务规划或静态犯罪预防资源部署的主要依据。

从本质上看,Compstat是一种以信息统计与分析系统为基础的管理策略,其基本要素包括准确及时的情报、人员和资源的快速部署、不间断的跟踪进展以及对战术有效性的评估。这种警务模式旨在改善警察资源的管理和部门的执行绩效,通过促进部门之间的交流、让全体员工参与决策以及分层授权和问责,形成有效的犯罪解决方案。在对辖区内的治安和犯罪问题进行初步犯罪制图和空间探索后,警务部门还会邀请辖区内有关单位和专家学者,针对辖区治安隐患召开跨单位、跨部门的治安联席会议,研究制定长期犯罪预防措施,并由各单位依照权责分工共同执行相关任务。犯罪预防措施在执行一段时间之后,将由专门的考核评估小组对其进行效能评估,并给出是否继续执行措施或重新制订犯罪预防措施的相关建议。

(八) 循证警务(Evidence-based Policing)

针对传统警务模式的失败,循证警务的倡导者们认为,警察应该改变以往主要依靠从业者经验的工作基础,重视实验证据在警务决策中的作用。

早在20世纪初,美国伯克利警察局长奥古斯特·沃尔默与当地大学合作,借用管理、农业、医学等概念推动警务科学化。伴随着科技发展,80年代末最终建立了警务与公共安全领域证据导向的犯罪预防模式的雏形。90年代初,谢尔曼汲取医务工作者通过反复随机实验以获取最有效药方或治疗方法的经验,提出警务领域也应通过不断实验以找出最佳犯罪预防模式,并大力提倡科学证据在犯罪预防领域的重要性。伴随主动警务理念的推行,美国国会要求用于犯罪预防的各项联邦经费都需要经过更加严密、科学的标准和方法认证以及严谨的政策效能评估和审核后方能通过。2000年,美国成立坎贝尔犯罪与司法协作组织,对犯罪干预措施进行系统评价,警察从业人员、政策制定者、学者和普通公众可以通过电子访问对这些评价加以利用,循证警务由此得以推广。

在循证警务中,"证据"是指科学证据,是用来"支持结论、声明或想法"的客观

"事实"①,而不是刑事诉讼中所采用的犯罪证据。与其他警务创新相比,循证警务从更为广泛的公共政策运动中汲取灵感,认为犯罪控制政策和实践应该尽可能地扎根于科学研究;警察应该使用高质量的研究证据,检验哪种警务措施在减少特定犯罪问题时能够发挥最大效益,同时根据当地的背景和条件制定适当的干预措施。为此必须通过实证研究,对刑事司法政策、方案和实践进行研究和评估。为了从事实中得出正确的结论,必须关注证据的有效性,用于界定、评价和综合证据的方法(比如投票计数、系统方法、元分析方法等),以及证据的实现途径。只有对科学证据进行综合分析,同时关注其他独立变量(比如干预措施的价值和副作用、民众的感受、成本效益等),才能找出最好的犯罪预防对策。

循证警务与其他警务模式的最大差别在于,注重对实务工作的事后评估与效能测量;循证警务也倡导科学决策的重要性,主张通过系统性分析反馈来提供更加优质的决策依据。通过整合随机实验与质量管理模式,循证警务模式大幅提升了警务措施的信度和效度。

(九)预测警务(Predictive policing)

2008年,洛杉矶市警察局长、Compstat模式的创始人布拉顿与美国司法援助局代理主任伯奇、国家司法委员会代理主任罗丝开始探索"预测警务"这一新的执法理念。2009年11月和2010年6月,美国国家司法委员会主办了两次预测警务座谈会,这种警务模式开始受到执法机构、研究人员、警察指挥官、媒体的持续关注。后来,IBM公司为此专门拍摄了一则商业广告,展示了一名警察通过数据分析,先于抢劫犯到达其意图抢劫的便利店的过程,视频最后的结语"在犯罪发生之前终结犯罪",让人们对大数据时代的犯罪情报分析有了无限的想象空间。

按照2013年兰德公司题为《预测警务——犯罪预测在执法机构业务运作中的作用》的研究报告,预测警务是指应用分析技术,特别是定量分析技术,通过统计预测,识别警方干预的可能目标,预防犯罪,或解决已经发生的犯罪。预测警务的流程包括以下环节:一是数据收集环节。融合不同的数据资源是预测警务的基础,这些数据不仅包括警方收集的各类犯罪数据,还包括犯罪发生时的商业、基础设施、人口统计等环境数据。二是数据分析环节。分析数据是为了进行

---

① L. W. Sherman, *Evidence-based Policing. Ideas in American Policing Series*, Washington, DC: The Police Foundation, 1998(2), note 1, p. 7.

犯罪预测。预测对象包括犯罪风险增加的地点和时间、将来有犯罪风险的个人、已知犯罪案件最有可能的嫌疑人、可能的受害群体或最容易成为犯罪受害人的个人。三是警方干预环节。包括一般干预（主要是向风险更大的地点分配更多的警力资源）、特定犯罪的干预、特定问题的干预（主要针对产生犯罪风险的特定位置、人群或个体）等三种类型。犯罪分析人员需要向执行干预的指挥官或警察提供尽可能多的信息，帮助后者构建正确的情境意识。四是刑事响应环节。比如逮捕罪犯，或是迫使其远离街道，停止犯罪。一些犯罪活动可能会因此转移到其他地区，新的犯罪活动也会不断产生，于是便开始了新一轮的数据收集、犯罪分析和干预行动刑事响应，循环往复。

情报主导警务目前是世界许多国家现代警务改革的主流方向。犯罪分析作为情报主导警务的核心环节，一直受困于犯罪数据融合度和犯罪分析技术方法的局限，因而情报主导警务一度被视为一种难以实现的理想。然而，美国的预测警务模式所采用的犯罪情报分析展示了最有前途的预测工具和战术方法，将极大推动大数据背景下情报主导警务的创新发展，值得学习借鉴。

（十）第三方警务（Third party Policing）

当代社会的外部压力以及政府与治理模式的普遍转型不仅影响了政府机构和公民社会，也改变了我们对犯罪及其控制的看法。第三方警务的发展与治理转型、尤其监管趋势的转变之间存在着内在联系。加兰认为，在当今社会，经济、社会和政治活动受中央的控制减少，风险的存在催生出一种"责任化"的自治形式，也就是说，管理风险责任从政府转移到了个人，后者必须为自己冒险决定的后果承担责任，审慎的人将能够识别风险并使之最小化。① 菲利和西蒙区分了新旧刑罚学，认为旧刑罚学关心个人，注重内疚，责任和义务，诊断、干预和治疗个体罪犯等概念，所采取的干预措施往往是确定责任或实现问责、发现并改造个体罪犯。相比之下，新刑罚学则注重识别、分类、管理各种危险程度不同的组织的技巧，所采取的干预措施多为管理和调节有风险的人群或地点，识别和抓捕危险团伙，比如惯犯、性犯罪者、吸毒者、无家可归者或患有精神疾病的人。② 这些趋势使犯罪控制和警务重

---

① D. Garland,"The limits of the sovereign state", *British Journal of Criminology*, 1996(36): 445-471.
② M. Feeley, and J. Simon, "Actuarial justice: the emerging new criminal law", in D. Nelken (ed.) *The Futures of Criminology*, London: Sage, 1994, pp. 173-201.

心从国家负责预防和纠正犯罪行为,转变为由犯罪控制和预防网络负责识别和管理风险,警察只是该网络的一个节点,私人保安、保险公司、监管机构、社区、学校、父母构成犯罪防控网络的其他节点。

第三方警务理念无疑符合当代治理模式从国家集中控制向分散治理网络转变的趋势。大体说来,第三方警务是指警察在以往犯罪控制监护缺失或失效的地点或情境中,创建或加强犯罪控制节点,通过使用一系列民事、刑事法律法规和监管规则,吸引、说服或强迫第三方组织或非违规人员承担预防犯罪或减少犯罪的责任。这些第三方组织往往拥有强制性权力,可以对违反监管方案者进行制裁,因而对警察来说具有吸引力。警察可以通过与第三方的合作延伸自己的权力,增加对涉嫌犯罪者的潜在制裁手段。

在第三方警务中,警察用以说服或强制第三方承担治安责任的那些法律法规和监管规则是第三方的权威来源,它们确立了第三方所能采取的行动类型以及与警察的合作程度;对违规者实施的制裁与刑罚类型包括各类民事制裁和补救措施,比如法院命令维修物业、罚款、没收财产或强制出售、驱逐、关闭或暂时关闭租来的住宅或商业地产、许可限制或停业、活动限制、被捕和监禁等。第三方警务所要解决的问题类型在理论上包括各种广泛的犯罪和生活质量问题,但实践中大多为警察对毒品问题、街头低端犯罪活动以及失序行为的控制;实施对象理论上包括各类罪犯,但实践中通常为街面犯罪者,主要是年轻人、帮派成员、毒贩、破坏文化遗产者、轻微罪犯等。

三、国外现代警务理论创新:实践与有效性述评

警务理念和模式的创新给西方警务实践带来了巨大的变化。这种变化在社区警务的发展中表现得最为明显,其他警务理念在实践中也得到不同程度的推行。然而,这些警务理论在实践过程中并非都是一帆风顺的,一些警务理念和警务模式甚至受到警察部门的高度抵制,创新的执行在深度方面依然存在问题,但现有研究证据表明,警方对这些创新策略的态度已经发生了积极的转变。另外,实验证明,各种警务理论在实践中应用的有效性并不统一。

(一) 社区警务有效性评价

关于社区警务对于警察合法性与有效性的影响,研究并未发现一致的证据。

一些学者认为,在社区警务和暴力犯罪减少之间并不存在因果关系[1];由于社区警务计划中的很多警察是志愿者,很难厘清哪些效果可以归因于警察,哪些是由社区警务项目本身造成的;社区警务的实施方式使人很难区分哪些犯罪减少效果可以归因于这类计划。司可根跟踪研究了芝加哥长达八年的社区警务计划(CAPS),基于对居民随机抽样的调查采访,认为社区警务使芝加哥居民对警察策略的有效性、响应能力和行为举止的看法有所改善,对社区衰败的看法也是如此。[2] 维斯伯德等人指出,缺乏重点的社区导向策略并不能减少犯罪和失序现象,但能够减少人们对犯罪的恐惧,改善警察和社区之间的关系。[3] 总的来说,社区警务的实施改善了公民对警察行动的评价,缩小了少数族裔社区对警察的信心差距,改变了用来衡量警务工作是否成功的某些指标。

(二) 破窗警务有效性评价

关于破窗警务的合法性与有效性,现有研究证据也较为混杂。维斯伯德等人认为,破窗警务没有对警察的合法性、公民对犯罪的恐惧、集体效能或公民对犯罪和失序的感知造成显著影响。[4] 泰勒认为,作为减少犯罪与失序现象的一种合法途径,破窗警务策略受到了广泛的社会支持,但当这种警务扭曲成所谓的零容忍警务时,警察不加选择、咄咄逼人的执法方式可能会对警民关系产生负面影响。[5] 这是因为尽管生活在犯罪率较高社区的居民往往要求警察严格执法,但他们仍然希望警察在控制犯罪的同时能够尊重居民,遵守法律,而不希望家人、朋友和邻居不公平地成为警察执法行为的目标,或是受到警察放肆的粗暴对待。

(三) 问题导向警务有效性评价

关于问题导向警务,谢尔曼等人指出,尽管评估设计从简单的没有对照组的前

---

[1] J. MacDonald, "The Effectiveness of Community Policing in Reducing Urban Violence", *Crime & Delinquency*. 2002, 48(4):592-618.

[2] W. G. Skogan, and L. Steiner, *Community Policing in Chicago*, *Year Ten*, Chicago: Illinois Criminal Justice Information Authority, 2004.

[3] D. Weisburd, T. Cody, H. Joshua, and E. John, *The Effects of Problem-Oriented Policing on Crime and Disorder*, in Campbell Systematic Reviews, 2008.

[4] D. Weisburd, and P. W. Neyroud, *Police Science: towards a New Paradigm*. Washington, DC: National Institute of Justice, 2011.

[5] R. B. Taylor, *Breaking away from Broken Windows*, Boulder, CO: Westview Press, 2001.

后比较实验到随机实验,其精确度不一而同,但研究表明,问题导向警务的确在预防犯罪方面卓有成效。维斯伯德及其同事也认为,问题导向警务对犯罪和失序有着重要但适度的影响。[①] 此外,在美国国家司法研究所对问题导向警务项目所做的评估中,"和平卫士行动"项目评级为有效,项目实施地每月枪支杀人案数量显著减少;"霍伦贝克停火行动倡议"项目评级为有前途,在干预后的6个月五个锁定区域的暴力犯罪下降了37%(其他地区为22%),枪支和团伙犯罪也有所降低;SMART项目评级为有效,半数治疗地点的现场逮捕率有所提高,并且出现了小范围的犯罪预防效果的扩散效应。

(四) 热点警务有效性评价

对热点警务的评估表明,这种警务模式能够产生犯罪控制效应,不仅不会将犯罪显著转移到其他地点,反而更有可能造成犯罪控制的好处扩散到相邻地区。布拉加等人通过研究,发现了支持热点警务有效性的整体平均效应值(0.116),表明热点警务策略对减少犯罪有着适度影响;问题导向警务方法产生了更大的整体平均效应值(0.232),是传统警务方法整体平均效应值(0.113)的两倍,犯罪减少效果更加明显。[②] 美国国家司法研究所也对很多热点警务项目进行了评估,其中,"明尼阿波利斯热点实验"和"洛厄尔热点警务"项目评级为有效,前者发现在没有进行强化的警察巡逻的热点地区,居民求助电话比实验地点有了更大的提高,实验地点观察到的失序现象也更少;后者发现与对照区相比,治疗区的报警求助电话和失序现象显著减少,治疗区周边的求助电话没有显著增多。此外,"杰克逊维尔热点警务"项目的评级结果表明,在采取问题导向策略的热点地区,街头暴力显著减少,但家庭暴力犯罪、财产犯罪和求助电话没有显著减少。

(五) 计算机统计警务(Compstat)有效性评价

关于 Compstat,胡佛等人基于沃斯堡警察局的统一犯罪报告,有了以下发现:一是关于第二部类六种轻微公害罪的逮捕率,卖淫被捕减少 35%,破坏公物被捕下降 28%,流浪被捕减少 16%,但醉酒被捕增加 69%,贩毒被捕增加 11%,行为不

[①] D. Weisburd, T. Cody, H. Joshua, and E. John, *The Effects of Problem-Oriented Policing on Crime and Disorder*, in Campbell Systematic Reviews, 2008.
[②] http://www.crimesolutions.gov/ProgramDetails.aspx? ID=208.

检被捕增加9%,公害犯罪总逮捕率增加了15%;二是关于第一部类暴力犯罪率(谋杀、非过失杀人、强奸、抢劫、严重袭击,不包括纵火),根据回归分析,没有发现Compstat对暴力犯罪率有显著影响;三是关于第一部类财产犯罪率(入室盗窃、盗窃、车辆盗窃),根据回归分析,发现在控制其他解释因素之后,Compstat对财产犯罪率的降低具有显著影响;四是关于第一部类总的指数犯罪率(暴力+财产),发现在控制其他解释因素后,Compstat对减少第一部类指数犯罪的总比例具有显著影响。① 西尔弗曼通过简单分析犯罪趋势方面的数据也指出,Compstat使城市犯罪有所减少。② 但也有犯罪学家指出,由于Compstat往往与破窗警务、热点警务等其他警务模式混合使用,很难弄清它在犯罪控制方面所产生的真实效应。③

(六) 第三方警务及其他警务有效性评价

梅泽罗尔和兰斯利评估了77项关于第三方警务的研究,他们将这些研究分为5类:使用第三方警务来控制毒品、暴力犯罪、财产犯罪、青少年问题以及在容易引发犯罪的地点发生的犯罪。评估结果显示,第三方警务在控制毒品问题、暴力犯罪和青少年问题方面是有效的,但对于财产犯罪来说在某种程度上是无效的。④

关于循证警务,目前这种警务理念虽然尚未经过实证检验,但秉承循证警务理念的一些警察部门开始从坚实的研究基础中提取政策和最佳实践,这些策略和实践业已证明在控制犯罪方面是有效的。此外,问世不久的预测警务也是如此,可以想见,大数据时代的预测警务一定会增强警察部门预防打击犯罪问题的效率和效能。

总之,自19世纪三四十年代以来,现代警务在很多西方国家经历了政治时代、改革时代、社区时代等不同的发展阶段,并且随着社会的发展和科学的进步不断进行理论和实践的自我完善和创新。在此过程中,各级政府机构和警务执法部门、智库和研究机构、大学和警察培训机构的深度参与和通力协作,对现代警务理论和实践的创新发展起到非常重要的推动作用。概括地说,国外警务理论和实践的创新

---

① http://www.crimesolutions.gov/ProgramDetails.aspx? ID=87.
② E. Silverman, "Compstat's innovation", in D. Weisburd and A. Braga (eds.), *Police Innovation Contrasting Perspectives*, Cambridge University Press, 2006.
③ D. Weisburd, S. Mastrofski, A. McNally, R. Greenspan, and J. Willis, "Reforming to preserve: Compstat and strategic problem solving in American policing", *Criminology and Public Policy*, 2003(2):421-456.
④ L. Mazerolle, and J. Ransley, "Third-party policing: Prospects, challenges and implications for regulators", in *Regulations: Enforcement and Compliance Conference*, Melbourne, 2003.

发展主要集中在预防打击犯罪的警务运行机制上,鲜有涉及体制和制度层面。这些创新注重依托犯罪学和社会学理论基础,借助各种随机实验、准实验和观察性研究设计方法以及元分析等系统评价方法,形成通俗易懂、便于推广的理论和策略模式,并且在此基础上,深入分析探讨各种警务模式的内涵和基本要素,不同警务模式的具体策略和操作方法,以及这些警务模式在打击预防各类犯罪中的不同功效。中国自 2015 年以来也开启了全面深化公安改革的历史进程,希望借以破除多年来制约中国公安机关发挥职能作用、影响队伍战斗力和公安事业发展的深层次的体制和机制问题。尽管中西方国家在警务运行的制度环境方面存在着结构化差异,但由于在警察的职责任务、犯罪和社会问题的内在演变规律等方面存在着很多共性因素,国外警务理念和实践的创新在很多方面为我们提供了学习借鉴的机会。

第三章　中国近代警察制度的发轫与发展

一、历史上警察角色的嬗变

(一) 警察的产生

警察历史源远流长,警察文化积淀厚重。警察是与国家一样古老。考诸历史,早在夏朝时期,中国就出现"有其实而无其名"的广义警察①,而现代意义警察在中国出现,则肇始于晚清新政时创建的巡警,时至今日已有上百年历史。

警察是一个历史范畴,它是人类社会发展到一定阶段的必然产物,是阶级社会演进中不可或缺的国家机器和武装力量,是秉承国家意志、依法履职、实施社会控制的执法力量,是社会秩序、地方安宁和市民利益的维护者。关于警察的起源,有多种说法,流行的有警察与人类共生的起源观、警察与国家同步产生的起源观两种。自然起源者认为,警察起源于社会、政治、经济、文化进步的自然结果,竭力回避和掩盖警察的阶级本质,代表者为美国警学专家黑伦,警政专家胡存忠坚持该观点,认为中国警察起于原始社会的唐虞时代,否认警察是阶级斗争的产物。② 马克思主义则认为,警察并非与人类同生,是阶级矛盾不可调和的产物,它随国家和法的出现而出现,随国家的消亡而消亡,是社会综合因素"发酵"的产物。

---

① 林维业、李文涛、林国合:《中国警察史》,辽宁人民出版社,1993年版,第9页。
② 同上书,第2—3页。

警察既非起源于原始社会,也非社会经济文化进步的自然结果。生产力的发展、私有制的产生、阶级矛盾的不可调和、国家及国家机器的建设,社会各种条件的综合作用,警察才有产生的条件。人类自有社会集团与国家组织后,即自有警察所管理的业务。有警察就有警察发展史,传统警察到现代警察经历漫长的演进之路。

学界通常将"警察"分为古代警察和现代警察两种,其分水岭是英国1829年制服警察的出现。严格意义上讲,中国传统社会虽无独立的警察机构,但存在大量履行警察职能的机构和官吏,由军队、司法、行政等机构分而行之。传统社会对执行警察职能的相当于今天警察这个角色有不同称谓,警察也有广义与狭义之分。了解这个群体及其发展史,需要从历史发展的视角去探究。

(二)"警察"的由来

关于"警察"由来,学界有本土固有说、日本传入说和中国自译说等观点。

1. 中国固有说。此种观点认为,中国警察历史源远流长,自古就有"警察"一词。但很长一段时间里,"警察"分开使用,寓意各异。《辞源》解读"警"者为戒备、告诫、报告危机信息、警醒、敏捷等意;"察"者即反复详审、观察、考核、调查、选拔、举荐、昭著、明显、辨析等意。"警察"即"警之于先,察之于后"。警、察二字何时连用,说法亦不同。较早记载"警察"连用,是唐初颜师古注《汉书》的《武五子传》中有"密令警察,不欲宣露"之句,其意为秘密警察。[①] 此后出现警察连用,但寓意有别。无论"警察"二字分开或连用,已寓有现代警察的秘密调查、警戒、侦察、监视等之义,只是警察还未成为一种固定职业。

2. 日本传入说。持此种观点认为,日本人先将"Police"译成日文,再由中国人将其传入中国。清末游学之风兴盛,大批国人出国游学,归来时便将西方现代警政思想带回国内。19世纪80年代,中国官员傅云龙游历日本、美国、加拿大、古巴、秘鲁、巴西、巴拿马、厄瓜多尔和智利等11国,在其撰写的《游历日本图经》《游历日本图经余记》中将日本用汉字书写的"警察"带回中国。与此同时,中国第一代日本研究专家黄遵宪在其全面研究日本历史的专著——《日本国志》一书的"职官志"里,详细记叙了日本警察制度,并将日本汉字写的"警察"带回中国。[②] 清末新政,

---

① 谢慧敏、党燕:《"警察"词源补正》,《公安大学学报》,1997年第2期。
② [意]马西尼:《现代汉语词汇的形成——十九世纪汉语外来词研究》,黄河清译,汉语大词典出版社,1997年版,第114页。

中国创建巡警,现代意义上的警察在中国出现,并逐渐走入中国政治制度之中。

3. 中国自译说。此说缘于中国人自译租界的"Watch man"(更夫)和"Shanghai Police Station"(上海巡捕房)而来。但也有学者认为,不排除"Police"先译成中文传到日本,然后再由日本传回中国的可能,即"回归借词"之说。

(三) 警察的含义

"警察"一词是个舶来品,其出现较为古老,寓意随历史演进而不断丰富,不同时代赋予其不同内涵。"警察"一词英文为"Police",源于古希腊语的"Politeia"(公民权),后发展为"Police"一词,意为政府次要部门的管理,如维持保洁和社会治安。① 13世纪,欧洲城市快速发展,警察事务日渐增多,警察和军事及裁判开始分离。17世纪,欧洲各国不断扩张外交与军备,警察和军事及裁判相分离。可见,西方古代警察是指内务行政的全部,现代警察仅为内务行政的一部分。② 同时,除"Police"意为警察外,源于14世纪拉丁文的"Constabulary"一词,有时也称"警察",其意指社区内的执法队伍,但专指"警察部队"。

警察出现后,对警察内涵诠释随时代变迁而观点各异。恩格斯眼中的警察是指有别于军队的国家权力机关,是维护国家内部秩序的力量;亚当·斯密对警察含义的解读表面上将其与犯罪相联系,其实真正考虑的是国家经济问题,包括国家的经济侦查政策、制度以及社会安全和卫生。③ 有学者从警察本质特征诠释警察,认为"警察是享有国家授予的在国家领土范围内使用暴力的一般权力的机构或者个人"④;有学者认为"警察是用来维持国家社会的秩序与安宁并且预防公共一般的危害"⑤,有学者认为警察是"以直接维护社会之安宁,防止或减少公共危害为目的,根据国家之一般统治权,命令或强制人民而拘束其自然的自由之作用"⑥。可见,学界从不同视角,解读"警察"寓意各异:从社会力量视角解读警察,警察意为警察机关和警察人员;从社会功能视角解读,意指警察是一种工具,即警察的职能作用。

---

① [英]坎南:《亚当·斯密关于法律、警察、岁入及军备的演讲》,陈福生、陈振骅译,商务印书馆,2005年版,第172页。
② 陈允文:《中国的警察》,商务印书馆,1935年版,第6页。
③ 夏菲:《论英国警察权的变迁》,法律出版社,2011年版,第6-7页。
④ [美]罗伯特·兰沃西、劳伦斯·特拉维斯:《什么是警察:美国的经验》,尤小文译,群众出版社,2004年版,第4-5页。
⑤ 陈允文:《中国的警察》,商务印书馆,1935年版,第5页。
⑥ 余秀豪:《警察学大纲》,商务印书馆,1946年版,第3页。

可见,时代不同,学者对"警察"概念解读各异,从对警察不同定义抽取本质寓意而论,警察是一个历史范畴,它是社会发展到一定阶段的必然产物;警察是一种力量,是一支依法行政的执法力量;警察是一种组织,是国家政权组织体系的一部分;警察是一种工具,它是维护社会秩序的暴力工具,又是服务社会的教化工具,它随着社会的发展而发展,并在制度建设中走上专业化和职业化。

(四)警察的职能

一般而言,警察的职能,就是警察的基本作用,它是由警察的阶级本质所决定的[1]。中国有警察行为历史,最早可溯至夏商周时代。西周时设立的司民、司稽、司寇等官职,履行着警察部分职能。秦统一中国后,地方设立最早的专门治安机构——亭,专司缉捕盗贼和维护治安之职。但在传统社会里,军警不分,政警不分,司法和行政混同,专业警察职能混同在军事、行政及司法等部门之中,警察最重要的任务不是维护社会秩序和公民安全,而是保护皇帝安全和维护皇帝统治。出于对民众统治的需要,基层社会推行联防连坐和保甲制度[2]。

警察履职范围并非固定,随时代变迁而变化。中世纪时期,因国家政务分工,警察履职限定以维护国家安宁幸福为目的的内务行政事务。近代内务行政中,警察职权除增进国民福利行政之外,只对于防止公共安宁秩序受到侵害部分,如言论、集会、结社及危险物的取缔与消防等[3]。清末新政变革警政,警察行政是内务行政的一部分,警察履职"就是保护民众及指导民众,而以弥补行政上之缺陷为其目的"[4]。理论上而言,警察履职应凸显"保护指导"民众之作用,但实际上,近代社会的警察及其警察机关,履行着维护社会治安秩序和服务民众的社会教化并行的双重职责。

传统社会里,警察作为国家暴力工具,其任务是维护政权统治和社会稳定,其维护社会秩序涉及社会的安宁、风俗、卫生、交通、营业、娱乐、消防等诸多方面,范围广,职责泛。民国警察同样肩负着维护政府的政治统治,代表国家履行维护社会治安管理、服务和教化社会民众之职责,抗战时期还直接参加抗战及锄奸活动。

随着民主法治化进程加快,对警察职能的讨论,成为当下学界一大焦点,即警

---

[1] 林维业、李文涛、林国合:《中国警察史》,辽宁人民出版社,1993年版,第7页。
[2] 参见中国社会科学院法学研究所法制史研究室:《中国警察制度简论》,群众出版社,1985年版。
[3] 郑宗楷:《警察法总论》,商务印书馆,1938年版,第5-6页。
[4] 同上书,第9页。

察是打击犯罪的战士,还是为民服务的公仆?专制社会里,警察是国家暴力工具,即警察是国家统治的工具;随着社会民主化和法治化进程加快,警察日益平民化,警察是服务社会的执法力量。因此,古代警察以维护政治统治为己任,现代警察社会管理职能渐趋强化。

(五) 警察的发展阶段

关于警察发展阶段,王大伟教授将其分为古代和现代两阶段,其分水岭是英国伦敦大都市警察的诞生。

1. 古代警察

严格意义上讲,中国古代既无专门的警察组织,也无专职警务人员,更无警察制度。地方行政与司法不分,地方行政长官兼管社会治安和司法审判,府县衙门设有巡守、捕快等类似警察人员,负责维持治安、抓捕人犯等工作。中国历史上设有类似警察机构的官职,如周代的司寇、司民、司虣、司圜等,秦汉的廷尉、郡守、县令、都、亭等,隋唐的大理寺、刑部、御史台、金吾卫等,宋的巡检司,辽金元的警巡院,明代的五城兵马司、锦衣卫、东厂、西厂等,清朝的巡捕五营、步军统领等。西方警察形象最早亮相中国,是租界内组建的巡捕。之后受其影响,中国开始接受西方现代建警理念,逐渐确立起近代中国的警政制度。清末新政,建立巡警,创建中央警察机关——巡警部,开启近代中国建立现代意义警察的序幕。

2. 现代警察

现代警察诞生于英国。1829年通过内政大臣罗伯特·比尔博士制定的《大都市警察法》,废除守望制度,率先创建伦敦大都市警察,创西方现代警察历史新纪元。继英国现代制服警察出现之后,巴黎街头出现法国史上第一支制服警察队伍,波士顿1838年组建美国第一支职业警察队伍,日本于1871年建立第一支全日制职业警察队——巡警队。① 二战后,许多欧美殖民地纷纷宣布独立,先后建立现代警察制度。以制服警察、职业警察、专业化警察、信息化警察等为特征的现代警察,在世界诸多国家纷纷建立起来。从现代警政制度创建过程看,现代警察制度具有如下特点:一是军警分离,警察与行政、司法分离,警察走上职业化;二是建立独立、专门、隶属不同国家权力机关的各级警察机构,警察机构专门

---

① 上海市公安局史志办公室编、黄臻睿执编:《海上警察百年印象》,同济大学出版社,2014年版,第182页。

化;三是各国出台专门的警察法律法规,明晰警察机构隶属关系,明确履职范围,警政制度建设法制化;四是警察依法行政,履行保护公民的生命、自由和财产职责。"警察为保护公共秩序、自由、所有权及个人之安宁而设","警察为维持公共安宁秩序除去国家或个人之危害所必要之制度"。① 这些特点与理念,成为现代警察的特征符号

3. 现代警政体制模式及特点

警政体制模式是指警政体制的基本框架,包括警政管理体制和警政机构设置、隶属关系及其机构之间的关系等方面。由于各国政治制度、政治体制、法律制度、历史传统、文化习惯和治安状况等诸多环境因素不同,决定各国警政制度建设的机构归属、各级警察机构之间的关系不同,形成不同的体制模式。从各国现代警政制度权限分配论,分为中央集权和地方分权的警察制及折中于国家与地方警察制等三种,以至于在警政体制模式上呈现出多样化格局,但主导世界警政制度变革走向的则为大陆型和海洋型等两类警政体制模式。

(1)大陆型警政体制。大陆型警政体制模式(The Police System of Civil Law),以地处欧洲大陆又承袭大陆法系的法国为代表,受其影响的国家有德国、日本、意大利、西班牙、比利时及原法属殖民地国家。该类型警政体制具有中央集权和垂直领导的军事化管理、警察权宽泛、警种多样化、文职警察与军队宪兵治安配合、警察经费保障化等特征。这种体制具有高度统一性和集权性,便于政令畅通和集中统一指挥,适合于中央集权制国家。但中央过度集权,妨害地方自主发展,容易忽视地方自由,减少人民参政之机会,有悖民主自治原则。②

(2)海洋型警政体制。海洋型警政体制模式(The Police System of Common Law),以地处海洋环抱之中且承袭海洋法系的英国为代表,受其影响的国家有美国、加拿大、澳大利亚、新西兰等英联邦国家③,该类型的特点为中央与地方互不相统,全国无统一的警政制度和警政机关,中央与地方警察机关不存在上下级垂直领导关系;警种相对单一,履职范围和权限相对较小;治安巡逻、犯罪侦查和交通管理等方面,不拥有警察规则权和违警处罚权;军警治安分离,警察管治安,宪兵管军纪与安全保卫。但各自为政,法令规章混乱,容易妨害国家政令统一。

---

① 范扬:《警察行政法》,商务印书馆,1940年版,第5页。
② 祝悦:《我国警察行政法制之基本构建》,博士学位论文,中国政法大学,2007年。
③ 上海市公安局史志办公室编、黄臻睿执编:《海上警察百年印象》,同济大学出版社,2014年版,第179-180页。

二、西学东渐与中国近代警察制度的发轫

中国走向近代化是在外来势力挤压下进行的,其开端为"中体西用"的洋务运动,并由此引发"体"与"用"的争论,这里必然涉及"西学东渐"与国人对西学的不同理解及行动上的不同举动或接纳。

(一) 西学东渐与国人变革社会的范式选择

1."西学"内涵

"西学"一直没有明确定义,一般认为西学即经过近代化的西方文化,是指16—19世纪特定时代,包括来自西方的基督教、科学技术和人文社会科学等知识。纵观变迁的社会环境和历史时期,西学内涵也发生变化,主要包括:一是基督教,包括西方基督教及其价值观念;二是科学技术与知识,包括西方先进的技术和知识及西方先进的科学管理理念等;三是人文社会科学知识,包括西方的政治思想、政治制度、政治体制等;四是各种思想流派,包括20世纪20年代前后,广泛流入中国的社会主义、无政府主义、实用主义、改良主义等各种社会思潮。

2. 西学东渐的途径

西学东渐主要是指文艺复兴以后西方近代文化的东传,其传入渠道有:一是宗教传播。1582年,耶稣会士利玛窦和罗明坚来到中国肇庆传教。之后,西方传教士纷纷来华,至明朝末年,中国天主教徒已达3.8万人,至18世纪初,中国已有教徒30万。鸦片战争后,基督教在中国传播进入新高潮,到19世纪末,传教士3000多人,教徒80多万。二是商业贸易。鸦片战争前,清政府实行闭关锁国政策,中国人通过商业贸易接触西方文化的机会极少。鸦片战争后,一系列不平等条约的签订,开港通商,特别是洋务运动期间,中外商贸活动日益增加,商业贸易在文化传播中的作用也不断增强。三是战争征服。随着近代中国对外战争的屡战屡败,半殖民地半封建社会不断加深,西学伴随着侵略者的入侵传入中国。四是主动拿来。19世纪以来,国门大开,游学之风兴起,通过政府官员出国考察、留学生出国游学、翻译西方书籍等方式,自己拿来,进入西学东渐的拿来阶段。在数百年"西学东渐"大潮中,"送来"的宗教传播、商贸、战争等方式与"拿来"的外交、游学和翻译等方式,相互综合产生效应,但在不同国家、不同历史时期其影响又有主次轻重之别。

3. 近代中国革新社会的范式选择

几个世纪的西学东渐,对东方国家的影响既取决于西学本身发展情况,又受制于东方社会发展需要。最初西学东渐多以传入科学知识为主,19世纪中叶之后,"师夷之长技以制夷"成为东方各国的共识,学西方科技、办近代企业、富国强兵则成为一种趋势。19世纪后期,东方各国强烈意识到进行社会变革是学习西方的前提,于是相继进行社会改良或革命,西学思潮渐趋为东方国家所认识和接受。梁启超在其《五十年中国进化概论》中指出,中国人接受西方文化经过从器物上感觉不足到制度上感觉不足,再到文化根本上感觉不足的过程,即近代以来先进的中国人学西方经历了从器物、制度到思想文化层面的革新路向。

(1)器物层面的师夷长技以制夷。传统社会理念中,视"在人心不在技艺"为强国之本。清朝长期实行闭关锁国政策,鸦片战争中被英国击败,大国形象荡然无存。鸦片战争以后,一批睁眼看世界的地主阶级知识分子发出"师夷长技"之呼声。19世纪60年代初,洋务派提出学西方应"以制器为先","师夷长技"付诸行动,出现一个举办军事工业、民用工业、办学堂、鼓励游学、举办近代新式教育的洋务运动。甲午一战,中国惨败,"中体西用"主导下的洋务运动宣告失败。制器层面学西方的惨痛教训唤起国人深思:在封建统治危机四伏情况下,变器不变道的革新难以救中国。

(2)制度层面的改良或革命。反思洋务运动的失败,维新派则认为变器和变物难以救中国,要想富国强兵,必须变制与变法,提出兴民权、设议院、实行君主立宪;提倡办实业、奖励发明、发展资本主义;主张设学堂、变科举、鼓励游学、裁减绿营、采用新法练兵、创建海军、实行保甲等社会变革主张,得到光绪帝赞许,于是便开展一场自上而下的维新改良运动。缺乏群众支持的不彻底的维新改良运动仅存103天,变制变法也未能挽救中国。以孙中山为代表的资产阶级革命派,以三民主义学说为指导发动辛亥革命,推翻帝制,建立资产阶级共和国,后因政党不团结、军队不可靠、群众基础薄弱,加之理论宣传不到位,其胜利果实最终被反动军阀窃夺。

(3)文化层面的思想大解放。辛亥革命果实被袁世凯窃取,再一次震惊激进的民主主义分子。他们认为近代中国变法变制失败的主因,是民众未得到广泛发动,民众的思想观念和价值取向未根本转变。因此,在中国大地上掀起一场高举民主和科学两面大旗的文化运动,大力提倡新思想、新文化、新道德,猛烈抨击中国传统的旧思想、旧文化、旧道德。民主和科学思想广泛传入,引起一场思想大讨论,西方各种思潮纷纷涌入,在对中西方各种思潮的反复比较、分析和借镜之中,中国先进知识分子很快接受了马克思主义,并在马克思主义理论指导下创建了中国共产党。从此以后,中国的面貌焕然一新,中国革命也逐步走向成功。

(二) 环境变迁、西方警政思想传播与中国近代警政制度发轫

1. 近代中国社会环境变迁

(1) 政治制度剧变

传统社会里,中国是一个统一、独立、多民族的中央集权制国家,与外国保持着独立的友好外交关系。清朝虽出现"康乾盛世",但闭关锁国的外交政策,使天朝大国抱残守缺,自闭于世界交流局势之外。1840年英国发动的"旨在维护鸦片贸易"的战争,使天朝大国颜面丢尽,战败求和,城下之盟,开港、通商、割地、赔款,并允许列强在中国租地造屋。从此之后,独立的中国开始沦为不独立的中国,封建的中国开始沦为半封建的中国。随着第二次鸦片战争、中法战争、甲午战争、八国联军入侵中国的一系列对外战争的战败,国家主权逐步丧失,一步步陷入半殖民地半封建社会,成为任人宰割、蹂躏的国家,西方国家在中国沿海或内陆城市建立租界或租借地,它们俨然成为中国的"国中之国",中国的主权完整遭到严重破坏。辛亥革命推翻了清政府,几千年的皇帝制寿终正寝,取而代之的是共和制。但在北洋军阀统治的十几年中,政客在中国政治舞台上像走马灯式的换来换去,时局动荡,政权更迭频繁。南京国民政府建立后,长期执行一党专制,社会矛盾不断激化,军阀混战持续发生。东北易帜后,虽完成国家形式上的"统一",但各派军阀分别盘踞一省或数省,与中央政府貌合神离,分庭抗礼,形统而实不统是当时社会的真实写照。国内而言,广大群众争民主、自由、生存权力的运动此伏彼起,在困境中不断成长壮大的中国共产党及其领导的武装力量成为南京国民政府的心腹大患,国共两党之间的"围剿"和反"围剿"不断发生。国际而言,列强不断掠夺中国,日本对中国的侵略不断加深,南京国民政府统治岌岌可危。南京国民政府在其统治的22年中,囿于坚持一党专制,失去广泛的群众基础,政权在风雨飘摇中摇摆,强化警察力量必将成为其维护统治的重要工具。

(2) 旧有治安防卫体系效力的逐步丧失

传统社会的中国是以农立国的社会,自然经济的生活方式固化着相对稳定的社会结构。鸦片战争打破了这种寂静,列强以不平等条约为护身符,一方面将廉价商品输入中国,瓦解着中国小农经济,大批农民和手工业者纷纷破产,迫使他们走出家门,寻找新的生路;另一方面,资本主义生产方式的传入,改变着人们的经营理

念,部分地主、商人开始投资近代企业,这为大批破产农民流向企业就业提供契机,进而导致城市人口激增。加之自然灾害频发,使很多被迫离开土地的农民沦为流民,甚至走上起义之路,给社会治安带来新的挑战。

清朝前期,国家主要依靠绿营、差役、保甲等三种力量来维持治安。① 鸦片流入中国后,绿营官兵吸食鸦片,精神颓废,身体虚弱,战斗力大大降低。清政府虽力图"整顿",但吏治腐败和官官相护使其收效甚微。更有甚者,有些绿营官兵沦为腐败、罪恶的直接参与者和帮凶。差役俸禄微薄,敲诈、欺压百姓以中饱私囊,成为扰乱地方治安的一大毒瘤。与此同时,大批农民离乡背井,外出谋生,致使保甲制度名存实亡。八旗、绿营的日益废弛,保甲团练的名存实亡,传统治安控制系统逐渐失灵。面对被迫开放、列强横行、各种社会问题与矛盾层出不穷的现实,安宁与秩序面临前所未有的挑战与危机。为应对急剧变化的社会局势,亟待变革旧有治安防控体系,用一种新的治安体制来改变这种局面就成为使然,创建现代警察制度便应时而生。

(3) 社会秩序失范,治安局势令人担忧

19世纪至20世纪前半期,中国社会经济落后,天灾人祸不断,加之战争频仍,匪患、帮患、兵患、灾患成为影响社会治安和稳定的四大严峻问题。民国时代是乱世出枭雄的时代,以至于"遍全国无一省没有盗匪的;一省之中,又无一县没有盗匪的;一县之中,又无一乡镇没有盗匪的"②。据英国学者贝思飞估计,1930年中国土匪人数保守估计为2000万左右。③ 土匪从事烧、杀、抢、淫、绑票等活动,所到之处,土地荒芜,人烟稀少,"行者为之戒途,居者不得安地"④,严重影响到经济发展和社会秩序稳定。

与此同时,近代中国又是一个兵连祸结的时代,大大小小的各路新旧军阀战火不断,彼此间抢地盘争势力,从城镇闹市到穷乡僻壤,都笼罩在一片弥漫的战火硝烟之中,大苦大悲使广大民众完全麻木呆滞,生命几同蝼蚁。⑤ 军阀混战此起彼伏,招募兵士和解散军队常无定制,社会接纳能力有限,兵灾较之匪患更甚,不少退伍士兵,无

---

① 万川:《中国警政史》,中华书局,2006年版,第345-346页。
② 周谷城:《中国社会史记》(上册),齐鲁书社,1988年版,第295页。
③ [英]贝思飞:《民国时期的土匪》,徐有威等译,上海人民出版社,2010年版,第1页。
④ 彭先国:《民国湖南土匪史探》,岳麓书社,2002年版,第124页。
⑤ 徐有威等:《洋票与绑匪——外国人眼中的民国社会》,上海古籍出版社,1998年版,第132页。

所事事,无以为继,落草为寇,化为匪盗。"军队愈多,则退伍者愈众,而盗风亦愈盛。"①北洋政府时期,军阀混战,国无宁日。南京国民政府时期,国民党内各军事集团之间利益冲突逐渐尖锐,演出一场场合纵连横、阴谋诡诈,甚至大军火拼的大戏②,爆发了一系列新军阀之间的大战。内战稍有平息,外患接踵而至。九一八事变,东北军不战而溃,东三省沦陷;"一·二八"事变,上海划为非武装区。日本得寸进尺,国民政府步步退让。频繁的战争,人民困苦已达极点。20世纪上半期战争直接导致死亡人口数至少在1000万以上③。此起彼伏的战事,破坏着基层政权组织和治安防卫体系,社会治安局势愈令人担忧。

与此同时,自然灾害频发,引起数以万计灾民大量外流,致使许多村庄荒凉,基层政权组织濒临崩溃,户籍管理难以为继。大量人口移入城市,带来城市失业现象增多、消费性人口恶性膨胀、社会治安混乱、物价飞涨、交通拥挤、住房困难等问题,这一切极大地损害社会生产力发展,严重影响人们的生活,引发社会大动乱,给社会治安带来极大的不稳定因素,为警察维护社会治安带来严重的困难。

封建帝制的推翻和中华民国的建立,普通民众的贫困生活并未得到改善。战事、匪患、灾患、帮患等频发,带来极大的社会隐患和安定问题,整个社会处在动荡不安的状态之中;毒、赌、娼等丑恶现象四处蔓延,败坏着社会风俗,引发一系列带有政治色彩的治安和刑事案件。贫困化趋势日渐严重,失业破产者人数与日俱增,离乡背井的人口流动不断发生,原有的基层管理模式受到严重冲击,并制约着基层警察组织的设立。可见,农村的持续贫困,城市的凋敝萧条,兵患、盗贼、土匪、帮患的此起彼伏,毒、赌、娼的盛行,社会的不断动荡,各种矛盾交织激化,这就是当时中国的社会图像。

2. 西方现代警政思想在中国的传播④

任何一种新制度的创立,必有其特定的根植于本土或被本土认同的外来文化的思想渊源和理论传播准备。鸦片战争后,经历着数千年未有之变局的中国向何处去,成为一批有识之士在困惑中苦苦思索的时代命题。宣传和接受西方现代建

---

① 吴世勋:《河南》,中华书局,1926年版,第51页。
② [美]陶涵:《蒋介石与现代中国》,林添贵译,中信出版社,2012年版,第61页。
③ 张宪文、张玉法主编,赵兴胜、高纯淑、徐畅、杨明哲著:《中华民国专题史(第八卷):地方政治与乡村变迁》,南京大学出版社,2015年版,第441页。
④ 本部分内容根据《近代西方警政思想东渐中国的路径与反响》一文修改而来(见《史志学刊》,2017年第2期)。

警理念,正是国人探索警政革新的一大抉择。纵观西方警政思想传入中国,则通过租界窗口了解、聘请洋教习传授和国人走出国门学习等路径完成的。

(1) 租界是中国人了解西方警政的窗口

现代警察制度诞生于英国,而为国人所认知则始于鸦片战争后中国沿海城市租界办警察。西方列强通过不平等条约先后在中国各口岸建立租界,并将其本国市政管理的一套较为成熟的做法强行移植到中国租界,包括现代警政制度。于是各国相继在租界成立工部局、巡捕房、监狱、法庭、军队等管理机构,负责拘捕、审讯和审判租界内的一切可疑之人,租界俨然成为外国在中国设立的功能齐全的自治自理的政治与行政实体。近代中国人对现代警察制度的最早认识,正是从这些租界办警察开始的。1848年,英国在上海租界雇用负责租界治安与巡视的更夫。1854年,英法美三国以保护租界为借口成立上海巡捕房,公开自行招募"西捕"和"华捕",巡捕便成为"帝国主义在旧中国租界设置的警察"[1],并一直在租界沿用。

租界警察有工部局警察和领事警察两种。各租界警察专司访缉租界内盗贼,巡捕房"遇有要事,电报传信,迅速无比",工部局所设巡捕"通宵巡绰","故洋场盗贼潜踪,市肆安谧"。[2] 租界巡捕维持社会治安的显著成效给国人留下深刻印象,激起国人认知与宣传"巡捕"之热情,发出学西方、设巡捕的时代呼声。

租界警察虽不归中国管理,但却是中国境内最早出现的现代意义上的警察,是国人认知西方现代警察的最早记忆与最深印象,租界已成为国人最早了解西方现代警政制度的窗口,中国近代有识之士较早的警政理论缘起于对租界警察的认识和思考,而这些警政思想的萌发和发展则为清末警政变革提供理论基础。租界将西方警政制度楔入中国,成为催生中国近代警政制度的温床,晚清警政变革汲取了租界办警政的某些做法。

(2) 游历人员是西方警政制度的传播者

鸦片战争后,国人在被动中开始与洋人打交道,但留学尚未引起国人重视。洋务运动时开启中国游学之风,幼童开始赴美留学。早期游学以学工为要,后来则以学军事者居多,警察与法政者次之,且以游学日本为主。

清末新政期间,两湖选派文武员弁、警察专科学校学生赴日学习警务,"先后毕

---

[1] 辞海编辑委员会:《辞海》,中华书局,1991年版,第2952页。
[2] 葛元煦:《沪游杂记》卷25,上海书店出版社,2006年版。

业者,不下数千人"①。民国时期学习和借鉴西方现代警政制度成为一种时尚。在财力困难情况下,南京国民政府分批输送警官学校毕业生及在职警政人员到日本和欧美等国的警察学校学习和训练。1930年,内政部首次选派10名中央警官学校毕业生赴日本留学;浙江省政府选派浙江警官学校第一期毕业生30人赴日奥等国警察学校留学,首都警察厅派5人赴日本警察讲习所留学。他们留学归国后,分发各省市办理警察教育或从事警察行政工作,对于当时的警政之革新贡献颇多,南京国民政府警界出现一批具有留学经历的专家型警政人才。客观地讲,这些游学人员亲睹西式警政制度之优越,深受西式建警思想之影响,期满回国后有的投身办警察教育,成为警政学堂的传道授业者;有的则直接参与近代中国的警政改革活动,成为警政革新的实践者。

除留学生外,一批归国驻外使节或官绅,著书立说推介西方警政制度。同文馆学生领队斌椿1866年游历欧洲,归国后大力宣传伦敦警察皆穿红衣黑裤,"各持杖巡守无间"的先进做法②;赴美参加万国博览会的海关官员李圭大加赞许纽约警察局及伦敦警察治下秩序井然的做法③;使英大臣郭嵩焘对"伦敦凡事一任巡捕"记忆深刻,随同官员黎庶昌归国后竭力宣传巴黎"巡捕自为一衙门,不归地方官管辖"的管理体制。④出洋大臣傅云龙游历欧美和日本归国后,在其《游历日本图经》"兵制与官制"章节中专门介绍近代日本警政制度,驻日使节黄遵宪在其专著《日本国志》里详细记叙了日本警察制度及其做法,主张"取法于西方尤其是日本警察制度",在湖南创办保卫局,为晚清警政革新提供效仿的范本。民国时期,在四川推行警务学堂教育第一人的周善培曾7次赴日本,重点考察新式学堂、警察制度、办陆军等。⑤ 考察日本归国的警政专家李万里,在其《考察日本警察实录》中翔实介绍了日本警察制度,并提出借鉴日本整顿中国警政之建议。⑥赴欧洲进行为期一年考察的唐冠英等人,在他们的《德英法意四国考察报告》中详细介绍了德英法意等国现代警察制度建设及其经验⑦,这些著述为民国政府借镜欧美警政建设经验提供参考咨询。

走出国门的游历人员、驻外使节和政府官员们虽对西式现代警察观念理解未

---

① 故宫博物院明清档案部编:《清末筹备立宪档案史料》(上册),中华书局,1979年版,第196页。
② 斌椿:《乘槎笔记》,钟叔河主编:《走向世界丛书》,岳麓书社,1985年版,第112页。
③ 彭雪芹:《近代中国早期警察观念探析》,《河南大学学报》(社会科学版),2009年第6期。
④ 黎庶昌:《西洋杂志》,钟叔河主编:《走向世界丛书》,岳麓书社,1985年版,第433页。
⑤ 董纯朴:《中国警察教育史论》,吉林文史出版社,2007年版,第7页。
⑥ 李万里:《李万里考察日本警察实录》,1923年印,出版单位不详。
⑦ 唐冠英、柳克述、鄢悌等:《德英法意四国考察报告·序》,中央陆军军官学校,1935年印。

必深刻,但却弥足珍贵。正是通过他们的笔触,让中国人对西洋警察开始了初步的了解。①他们对西方建警思想与理念的介绍与宣传,又开启一扇国人了解西方警政制度的窗口。

(3) 维新人士是近代中国警政革新的推手

最早关注并进行较为系统宣传西方现代警政制度的是早期的改良主义思想家。他们有的借助租界窗口了解西方的警政制度,如葛元煦、郑观应、陈炽等人;有的通过游历海外亲睹西方警察的风采,如何启、胡礼垣、康有为等人。虽然对西方警察了解的渠道不同,认识的程度也各有深浅,但他们都推崇西方警政制度,并通过不同渠道,介绍或宣传西方警政思想,竭力主张变革近代中国警政,以赶上时代潮流,缓解社会日益恶化的治安局势。他们否定传统社会治安体系,"视警察为消除现存弊端的根本途径"②,主张军警分离,建立欧美模式的现代警政制度;赞美西方警政,主张设立警察、帮办、总巡捕官,以构建警察组织体系;主张"以本地之银供本地之用",抽收各种捐税用于办警之用③;主张设置清查户口的"生死注册官",以加强对户口的管理。④ 甲午战争中国战败后,学西方、变革警政再次成为维新人士挽救时局的一大主张。康有为在其多次上光绪帝书中,力陈警察对维护地方治安的重要性,主张"设巡捕、整市场"⑤,军警分离,建议将"武弁识字通敏解事理者,改为巡警官","以资县乡之防虞",⑥开近代以文化素质作为择优录警之滥觞,他将变革警政制度纳入其整个维新体系之中,推动了维新时各地警政变革活动的开展。

同时,视建警为变法之政要的实业家张謇,也加入宣传西式建警理念和变革警政制度行列之中。他明确指出,警政建设根本意义不在于"巩固政府",而是为了创造一个"协和社会",⑦提出"行之亦有序"的建警方案,即办警先兴教,军警分离,成立专门警察管理机构,"分职以专职""专掌警察",⑧设治安、交通、水上等专业警察,办警经费由政府保障,并通过制定警察法律法规,加强对从警人员的法制教育和业务训练。张謇率先提出明确、系统、完整而准确的近代警政思想,为中国近代

---

① 彭雪芹:《近代中国早期警察观念探析》,《河南大学学报》(社会科学版),2009年第6期。
② 郑观应:《盛世危言·巡捕》,华夏出版社,2002年版,第482页。
③ 陈炽:《巡捕》,《庸书》外篇,卷六。
④ 夏东元:《郑观应集》,上海人民出版社,1988年版,第472页。
⑤ 中国史学会:《戊戌变法资料》(四),上海人民出版社,1957年版,第115页。
⑥ 中国史学会:《戊戌变法资料》(二),上海人民出版社,1957年版,第229页。
⑦ 张謇:《张謇全集·政治》(第一卷),江苏古籍出版社,1994年版,第529-530页。
⑧ 同上书,第50页。

警察制度的确立奠定了理论基础。①

毋庸置疑,一代代维新人士把兴办警政视为解决时弊的重要举措,并把警政制度建设的地位提到了空前的高度②,他们提出的前瞻性和可行性的建警方案,既承袭西方现代警政思想,又结合中国国情进行创新性探索,不失为解决当时积重难返的社会治安问题的一剂猛药,更为近代中国警政制度革新奠定了理论基础。应该说,从此时起,人们对警察的认识"才真正脱离了(中国)古代意义的范畴"③,他们对外国警察制度的宣传和研究,构成了近代中国最早的警学理论。④

(4) 外国教习成为清末警政教育的督办者

国人聘洋人为师始于洋务运动,虽成效甚微,却迈出请进来的关键一步。《辛丑条约》签订后,"创办警察之急需"迫使清政府放下架子,聘外国教习举办警政学堂和培养警务人才。1901 年,清政府聘日人川岛浪速为京师警务学堂监督,督办学堂一切事宜⑤,至 1906 年,该学堂聘任日本教习达 34 人,他们除承担大部分教务外,还负责学堂管理事务。各地纷纷效仿,聘日人教习管理学堂的教学与行政事宜。袁世凯举办北洋警务学堂时前后聘 12 名日本教习,武昌警察学堂聘 3 名日本高等教习从事教学管理。⑥ 山东、山西、福建、广东、南京、浙江等警务学堂都聘过日人教习。这些日本教习大多来自日本警察部门和军队,具备丰富的警务和军事知识及实战经验,并在教学与操练中将西式建警理念传入中国。

不仅如此,与奕劻、毓朗、善耆等晚清大臣私交甚好的川岛,于 1902 年的《上庆亲王奕劻书》中,不仅较系统地论述中国建警的重要性及应遵循的基本方针,还提出一套较系统的警察组织、警察权限及警察人事建设方案,符合晚清建警之需要。清末成立巡警部、巡警道和巡警公所,名称虽与川岛建议有别,但组织职能与其上书建议基本相同。

南京国民政府时期,聘请德日美等国警政专家来华帮其训练职业警察,并与国外大学合作,交换师资与学生,举办学术研讨会,参加国际警察学术组织与活动,⑦以推动警政变革及全国警察教育建设。20 世纪 30 年代,美国开始对南京国民政

---

① 邱华东、史群:《张謇的警政思想及其实践》,《南通大学学报》(社会科学版),2006 年第 5 期。
② 韩延龙、苏亦工:《中国近代警察史》(上),社会科学文献出版社,2000 年版,第 53 页。
③ 同上书,第 56 页。
④ 董纯朴:《中国警察教育史论》,吉林文史出版社,2007 年版,第 5 页。
⑤ 《北京警务学堂章程》,中国第一历史档案馆藏。
⑥ 《岑春煊奏》,中国第一历史档案馆藏。
⑦ 上海市公安局史志办公室编、黄臻睿执编:《海上警察百年印象》,同济大学出版社,2014 年版,第 188 页。

府的警察进行系统训练,帮助建立指纹局,浙江警察学校还按照柏克莱警训项目设计一年级教学提纲。①

聘请外国人做教习督办警察教育,开启中国警察教育之先河。通过警务学堂教育传播与践行西方现代建警理念,为更多中国人提供一个快速了解西方现代建警理念的信息源渠道。毋庸置疑,洋教习们在操纵和干预中国警政建设的同时,也成为中国人了解和经办近代警政的"引路人",并通过警务学堂教育,为中国近代警政建设培养一批警政人才。

(三)晚清警政变革的肇始

1. 黄遵宪与湖南保卫局

中国最早尝试改变传统治安防卫体系,始于维新变法期间黄遵宪在湖南创办的保卫局。立足晚清治安现状,借鉴日本与西方建警理念,黄遵宪提出设保卫局、迁善所、时务学堂等12项新政措施,制定《湖南保卫局章程》,并于1898年7月在长沙筹建中国历史上最早的专门警察机构——湖南保卫局。

保卫局采用"官绅商合办"方式,其组织结构分总局、分局和小分局三个层次,总局下设五个分局,各分局下辖六所小分局,各小分局设巡查长1人、巡查吏2人、巡查14名,负责"去民害、卫民生、检非违、索犯罪"等事宜。此外,在长沙府城内设迁善所,专门收容轻罪犯和年轻失教人员,传授他们谋生手艺。保卫与迁善相结合,是创办迁善所的核心原则,在一定程度上具有近代资本主义性质的收容所、感化所和初级监狱的规模。②

保卫局招收警员,要求年龄20至30岁之间,读书识字,粗通文理;身体强健,吃苦耐劳;性质和平,不尚血气;须有保人;须考验,但曾经犯罪之人不得招录。警员勤务时须穿戴统一服装,不准吸烟、露坐、聚饮或与街市人闲谈,不得擅自私闯民宅,因公务进入民宅,须持有"局票"③,上述规定对近代警察职业化和执法规范化,无疑产生积极影响。

保卫局孕育着现代警政机构的相关职能,特别是开办过程中,黄遵宪始终贯彻官民合办、公议公决的原则,唤起民众的参与热情,折射出黄遵宪民主建警思想,他的建

---

① 董纯朴:《中国警察教育史论》,吉林文史出版社,2007年版,第106页。
② 韩延龙、苏亦工:《中国近代警察史》(上),社会科学文献出版社,2000年版,第41页。
③ 万川:《中国警政史》,中华书局,2006年版,第368页。

警实践迈出中国警政变革第一步,其建警思想对晚清及民国的警政建设均产生一定影响。保卫局虽仅存一百多天,但在中国警政史上的地位显而易见,它是中国近代最早的警政机构。维新变法失败,"百举皆废,惟保甲局因绅民维持,得以不废。"①1905年10月8日,当初下令废除保卫局的慈禧明令设立巡警部,并视为急务而频频催办,拉开近代中国创设中央警政机构的序幕,全国范围内的警政变革继之启动。

2. 袁世凯与天津巡警的创建

1902年5月,直隶总督袁世凯仿效西法,拟定章程,在直隶省城保定创设警务总局,赵秉钧任总办,其下设东、西、南、北和四关等五个分局,分局下设巡所,挑选500名巡警,清查户口,负责保定社会治安。同年8月,为维护天津城市社会治安,袁世凯从军队中挑选3000人进行短期训练,以"中国警察"名义驻进天津,其中1500名留在天津,组建天津南段巡警总局,曹嘉祥任总办,下设五个分局,每分局设四区,负责天津城区治安;1500名派驻西沽、塘沽、山海关、秦皇岛、北塘等处,组建北段巡警总局,段芝贵任总办。他们身着黑色制服,负责军事戒备、巡警、消防、户籍、营缮、卫生等事宜。南北段巡警总局成立后,袁世凯又创设河巡队、马巡队、探访队、拘留所、备差队、军乐队和消防队,进一步完善天津巡警机构。同时,袁世凯将此举推广到直隶各府县及铁路,建立起全省巡警网,现代意义上的"巡警"在天津诞生。巡警及巡警总局的出现,中国警务制度告别了传统的捕快时代,对维持直隶地区的社会治安起到一定的作用。

3. 清末新政与巡警部的创立

天津办巡警成效显著,清政府号召各地效仿。1905年10月8日,清政府下令设立巡警部,署兵部侍郎徐世昌补授巡警部尚书,内阁学士毓朗着补授左侍郎,直隶候补道赵秉钧署理右侍郎,②另设左右丞各1人、左右参议各1人,尚书、侍郎、左右丞、左右参议等,中国最早的中央警察机关由此诞生。

巡警部是全国警察事务的最高指挥和监督机关,统领全国警察事务,内设警政、警法、警保、警务、警学等五司,设郎中5人为各司长官,总理司事;设员外郎16人,为各科长官,另设主事16人,为各科副长官,协助管理科务。直属巡警部的下属机构有京师内外城巡警总厅、京师内外城预审厅、高等巡警学堂、京师习艺所、路工局、消防队、协巡营、探访队、稽查处等。同时,接收旧有京师治安组

---

① 韩延龙、苏亦工:《中国近代警察史》(上),社会科学文献出版社,2000年版,第32页。
② 世续等:《清实录·德宗实录》卷五四九,中华书局,1987年版。

织,设立工巡总局,建立衙署,拟定各项章程条例,指导警务活动。巡警部的成立,使中国警政机构逐渐实现统一化,警察职能也逐步走向专门化,同时也使警政人员逐渐专业化。

1906年,清政府撤销巡警部,设立民政部,内设警政司,接管原巡警部职责。警政司内设四科,核办行政警察、司法警察、高等警察、巡警学堂及教练巡警等事。[①] 1907年,清政府设巡警道为省级警政最高长官,以警务公所为省级最高警政机构。至此,中央和省两级警政体系初步建成。设警政司于民政部之下,纳警政于民政之匦,是清末建警的一大特点,对中国警政近代化影响深远。

三、民国时期警政建设理念与实践路径

(一)北洋政府时期的警政建设

1. 颁定警察法规

袁世凯上台后,为改变清末警察法规混乱局面,颁布涉及面广、种类较多的警察法规:一是警政组织建设法规。主要有《内务部官制》《京师警察厅官制》《地方警察厅组织令》《县警察所官制》《水上警察厅官制》等,详定各级警察组织架构、职责及其相互关系。二是警察人事法规。主要有《官吏服务令》《警务处长预保办法》《招募巡警章程》《警察官任用暂行办法》《巡官长警赏罚章程》等,明定警察选用与奖惩等。三是警察教育法规。涉及学校组织机构、办学宗旨、学制、学科、招生、学员待遇、考试实习等诸方面的《警察学校教务令》《警察学校组织令》《地方警察传习所章程》《各省警察传习所章程》等。四是治安管理法规。主要有《违警罚法》《治安警察条例》《警察厅户口调查规则》《县治户口编查规则》《管理收藏枪支规则》等,明定各类违反公共安全的行为、处罚程序及具体处罚办法等。五是日常办事规则。主要有《京师警察厅办事细则》《京师警察厅会议规则》《勤务督察施行细则》等。[②]

2. 创建警政机构

中央警政机构。中央设内务部,内设警政司,下设五科,具体负责行政警察、高等警察、司法警察、警察教育和著作出版等事宜。内务部警政司为全国警务最高机关,但不负责指挥全国警察实际活动,也不直接向地方各级警察机关发号施令,它

[①] 戴鸿映:《旧中国治安法规选编》,群众出版社,1985年版,第5页。
[②] 万川:《中国警政史》,中华书局,2006版,第395页。

作出的一切决定均需听命于总长,或经总长认可后以部令形式行文①,其主要职责是制定警政发展规划和各种规章制度。

京师警政机构。袁世凯上台后,积极推行划一警政改革,将清末内外城巡警总厅更名为京师警察厅,内设总务、行政、司法、卫生、消防和勤务督察等处;外设保安警察第一、二、三、四队及保安警察马队、侦缉队、消防队、贫民教养院、疯人院、济良所、教养局和内外城官医院等。此外,还设直属京师警察厅的巡警教练所、巡警官长讲习所、募警讲习所等教育机构。同时,调整京城内外警区,由清末23个缩为20个,每区设警察署,警察署下设派出所,各区署和派出所之间设分驻所。1924年撤销步兵统领衙门,京师四郊的治安事务由京师警察厅接管,至此,京师内外城警制终告统一。

地方警政机构。撤销各省巡警道和警务公所,统一设立专管省会警务的省会警察厅;撤销各商埠巡警局或警务公所,重要商埠设警察厅,次要商埠设警察局;县级警察机关一律更名为警察事务所。1915年7月,各省设立警务处,统筹全省警政。1918年1月,内务部颁布《各省区警务处组织章程》,具体规定警务处编制,地方警政机构渐趋建立起来。

3. 警种建设

清末新政后期,清政府开始筹建消防、水上、铁路、军事等专业警察等。北洋政府时期,设有司法警察、消防警察、水上警察、铁路警察、卫生警察、矿业警察和武装警察等,其中司法警察主要负责搜集证据、逮捕和押送人犯、取保传人、检验尸体等与检察机关联系密切的职责事宜;消防警察负责消防事务,在京师警察厅、各省会和商埠警察厅(局)设消防处,县警察所设消防科;铁路警察由交通部的铁路警备处管理,主要职责为保护铁路及其一切设施,查禁危险品,保护火车客、货运输安全,侦缉轨道及火车上的犯罪者,阻止、镇压扰乱铁道交通秩序的行为,检查旅客票证等;水上警察设在濒海、沿江、滨湖、通河各地,负责水上巡逻、检查过往船只及船上人员、指挥水上交通、维持水域卫生、处理水上冲突事件及预防和侦缉海盗等。1914年,在京师设立保安警察一、二、三、四队及保安警察马队等第一支隶属于警察机构的武装警察队伍,主要负责应对地方的突发事件和非常事件,其编制、装备和训练与军队类似。地方武装警察是由县警备队延续而来的县警察队,其职责是

---

① 韩延龙、苏亦工:《中国近代警察史》(上册),社会科学文献出版社,2000年版,第333页。

"清除盗匪,预备非常","辅助陆军及警察权力之所不及"。① 此外,各级警察机关还纷纷设立各种专业警察队,如警卫队、侦缉队等,有些地方还设置类似后来的治安警察。

4. 举办警察教育

北洋政府时期,推行"统一教育,集中警权,注重实用,以期整饬地方警政"的警察教育方针②,创办不同层次的警察学校。

高等警察教育。为统一警察教育,袁世凯下令裁撤各省高等巡警学堂,创设内务部警察学校,将高等警察教育权收归中央,两年后停办,代之以地方警察传习所。1917年,内务部召开第一次全国警务会议,设隶属于内务部的警官高等学校,开设警察学、法律类、军事类、算术、测量、外语等科目的课程,全国性的中央警官教育于此奠定基础。③ 至1936年止,该校计办正科二十六班,电气、建筑、警犬、指纹、卫生等专科七班,外事讲习班一班,毕业学生3096人。④

中等警察教育。为培养各地所需初级警官人才或各地巡警教练所师资,各省举办中等警察教育,一批中等警察教育学校先后创立,如广东、福建的高等警察学校,山西的警官养成所和警察专门学校,辽宁的警官学校等⑤,学制1—3年不等。因时局动荡,中等警察教育发展缓慢。

初等警察教育。对象多为长警,有全日制和短期培训两种方式,承担者是地方省市设立的警士教练所或警察训练所。长警教育以短期、临时性的居多,尚未形成常态化的初等警察教育机制。

北洋政府时期的警政是在清末警政基础上发展而来,是承袭与变革相结合的产物。袁世凯推行的系列警政建设举措,推动了中国近代的警政建设。袁世凯死后,权力更迭,各派军阀忙于争战,警政建设裹足不前。

(二) 南京国民政府时期的警政建设

南京国民政府统治的22年里,强化集权政治的同时,不断加强警政建设,基本架构起一个服从政权统治需要的现代警政制度框架,警察成为其维护统治和社会

---

① 万川:《中国警政史》,中华书局,2006年版,第394页。
② 同上书,第399页。
③ 李士珍:《警察行政之理论与实际》,中华警察学术研究社,1948年版,第69页。
④ 同上。
⑤ 李士珍:《警察行政研究》,商务印书馆,1942年版,第57-58页。

秩序的重要利器。

1. 注重警察立法

承袭清末民初警政立法基本做法,借鉴西方现代警政立法精神,南京国民政府出台许多有关警政建设的成文法、单行条例、判例、解释例、通则、规则等,警政立法得到空前发展,警政法律法规的种类、数量和质量较之以前都有很大程度的丰富和提高。① 该时期警政法规包括:一是警政组织建设法规,如《国民政府组织法》《内政部组织法》《省警务处组织法》《各级公安局编制大纲》《首都警察厅组织法》等;二是警察教育法规。如《警官高等学校章程》《中央警官学校组织规程》《警士教练所章程》《长警补习所章程》《警士警长教育规程》。三是警察勤务规制。如《警长警士服务规程》《拘留所规则》《非常时期监所人犯临时处置办法》等。四是警察人事管理法规。如《警察官吏任用暂行条例》《警察官官等暂行条例》《警察官任用法条例》《省警务处长任用规程》等。五是警种建设法规。如《县政府政务警察章程》《铁路警察服务规则》《矿业警察规程》《渔业警察规程》等。六是治安与特别刑事法规。如《惩治盗匪暂行条例》《危害民国紧急治罪法》《戒严法》等。除上述警政法律法规外,内政部和警政机关还制定和颁行一些机关内部的办事章程。经过二十多年的立法实践,基本构建以"宪法"为根本,以组织法为依据,以"违警罚法"为核心,以其他警政法律法规及相关治安、特别刑事法规为补充的,层次繁多、体系庞杂、因袭创新、翔实具体的警政法律法规体系,借此助推了警政制度的法制化建设。

2. 创建警察机构

中央成立统管全国警政事务的最高主管机关——内政部,下设警政专门委员会、警政司及直辖单位首都警察厅,地方各省成立警务处。各省会、特别市、市、县设公安局。1937年1月,各省市、地方公安局改为警察局。首都及省会以外之市,设市警察局;地势重要、人口稠密、工商业繁盛之地设县警察局;不设局之县政府内设警佐1人及警长、警士若干人,办理县属警察事宜。县以下警察组织根据地方实际所需,设警察所、警察分驻所及警察派出所。1946年8月,将原警政司扩充改组为"内政部警察总署",署内设六处,分掌行政、教育、保安、刑事、经理、庶务等事项;另设秘书、督导、编审、会计、人事等室。1949年4月,警察总署缩编为警政司。经过多年建设,建立起以中央为核心,以首都与地方为支撑的辐射全国的,由内政部、警政司、首都警察厅、省会警察厅、县警察局、派出所、警管区等组成的层级式、庞大

---

① 侯利敏:《中国近代警察制度的形成与发展》,《河南省政法管理干部学院学报》,2004年第6期。

的警察组织机构网络。

3. 警种多样化建设

除因袭北洋政府警种建设模式外,南京国民政府警种设置上则更加多样化,设有维护铁路站点秩序、保护旅客人身和财产安全、防范盗匪、保护铁路财产、保障铁路行车安全的铁路警察;维护林区日常管理、治安秩序,保护森林资源的森林警察;搜查证据、押送人犯、取保传人、检验尸伤、侦查犯罪、勘验现场、拘捕人犯、预审案犯的司法警察;火灾报警、防火灭火、维持火场秩序、防止乘火抢劫、救护受灾者的消防警察;管理清道、防疫、化验、医院、药品、饮食、理发、浴堂、屠宰、娼妓、埋葬、禁烟、公共娱乐等的卫生警察;防缉私盐、保护盐税的税务警察;稽查盐的出入,保卫盐场仓坨,防御盗匪的盐务警察;订立矿规、检查与处理矿工违反矿规及妨害秩序的矿业警察;护渔缉盗,保护渔商的渔业警察;办理县署传案、催征粮税、送达文件、缉捕人犯、解送人犯、催办物品、查勘田地河流的政务警察;航空监视、维持秩序、查核飞机及机师各种证书、检查旅客和行李及航空遇险后的检查的航空警察;维护驻卫单位治安秩序,保护驻卫单位人员和财产安全的驻卫警察;刑事案件的办理,刑事案犯的侦查、缉捕、解送、保密防谍及社会治安案件查处及其他有关刑事侦防的执行等方面的刑事警察;护照检验、外国人居留管理及外国人游历管理等方面的外事警察;管理交通运输秩序及沿线治安安全、预防和处理交通事故、保护路产、警卫交通机关、协缉交通线的走私漏税的交通警察;维持交通线畅通,负责一定路段的治安的公路警察;以及发出防空警报,执行防毒任务,打击敌特、汉奸的破坏活动,抗击日军的防空警察等。同时,因警察勤务需要,上海警察局于1929年招募女警,内政部于1931年在首都试办女警,1932年提出推行女警提案,要求各省警官学校、警士教练所招生时应招10%的女生。招录女警年龄在18至25岁之间,未婚嫁,身高4尺6寸以上,未受一年以上徒刑等。1933年取消"未婚嫁"限制,年龄放宽到25至30岁之间,后调整为30至40岁之间。女警的主要任务为调查户籍、检查行李、救护妇孺、维持风化等。

4. 警察教育

为统一全国警察教育,1936年合并内政部警官高等学校和浙江省警官学校,组建中央警官学校,举办正科生,开办高级、交通与战时警察等训练班。[①] 全面抗战爆发后,中央警官学校西迁重庆,先后开办警官训练班、警政高等研究班,不同地

---

① 余秀豪:《警察学大纲》,商务印书馆,1946年版,第79页。

方设立分校。抗战胜利后,南京总校及第一、二、三、四分校先后实施对复员军官转任警官的训练,主要培训复员军官中的将官以下少尉以上人员。自开办至1947年,先后毕业者计有警政高等研究班三期、警察教育讲习班六期、警政讲习班五期、外事警察讲习班三期、刑事警察讲习班一期、交通警察训练班一期、外事警官训练班二期、台湾警察干部训练班一期、警官训练班八期、战时警官训练班一期、监狱专修班一期、甲级警官班二期、乙级警官班一期、正科十八期;在校肄业者尚有警政讲习班第六期、甲级警官班第三期、正科第十九、二十、二十一各期。①

1929年,内政部拟订《警官学校章程》,明确规定各省市在省政府所在地创立警官学校,"教授警察应用学科,造就初级警察官吏为宗旨"。各省照章办事,一批中等警官学校纷纷创立,如辽宁、浙江、江苏、山西、广东、江西、湖北、陕西、山东、云南、河北、热河、黑龙江、吉林等省的警官学校,甘肃的警官速成学校,青海的警官训练所,察哈尔省的警官补习所,河北省的警官训练班、福建省的警官养成所及广西省的警官训练所等。

1929年4月,南京国民政府拟定《警士教练所章程》,注重长警教育,各地纷纷成立训练所,至1932年12月,全国共有江苏、云南、安徽、贵州等26地先后设199个警士教练所②,受教育者达54524人,现在训练人数有8633人。③ 因地方财力、人力和局势所限,长警教育未形成制度化,直到1935年内政部公布《警士警长教育规程》及1936年再次修正颁布《警士警长教育规程》之后,初等警察教育规模扩大,并渐趋走向常态化。全面抗战时期,初等警察教育受到一定冲击。抗战胜利后,各省市警士教育得以恢复。至1946年2月,全国各省市呈报在案接受过警士教育的警长警士总计36779人。④

各类警察学校学警,在校期间食宿免费,学校提供服装和讲义。学习优异者给予奖学金,毕业后实行统招统分的分配制度,由中央分配到省政府,省政府分派到市政府,再由市政府人事室转至各局处录用。

因学制不同,各类警察学校课程设置亦不同。警官高等学校课程起初不分正科与专科,开设40多门课程。1931年,正科生课程分必修科目与选修科目两种,其中必修科目包括党义、警察学类、政治法律学类、武装警察学类等四类,选修科目

---

① 李士珍:《警察行政之理论与实际》,中华警察学术研究社,1948年版,第81页。
② 韩延龙、苏亦工:《中国近代警察史》(下),社会科学文献出版社,2000年版,第749页。
③ 陈允文:《中国的警察》,商务印书馆,1935年版,第78页。
④ 内政部警察总署:《中国警政概况》,中国警政出版社,1947年版,附件第17页。

包括行政学类、卫生警察学类、刑事警察学类、外国语文类、武装警察学类等五类，必修和选修共计有43门课程。1935年警官高等学校确立分系授课计划，拟定了保安、刑事、消防、警犬等14个系，调整授课结构，规定正科生前两年学党义、学科和术科等，第三学年起分系授课，不同系别开设不同专业课程。中央警官学校成立后，高级警察全日制教育课程进行相应调整，正科生课程面面俱到，课程多达60多门，同时还举行特约演讲、毕业论文、警察学术小组研究、政治小组研讨、业务讲话等活动，丰富教学内容。中等警官学校起初开设31门课程，1932年调整为21门必修课程。初等警察教育虽受训时间仅有六个月，但开设课程却达13门之多。

5. 警察队伍管理

(1) 警察主要来源

南京国民政府时期，通过警察官资格任命制、长警招募录用制、学警招录制与军官转业安置制等路径，组建一支警察队伍，并通过一套管理机制加强队伍管理。

警察官资格任命制。1928年7月，国民政府颁布《警察官吏任用暂行条例》，明确规定任命的警察官必须为警察学校或法政学校三年以上毕业者，或曾办警政或行政事务三年以上著有成绩者。1929年颁布的《省警务处长任用规程》和1934年颁布的《警察官任用法原则》五项，除规定警察官任用应具备的条件外，同时还规定凡被褫夺公权尚未复权者、亏空公款尚未清偿者、曾因赃私处罚有案者、吸用鸦片或其他代用品者等不得充任警察官。警察官任用有简任、荐任和委任等类别，分别由国民政府任命、本管官署遴选经内务部荐请国民政府任命。警务处长任用，由省政府遴选合格人员三名，附具详细履历及证明文件咨请内政部审核，并选择其中一名荐请行政院呈国民政府任命。县公安局长任用须经考试、训练、甄别三个步骤，应考者应为法政专门学校毕业并已取得公安局长资格人员为限，考试、体检合格，学识、能力、经验、体格、精神各项均可胜任者始得录取，经三个月至半年训练后进行甄别，最优者获得县公安局长任用资格，再由县长遴选，经省民政厅审核认可后，呈请省政府核准委任。

长警招募录用制。1928年5月，国民政府颁布《警察录用暂行办法》，规定长警录用条件：20—30岁之间，高小毕业或相当程度，文理粗通，身体强健，身高五尺以上，仪容整肃，言语应对明了，视听力完好，熟悉地面情形，立志愿书做警察三年以上，且有切实保证等。行为不正、身有残疾或不良嗜好、身高不足五尺、性情懦弱等情形者，不得录用。录用要经过体检、笔试、口试、录用等环节。1935年11月颁布的《警长警士教育规程》，规定警士须由警士教练所毕业学警充任，警长则一律由受毕警士教育的警士考试升用。全面抗战时期,因兵源紧张,警察录用受到较大影响。为避免与兵役机关发生争执,内政部与军政部于1941年2月共同制定《招募警察办法原则四项》,警察录用条件和范围限制为各县市零星补用警额以乙级壮丁为限,招募学警以未中签的壮丁为限,已中签的壮丁不得招募。

学警招录制。不同学校招录学警的条件不同:一是中央警官学校。招收学警资格条件为年龄在20岁以上、35岁以下;学历是法政学校1年半以上毕业或警察学校1年以上毕业的学生,或者是陆军学校及陆军预备学校毕业或陆军中学以上毕业的学生;身高为4尺8寸以上,胸围为身长二分之一以上,容貌体势端正,笔试、口试、体检合格,方能被录取为该校学员。二是警士教练所。录用学警条件为年龄在20岁以上,30岁以下者;文化为高级小学毕业,但有特殊情形的酌收有与高级小学毕业相当程度的;体质强健,身长5尺2寸以上,胸围约等于身长的一半;仪容端正,言语明晰;视听力锐敏及精神畅旺等。但有下列各款情形之一者,不得录用,即"曾受徒刑之宣告者;曾受破产处分债务尚未清偿者;身有暗疾或特殊嗜好者;性情过于暴烈或怯懦者"。1942年4月9日,国民政府再次修订颁布《警长警士教育规程》,将学警的录用条件限定为:必须是未婚及未中签的壮丁;年龄须在20岁以上,25岁以下。学警的录用办法定增加智力测验等项目外,其余条件皆未改变。各地因地制宜,对招录警士条件适当进行调整,如南昌市公安局对报考学警者要求为中小学毕业或有同等学力者,品行端正并无嗜好者,年龄在20岁以上35岁以下,身长四尺八寸以上及体力健全者。

军官转业安置制。抗战胜利后,为配合复员计划,培植警政各级干部人才,国民政府实施第一期复员军官转任警官训练计划,从已复员的将官以下少尉以上人员中,挑选将官40人,中校至上校军官600人,中尉至少校军官12000人,少尉至中尉军官8360人,送中央警官学校南京总校及重庆、北平、广州、西安分校,分两期进行四个月至一年不等的短期训练后,按原官等转任警官试用。

(2) 警察待遇

警察薪水。民国时期警察有警察官和长警之分,因身份不同,警察官薪水称官俸,长警薪水为薪饷。北洋政府文官确立4等23级,并实行官等、职务与官俸相对应的官等官俸制,不同官等、同一官等不同级别的官俸各不相同。南京国民政府因袭北洋政府做法,依1928年11月内政部公布施行的《警察官官等表》之规定,警察官官等分简任(二等四级)、荐任(二等五级)及委任(三等七级)三大任别、七个等级、十六个级别。1934年5月25日公布新的《警察官官等官俸表》,将警察官分为特任(1级)、简任(8级)、荐任(12级)和委任(16级)等4等37级。特任警察官800元,简任680—430元,其中1—5级级差40元、6—8级级差30元;荐任400—180元,级差20元;委任200—70元,其中1—4级级差20元,5—9级级差10元,10—16级级差5元等。1934年颁行《警长警士薪饷暂行条例》,将警长警士薪饷分为六等,1942年的《警长警士薪饷条例》将警士警长薪饷分为三等,均实行甲乙丙三种薪饷标准,何种支给由各级警察机关视其服务地方经济状况及实际需要编定后,报由各该管最高主管长官分别呈咨内政部核转铨叙部核定备案。不难看出,南京国民政府警察官试行官等俸级制也存在问题:因地方警察官官等太低,按职位官等领取官俸,主官与非主官级俸悬殊太大,县警察局长俸级相当于省市警察局的局员科员。同时,长警的薪饷制因地制宜发放,出现区域差别太大,与警察官相比,长警薪饷总体收入太低。

警察抚恤政策。民国时期的抚恤包括退恤金、遗族恤金、退休金与退职费等;恤金又包括终身恤金、一次恤金和遗族恤金三种。1927年9月9日,南京国民政府公布适应所有文官、司法官、警察官吏的《官吏恤金条例》,规定公务员恤金有终身、一次和遗族恤金等三类。1934年3月26日,南京国民政府公布适用所有文官、司法官、警察官吏等的《公务员恤金条例》,规定公务员恤金有年恤金、一次恤金、遗族年恤金及遗族一次恤金等四种。1947年6月,南京国民政府公布《公务员抚恤法》,适用除长警以外以现职经铨叙机关审定资格登记的公务员,该法中的抚恤分为遗族年恤金和一次恤金两类。非常时期或战时,警察著有功绩或伤亡者,除获一般法令奖恤外,还可获特别奖恤,丧失生命的警官恤金200—300元、警长150—200元、警士100—150元;身体致残不胜职务者,警官给予恤金150—200元、警长100—150元、警士50—100元;致被伤害而不致残废者,给予恤金警官50—100元、警长40—90元、警士30—80元。

警察退休金制度。北洋政府时期,退休制度尚未健全。南京国民政府建立之初,公职人员未建立退休制度,退养金是抚恤金的一种。1943年底开始,国民政府正式建立退休制度,实行抚恤制度与退休制度相分离的政策。① 1947年公布18条的《公务员退休法》,进一步明确公务员的退休种类、退休金发放种类及其生活保障问题。该法将公务员退休分为申请退休和命令退休两类,不同形式的退休待遇亦不同,申请退休的给予年退休金及一次退休金。抗战胜利后,为裁汰冗员,1947年6月起放宽退

---

① 韩延龙、苏亦工:《中国近代警察史》(下),社会科学文献出版社,2000年版,第705页。

休条件,提高退休待遇,一次退休金由退职费性质转变成一种退休鼓励措施。①

(3) 警察考绩制度

南京国民政府时构建一套公务员的考绩制度,采用量化的形式对公务员进行检查评定,以作为晋升和奖惩的依据。警察官是公务员的一部分,其考绩适用公务员考绩办法。长警是非公务员,其考绩另有相关规定。警察官考绩最初一年两次,分别在6月和12月进行。考绩分初核与复核,初核由直接长官负责,复核由主管长官负责,只有一级长官的则由该长官直接考核。特殊情况未能按时考绩者,须报经铨叙机关核准后随时补考。1935年修订的《公务员考绩法》颁布后,考绩分年考和三年为周期的总考两次。总考由铨叙机关负责,对三年的考绩合并进行考核,考绩及格为60分。年考按分数分为6等,总考分为7等,考绩与奖惩挂钩,不同等级给予相应的奖惩,应行解职人员年考和总考分别不少于各该机关员额的2%和4%。全面抗战时期,国民政府分别出台《非常时期公务员考绩暂行条例》和《非常时期公务员考绩条例》,规定取消总考,年终考绩改由考绩委员会执行初核,主管长官执行复核。考核主要包括工作、学识、操行等三方面。各方面按分评等,"工作"为每月一考,"操行"和"学识"每半年考一次,功过相抵,折成分数后,核定成绩,分出等级,于每年6月和12月列册汇报铨叙机关备查。

抗战胜利后,国民政府颁布《公务员考绩条例》和《公务员考绩条例实施细则》,使考绩更加具体化。公务员考绩分工作、操行、学识三项,以分数评定等级,工作、操行、学识等每项最高分分别为50分、25分和25分,各项评定分数合计总分100分,80分以上为一等,70分以上二等,60分以上三等,不满60分为四等,不满50分为5等,根据考绩成绩予以奖惩。平时奖励为嘉奖、记功、记大功等,惩处为申诫、记过、记大过等,考绩时功过可以互相抵消。②

总之,近代中国警政制度建设,走过从简单到复杂、模仿到革新、建立到渐趋完善、传统到现代的演进之路,也经历着从构想到尝试,再到构建的递嬗之路。清末组建巡警、创设巡警部,开启近代中国革新旧制之门。袁世凯与北洋政府时期,划一警政变革,迈开近代中国警政制度建设之步伐。南京国民政府时期,参照近代欧美和日本等国警政模式,结合"党治""集权"的政治环境,坚持"安内唯警"国策,进行警政制度设计与实践,加快了警政制度从传统向现代的嬗变,警政法律法规的制

---

① 张厉生:《警政法规汇编·第三类·人事经费》,中国警政出版社,1947年版,第156页。
② 同上书,第98-100页。

定,警政机构的设置,专业警察的创建,警察教育体系的构建,警察人事管理机制的形成等,由此架构起具有现代性特征的警政制度的基本框架。但因政权性质及其时代环境制约,中国近代警政制度建设也深深地烙上传统的封建主义色彩和军事色彩。

第四章　警务治理：现代警务的理论基础与范式演进[①]

在国内外警务战略模式变革中已成为潮流的"国家警务社会化"，是指警察机关在自身专业警务活动的同时，动员社会组织和社区公众共同参与防控违法犯罪、维护社会治安秩序活动的过程。国家警务社会化寻求警察与社会组织及社区公众的互动合作基础上公共安全管理的改善。因为警察与国家对应、社会组织及公众正是市民社会的组成，所以可以用治理与善治理论模型作为分析"国家警务社会化"的框架，并将其定义为"警务治理"。[②] 警务治理因其国家和社会间的连接点作用，已成为当前国家治理和社会治理的中介和桥梁。

一、理论基础：治理与善治理论概述

（一）治理与善治的概念

"治理"（governance）一词又译为"治道"，它的原意是控制、引导和操纵。在世界银行1989年讨论非洲的发展时首次提出的"治理危机"这一概念，赋予了治理一

[①] 本章内容第一、二、三部分参考了作者发表于《中国人民公安大学学报》（社会科学版）（2005年第1期）的《警事治理：国家警事社会化的新理解》一文，第四部分参考了作者发表于《山东警察学院学报》（2016年第5期）的《社会排斥背景下的警务治理》一文，在结构和内容上相近。
[②] 此概念除了比照社区治理、乡村治理、公司治理、全球治理等与治理相关的概念外，在英文中也有Lustgarten的 *The Governance of Police* 一书，可直译作"警察治理"，可算是"警事治理"概念的佐证；另外，Andrew J. Goldsmith and Colleen Lewis 的 *Civilian Oversight of Policing: Governance, Democracy, and Human Rights* 一书也是这一概念的证明。

词新的内涵。全球治理委员会在《我们的全球伙伴关系》中将治理界定为各种公共的或私人的机构和个人管理其共同事务的诸多方式的总和。治理是使相互冲突的利益得以调和并且采取联合行动的持续过程,治理既包括有权迫使人们服从的正式制度和社会组织,也包括各种人们同意或以为符合其利益的非正式的制度安排。① 俞可平认为,治理是随着公民社会(市民社会)组织的发展壮大,由公民社会组织独自行使或它们与政府一道行使的社会管理过程。它不同于由国家或政府单方面实施的社会管理过程即统治过程。统治是国家通过政府的政治权威制定政策,发布政策和实施政策,对社会公共事务施行单向度的管理。而治理是通过协商、伙伴关系、确立认同和共同目标等方式实施对公共事务的管理,是政府、社会组织包括公众个人上下互动的管理过程,其管理机制主要不是依靠政府的权威而是依靠合作网络的权威。因此,俞可平将"治理"概括为"在一个既定的范围内运用权威维持秩序,满足公众的需要,治理的目的是在各种不同的制度关系中运用权力去引导、控制和规范公民的各种活动,以最大限度地增进公共利益"②。他还认为,好的治理(即善治)意味着追求公共利益最大化的社会管理过程——是政府与公民对公共生活的合作管理,是政治国家与公民社会的一种新颖关系,是国家的权力向市民社会的回归,是两者的最佳状态。

显然,"善治"是"治理"的结果状态。善治的本质特征在于它是政治国家的具象政府与市民社会的成员公民对公共生活的合作管理。善治的要素有六:一是合法性,指社会秩序和权威被自觉认可和服从的性质和状态;二是透明性,指政治信息的公开性;三是责任性,指人们应当对自己的行为负责;四是回应,指公共管理组织和人员需对公民的要求作出及时和负责的反应,回应性越大,善治的程度越高;五是法治,指法治是善治的基本要求和基础;六是有效,指管理的有效性越高,善治程度越高。总之,善治是国家的权力向社会的回归,善治的过程就是还政于民的过程。善治是国家与社会、政府与公民之间的良好的互动与合作。善治离不开政府,更离不开公民。没有公民的积极参与和合作以及对权威的自觉认同,就不会有善治。所以,善治的基础是在公民社会或说市民社会,没有健全和发达的市民社会,就不会有真正的善治。③

---

① 俞可平:《引论:治理和善治》,载俞可平主编《治理与善治》,社会科学文献出版社,2000年版,第1—5页。
② 俞可平:《引论:治理和善治》,载俞可平主编《治理与善治》,社会科学文献出版社,2000年版,第5页。
③ 俞可平:《引论:治理和善治》,载俞可平主编《治理与善治》,社会科学文献出版社,2000年版,第10—11页。

(二) 治理与统治的不同

将"治理"(governance)与"统治"(government)的含义区别开来,正是理解治理理论的关键。治理与统治的本质区别是,治理和统治所需的权威不同,统治的权威必定是政府,而治理的权威并非一定是政府。治理和统治的过程中的权力运行向度也不一样:统治的权力运行方向是自上而下,而治理则强调管理主客体上下互动的合作过程。以统治为背景参照,可以看到治理不同于统治的特征:一是治理的主体多元。治理的主体未必是政府,它可以是政府这样的公共机构,但也可以是私人机构,还可以是公共机构与私人机构的合作。二是治理也需要权威。但这个权威未必是政府,而可能是建立在政府、社会组织和公众三者合作基础上产生的合作网络的权威。三是治理强调国家与社会的协调互动以及合作。治理对国家与社会合作的强调,表现为现代国家正把原先由其独自承担的许多责任转移给市民社会,转移给市场、社会自治组织、社会中介组织、独立组织,转移给私人部门和公民自愿性团体,而后者相应承担了更多本属于国家承担的责任。四是治理的权力向度多元。既可以是国家对社会的权能释放,也可以是社会对国家的权责要求。治理通过国家与社会的合作,共同实施对公共事务的管理。五是治理的应用是多元性的。[1]

(三) 治理理论概述

治理理论实际上是政治国家和市民社会关系解读的一种新模型。此前,学术史上人们对于国家与社会关系认识上有两大传统,即自由主义传统和国家主义传统。[2] 自由主义传统以其自然状态假设和社会契约论的理论模式强调社会先于国家,国家作为人们权力让渡形成的公共权力,只能维系或完善市民社会,而不能渗透或侵略市民社会,国家只能是市民社会前进的推动而不能是目的。国家主义传统则认为市民社会是个人权利欲望驱动的非理性力量所致的状态,撇开国家的市民社会只能表现为一种无政府状态,从而强调国家高于社会,国家作为社会进程中真正的道义力量是对市民社会无法自足的干预和调节。

这两种认识传统都曾在人类政治、经济及社会自身的发展中发挥过作用,也都

---

[1] R. A. W. Rhodes, "The New Governance: Governing without Government", *Political Studies*, 1996(44).
[2] 郁建兴、吕建再:《治理:国家与市民社会关系理论的再出发》,《求是学刊》,2003年第4期。

曾表露出某种极端取向下的失败。所以,渐渐地,人们认识到了国家与社会互动合作的意义和必要,政治国家和市民社会之间应该彼此需要、互为条件,两者应该形成相互"型塑"的关系:一方面是"社会型塑国家"(The society making the state);另一方面则是"国家型塑社会"(The state making the society)。这两个过程在如今的经济、政治和社会发展中缺一不可。如果光有"国家型塑社会"而无"社会型塑国家",则必然导致"有国家无社会",导致集权的国家无所不包地控制一切社会生活领域;如果光有"社会型塑国家",而无"国家型塑社会",则会导致"有社会无国家",即出现全民政治的社会,社会的各行各业都显现其政治功能,其本身的自主功能即社会分工属性反而消失的结果。① 所以,只有国家和社会的结合,而且是互相"型塑"的互动的结合,才能使国家和社会得以发展并带来经济、社会和政治的进步。因此,良性互动的正和博弈关系已成为当今对政治国家和市民社会关系可行的判断及选择。②

治理理论的基础和内容就是政治国家和市民社会间是否建立了正和博弈关系。应该说,一方面,治理离不开市民社会,没有健全和成熟的市民社会,就谈不上有"更少的统治,更多的治理";另一方面,治理也离不开国家。"市民社会内部存在着各种矛盾和冲突,这不但可以引出国家干预的必要性,而且值得指出的是,这种矛盾和冲突如果处理不当还很可能导致市民社会本身的分崩离析。"③市民社会对于国家的需要,正是治理对于国家的需要。

当然,也要看到,虽然治理离不开国家和市民社会,但治理并不仅仅只是国家和社会的合作,它的多中心特征使我们一方面需要承认国家、市民社会及它们在合作治理中的重要作用,另一方面也要避免对治理认识上的国家中心论或社会中心论。治理理论承认市民社会对经济增长和国家绩效增进的意义,但同时希望避免社会中心论,因为"市民社会是由良莠不齐,甚至完全怪诞的成分组成的令人眼花缭乱的纵队",社会中心论会助长市民社会的非理性等不自主性的极致发挥。同时,治理也希望避免国家中心论,认为国家只是多中心治理系统中的成员之一,而不再是最高权威,它只是更广泛意义的社会的一部分,只在治理中承担着保证社会机构制度的完善和社会的凝聚力的责任。虽然国家在自组织治理网络中是对话的

---

① 甘阳:《"民间社会"概念批判》,载张静:《国家与社会》,浙江人民出版社,1998年版,第28—29页。
② 郁建兴、吕建再:《治理:国家与市民社会关系理论的再出发》,《求是学刊》,2003年第4期。
③ 邓正来、景跃进:《建构中国的市民社会》,《中国社会科学季刊》,1992年第1期。

主要组织者,并在行动中担当有重要地位的调停者身份,但治理反对任何形式的中央集权的组织和控制的想法,主张多组织、多层次和多决策主体模式,所以治理理论是将国家置于与社会组织同等的位置的。

根据治理理论的理论主张和实践模式,根据治理理论所主张的善治(good governance)的目标去把握,可将治理理论的主旨解读为契约观念和效率精神。[①]

治理理论的契约观念意味着政府在治理过程中不是以权威的身份参与治理,而是与其他团体、公民以平等的身份去参与,与他们协商互动共同治理。治理理论的契约观念包含的要素有:一是自愿原则。表现为治理中,国家或政府并没有进行强制干预的权力,虽然社会事务实际上离不开国家或政府,但治理要求政府不能再以单纯强制的主体那样行政,而应平等地参与。治理对社会组织和公民来说,也不仅仅是义务,而是为了公共利益的增进的一种自愿的认同和参与。二是一致同意。契约是一种达成一致同意的行为,运用到治理中去,就要求行动的各方对于行动的共识,在契约论看来,一种公正的规则必然是一致同意的。所以公共选择学派认为,在确立各种规则时,必须要征得参与者的同意,"同意限定公正"[②]。三是公开原则。公开透明在治理中是指所有参与主体都能及时准确地了解公共决策的进行,并对社会管理过程有效的监督。四是责任原则。在治理中,责任原则是指所有参与治理的主体,因职责的不同而要履行不同的职能或义务。

治理理论的效率精神既指管理效率,也指制度效率。应该说,效率是传统统治模式和治理模式共同主张的一种精神,但前者主要是从生产角度追求效率,即单纯的管理效率,而后者则不局限于管理效率,同时还关注制度本身的效率。治理同样重视管理成本的降低和管理绩效的提升。同时,治理理论吸收了公共选择学派即使政府效率再高也比不上市场的效率的主张,认为治理的效率必须在制度上综合考虑。治理理论也关注治理结果的回应性。回应性是责任性在效率问题上的体现,是指治理中的公共管理人员和机构必须对公民的要求做出及时的和负责的反应,在必要时还应定期、主动地向公民征询意见、解释政策和回答问题。治理理论认为,这种回应性越大,治理的效率越高。

[①] 李风华:《治理理论:渊源、精神及其适用性》,《湖南师范大学社会科学学报》,2003年第5期。
[②] [美]布坎南:《自由、市场和国家》,吴良健等译,北京经济学院出版社,1988年版,第18页。

二、现实考察:国家警务社会化的演进

(一) 国家警务社会化的含义

警察是国家的"常态"。这可从两个角度理解:一是警察与国家同起同源,警察在其源头上就是国家存在的标志并作为国家权能释放的保证;二是警察的发展与国家发展的相生相随,警察的性质、功能以及制度变迁都伴随着国家在性质、功能及制度方面的演变。"警察事务"即"警务",是指称国家专门机构(主要是警察机关)实施的旨在预防、警报、察知和即时抗击危害社会安全行为的事务。[①] 而"社会化"作为社会学的专门术语,其含义是指作为个体的生物人接受社会文化成长为社会人,并逐步适应社会生活的过程。在这里,"社会化"被理解为将某事物推到社会,从而使其具有广泛社会意义的过程。此处的"化",有"趋势""过程"和"潮流"之意。综上所述,这里的国家警务社会化,是指国家专门的公权机构和社会一起承担警务责任,参与警务活动,以实现国家的专门机构(主要指警察机关)与社会组织和公众一起来维护社会秩序,防控违法犯罪的目的。其具体表现为在警察机关的专业警务活动的同时,社会组织和公众共同参与防控违法犯罪行为,维护社会治安秩序的过程。在这一过程中,警察既是公共安全实现的主导者,也是这一安全实现的合作者与竞争者。[②] 国家警务社会化的要旨在于将警察机关的专业化活动和社会公众对违法犯罪行为的防控能力结合起来,以警察和公众的互动来预防和减少犯罪,再造社会秩序。这种警察与公众的互助与合作已经成为现代政治国家与市民社会关系变迁的缩影。因此,国家警务社会化的主张也正契合了治理与善治理论聚合国家与社会的力量共同增进公共利益的旨趣。

(二) 基于公众参与的警务社会化的一般模式

这里考察的警务社会化的模式是基于更多的公众参与的警务社会化活动,是那些非完全由警方单项主导的警务运行模式。主要包括社区警务的模式与功能分析,治保组织的管理与完善,辅警制度的尝试与问题,私人侦探业、警务志愿者的未

---

① 卜安淳:《关于警事科学的几个问题》,《江苏警官学院学报》,2004年第1期。
② [美]埃利诺·奥斯特罗姆等:《公共服务的制度建构——都市警察服务的制度结构》,宋全喜等译,上海三联书店,2000年版,第5页。

来走向探析等。

1. 社区警务内涵和功能的新理解

"社区警务"的英文全称为"Community—Oriented Policing",直译成中文可称为"指向社区的警务"或者"社区主导的警务",从词源上来看,社区警务本意是指以社区为警务活动指向,并以社区作为重要警务活动资源的警务工作内容和方法。所以,人们在1982年最早实行社区警务的美国休斯敦警察局那里看到的社区警务是"指存在于警方与社区之间的一种相互作用的过程,其要旨是警察和社区居民共同发现和解决社区问题"[1],是"面向居民点的治安",即"警察不能只是等发生犯罪事件后才做出反应,警察也应该帮助各居民点解决导致犯罪的问题",政治学家詹姆斯·威尔逊称这种"面向社区的治安工作"是"20世纪过去50年来对警察工作最重要的革新","其基本点就是使治安成为社区的责任,而不只是警察这支专业队伍的责任。它把作为调查者和执法者的警官变成社区自力更生过程中的催化剂",问题的关键"是警方要有能力起到催化的作用,一方面把社区的各种资源集中起来,另一方面向社区提供资源、支持和训练"。[2] 在我们所能见到的最早译介社区警务的资料文献中,1993年第2期《河南公安学刊》登载周伟的《社区警务论要——兼与中国公安工作比较》(上)一文中,作者对社区警务的理解是"社区警务是社区和警方相互作用的过程,是社区与警方共同解决违法犯罪问题的新途径"。

显然,社区警务作为一种警察工作的内容和方法,已经演化为一种警务工作战略,也成为"国家警务社会化"的典型形式。正因此,在我们将社区警务作为一种宏观层面的警务战略来考察时,就必须对其进行内涵的重新界定。作为警务社会化的代表形态的社区警务战略应将"社区"延展至"社会",将警察与社区的关系延伸为警察与社会的关系,因此,作为警务战略的社区警务的目标便不再只是发现和解决社区治安问题,而是要提升为改善警民关系,预防和减少违法犯罪和再造社会和谐。应该说,从工作方法、内容以及战略两个不同层面来认识社区警务,可以使我们在微观和宏观、具体和抽象的不同层面加深对其认识的准确程度。作为警察工作方法和工作内容的社区警务和作为警务指导思想和警务战略的社区警务在其功能上也应该是有区别的:前者具有对警方和社区的直接收益性,而后者则对警方和

---

[1] 赵可:《国外警学研究集粹》,中国人民公安大学出版社,1999年版,第381页。
[2] [美]戴维·奥斯本、特德·盖布勒:《改革政府——企业精神如何改革着公营部门》,周敦仁等译,上海译文出版社,1996年版,第27-28页。

社会有长远的益处。

具体来说,社区警务作为指向社区的警务和以社区为主导的警务对社区公众的益处是:一是作为工作方式和内容的社区警务压缩了在社区发生违法犯罪行为的时间和空间,社区的治安状况改善,居民的安全感增强;二是警察的这种工作方式和内容有利于社区公众对警察工作的监督力度,使警察对自己的行动既有对上级说明的责任也有对社区公众说明的责任;三是以社区为指向和以社区为主导的警务强化出警察对社区直接和有效的服务;四是社区警务作为警察的工作方法和内容因其关注和培养社区居民的自助和互助而使社区的组织化程度和组织效率得到提升。社区警务的直接作用将表现为警察可以从社区中直接发现安全问题和漏洞,并可以提供对应的安全产品和服务。

作为警察工作方式和内容的社区警务对警方的好处是:一是工作方法弱化了警察和公众间一直以来的心理隔阂和情绪对立,使居民对警察工作重要性的认识程度加深,对警察的尊敬感加强,有助于警方在工作中得到公众的支持和配合,警察对于社区的动员能力加强;二是作为工作方式和内容的社区警务让社区分担了一部分减少犯罪的责任,使警察过去本不应承担的一些责任回归了社区,回归了公众;三是作为一种新的工作方式和内容,社区警务要求新的工作能力和工作技巧,要求新的绩效评价指标等使警察在学习培训和实际工作中能力、水平等方面得到了前所未有的锻炼。

2. 治安自组织的管理和引导

在警务社会化背景下的治保组织被赋予两个方面的内容:一是社会治安自治组织;二是已经逐渐市场化的保安公司。作为非营利组织的社会治安自治组织和以营利为目的的保安公司在警务社会化过程中都是重要的参与者和组成部分,立足于我国国情的警察机关对它们的管理和引导,是让它们在警务工作中发挥作用的基础环节。

依托于小区、居委会及农村的村委会的各种治安自治组织一直以来是我国警务工作不可缺少的重要力量。它们出于自我保护、自我管理的目标而进行的各种治安巡逻、警务宣传、警示教育、信息收集及与警方的交流反馈,正是中国警务工作中"群众路线"的具体反映。在强调警察与社会、警察与公众互动合作的警务社会化背景下,除了要在警方及相应基层政权、机构的共同引导下,更多地催生各种类型的社会治安自组织外,另外一项更重要的工作是让这些治安自组织真正形成自组织治理网络,在事关社区公共安全管理的决策中,反映它们的声音,使它们能真正起到警方和公众之间的桥梁作用。目前我国警务社会化中这类治安自组织的类型还较单一,在城市主要是离退休人员组成的治安巡逻队、楼道守望小队等,它们的活动时间和区间有限,同时直接制止违法犯罪的能力也弱;在农村与警方联系密切的则仍然是村组干部和治安积极分子组成的更为松散的治安信息队伍,需要更多地培育和引导。

保安公司是在我国市场经济体制下逐渐成熟起来的以提供保安人员及装备服务为内容的市场中介组织。作为拥有着对保安服务业的发展管理和引导权力的我国警察机关必须在保安公司的发展上做更多的工作:一要严格进行保安公司的审批和非法保安公司的取缔工作,并对保安公司的经营范围,保安公司提供的服务项目在目前的保安人防、技防、押运、咨询等业务的基础上,作符合市场需求的适当的扩展;二要推动保安服务行业的立法或规章建设,并在力促保安行业协会发展的过程中,逐渐将此行业的管理权交付行业协会,在宏观上引导,而在微观上让其自我管理。三要促进保安人员的职业化,其中职业化的基础是对这些人员进行必不可少的教育和培训,而在教育和培训中,我国的警察机关和警察教育机构无疑要承担更多的责任。四要努力使保安公司及其提供的相关服务在警察机关社会治安管理的过程中发挥重大作用。保安人员因其工作的内容可以为警方的工作提供直接的帮助。

3. 警辅制度的依法推进

"警辅"又称"辅警",是"辅助警察"或"辅助警力"的简称。在我国,目前已经统一将其称为"警务辅助人员",简称"警辅"。在辅助警力的概念和形式上,中西方是有较大差异的。西方的辅助警力的概念和形式各不相同。美国的辅助警力的概念与私人警察的概念相似,其形式包括民间治安员、校园警察、公园警察、非警方的验尸官以及私人保安等。而在英国,辅助警力的种类有私人安全公司,特别警察队,警察承包制以及公民志愿警察等。这些辅助警力虽然形式不同但都起到了缓解警力不足和节约行政成本的作用。在所有国家现代化的进程中,犯罪率与经济发展的正相关关系,使警力资源难免捉襟见肘,在不能扩大警力规模的情况下,很多国家都采取增强辅助警力以缓解不足。而且,必须承认,在行政成本支出上来看,招募一名警察需耗费较大的行政成本,而雇佣辅助警察,则相对低廉。

应该说,在比较和借鉴西方的辅警制度中,能够看到辅警制度对于正处于现代化进程中的中国是相当有意义的。事实上,这一制度选择一直以来都是新中国成立后警察制度的重要内容之一。我国各种形式的社会治安防范组织,一直都是以辅助警力的形式存在并作为我国警务工作群众路线的优秀产物。然而随着市场化浪潮的洗礼,这些治安自组织的参与热情普遍下降,其主要原因是经费不能保障,参与人员收入低,人事关系并不隶属于警察机关,名不正且社会地位相对较低等。以治安联防队为例,联防队员的人事关系,工资待遇要么隶属于各单位,而这些单位往往效益不好,所以其待遇微薄;要么这些联防队员的工资由属地政府支付或者从警察机关的行政事业性收费中支出,很难保证他们在辛苦且危险的工作后的对等报酬。当然,对这支队伍的管理不善,或者这支队伍的人员素质参差不齐,法律水准专业技能不高也是制约这一辅助警力更好发挥作用的制肘。因此,在新形势下,找寻我国辅警制度的前景和出路必须在理顺体制、灵活机制、保障经费、提高待遇、择优录用、严格培训以及明确职权、严格管理等方面出发。

4. 警务志愿者走向探析

警务志愿者则是部分社会成员出于公益意识在警方指导下为社会治安秩序维护、违法犯罪防控作出个人贡献的群体。作为自愿参加社会治安义务性防范活动的主体,这一群体的出现,一方面表明市民社会的发育和日趋成熟,表明社会成员公民意识中责任意识和参与精神的觉醒和生发;另一方面则表明警方在当前较为严峻的治安形势下充分挖掘和配置社会资源进入警务领域的努力和尝试。警务志愿者的出现和成功参与警务活动,是警务社会化更为直接和本质的展现:他们的志愿精神如果能得到合理的引导和有效的张扬,将会给警务社会化过程以有力的推动,给社会治安秩序的改善以大的促进。

应该承认,我国的警务志愿者无论从数量还是在活动内容和范围上都处于起步阶段。但也要承认,各地已经构建了我国各地区各具特色的警务志愿者队伍和其活动规范。在对志愿者队伍建设的指导管理上,在志愿者人员的招募上,以及对志愿者活动的组织上都有着体系完整的规定和制度设计。以江苏省无锡市为例,无锡市社会治安综合治理办公室和市公安局在《江苏省治安志愿者队伍建设管理规定》的精神指导下,制定了《无锡市治安志愿者队伍建设管理规定》,在规定中,一方面规定了综治办、公安局治安部门在警务志愿者活动中的组织协调、指导、检查、督促、考核的职责,另一方面也规定了警务志愿者在公安派出所和社区民警指导下的活动范围,包括:搜集各类治安信息并及时报告警察机关;以邻里守望等形式开展护村、护楼、护院、护厂、护校等防范活动;配合警务机关广泛开展安全防范宣传;开展"防火、防盗、防事故、防破坏"为内容的安全检查活动;协助开展刑释解教人员、违法犯罪青少年和其他轻微违法行为人员的教育教化和控制;参与抢险救灾和应急救援工作。而在此基础上制定的《无锡市治安志愿者招募录用办法》也在志愿者应当符合的条件,如政治可靠,作风正派,无违法犯罪记录,身体健康,热心公益事业等方面予以了规范,并强调志愿者的个人申请,并在志愿者活动的统一标志和徽章等方面做了规定。管中窥豹,可以从中看到我国各地区在警务志愿者队伍建设方面所作的具体努力,也能在其中看到它的建设过程已经显现的精神价值和社会效果。

如果从未来发展的长远眼光来看待这一新生事物,我们也可以看到其在当前阶段仍然存在的有待改进的地方:首先,各地对警务志愿者队伍性质和其建设发展的思路上仍有管理的行政思维,在这支队伍的发展中没有看到其作为警务参与者与警方在主体资格上的平等性。虽然他们的志愿活动需要警察机关或综合治理部门的指导,但指导应是技术层面和安全层面的,如果不将其作为与警察机关一样的社会治安防控的平等参与主体,其积极性及志愿性将无从体现,以管理而不是以平等参与为发展思路,显然会在其发展中造成控制。其次,从目前看,我国警务志愿者队伍自愿性特征不强,这其实和前一点是相联系的,更多的组织、检查、督促和考核过程,一是有违其自愿性质,二是会使志愿者们的参与热情受到影响。再次,社会动员的能力不强,这除了管理层面发动人们参与警务活动的手段措施尚显不足以外,公众自觉的公民精神缺乏也是一个主要的方面。最后,各地警务志愿者的活动较为单一,影响面不大,有的地方甚至只存在机构上的设置,而很难开展有实质意义上的活动。针对以上问题,我国的警务志愿者队伍建设和活动开展应在以下方面做好工作:第一,以"综治办"和警察机关为主体做好广泛社会动员工作,发动更多的公众参与到警务志愿活动中来,特别是要发动更有参与热情和实际能力的个人和群体的参与。第二,要变管理、检查、督促为指导、号召、奖励的队伍发展思路,倡导平等参与,彰显志愿精神,奖励有突出贡献者。第三,在人员吸纳、活动过程的具体管理和队伍及活动内容的有效性上做更细致的工作,有更广泛意义上的投入。

(三) 警务社会化的功用与走向

应该说,国家警务社会化是伴随着现代社会市民社会的成长,伴随国家和市民社会关系相应调整的必然结果,是社会治安维护和犯罪防控中作为国家公权象征的警察与社会及公众的合作互动。从中既能看到当今警察的国家职能之外社会职能的强化,看到警察在公共安全管理中服务功能的凸现,也能看到当前全球范围内警务模式变革背景下,警务专业化和警务社会化的共进。

1. 国家警务社会化与警察社会职能的强化

基于国家政治权力的两重性——阶级性和公共性,警察的职能也具有两重性,警察既是维护阶级统治的专政的工具,也是维护社会公共安全的主要力量。也就是说,根据国家职能的两分,也可以对警察的职能进行两分:即警察的国家职能和警察的社会职能,前者是指警察作为维护阶级统治、解决阶级冲突的工具,必须具有镇压和专政职能,此是处于国家层面的警察;后者是指警察作为维护国内安全秩序,打击和预防违法犯罪行为,开展各项活动维护社会公众的安全的职能,此是作为权力主体、处于权力冲突协调者层面的警察。在阶级斗争和冲突已不是主要矛盾的社会,警察的社会职能会得到强化,警察作为维护秩序的强制性力量这一性质会得以彰显。

警察的社会职能主要是指警察从维护社会公共安全角度出发,以保护公民免受不法侵害为中心,开展各种旨在预防和打击违法犯罪行为的警务活动,并以提供服务的形式帮助和动员公民参与防控违法犯罪行为的职能。显然,警察社会职能的凸显使警察角色在"专政工具"的基础上,更加上了"反犯罪战士"甚至"社会服务员"的多重角色定位。以我国为例,当前我国社会的主要矛盾已非阶级斗争,政权合法性的维护仍应是我国警察队伍的重要任务,但随着警察的公共性和警察的社会职能的日益彰显,可以在更现实和更直接的层面上将我国警察的功能定位在维持秩序上,当然,这一秩序中除了经济秩序、社会秩序也包含有政治秩序。

警务社会化既是警察社会职能的凸显的结果,也是警察社会职能强化的推动。如前所述,警务社会化是警察与社会组织,警察与公众对犯罪防控治安秩序维护的共同参与。显然,警察维护政权的稳定性,这一点由于其特殊性,本不在社会组织及公众与警察的互动博弈之列,虽然维护国家的安全是每个组织和个人的应尽义务,他们有义务向相应机构(包括警察机关的个别部门)汇报并协助工作,但显然警察部门的维护国家安全、政治稳定的工作,公众无法以主体的身份直接运作。所以,警务社会化更多表现在警察维护社会秩序的层面,而要实现社会秩序,凸显警察的社会职能,光靠警察自身的努力是远远不够的,它需要公众发乎本心的对于警察工作的支持和参与。作为服务社会的警察,其职责在限制人们的非常态自由以实现人们的常态自由,在制止和预防每个人以实现自己的自由为由对别人自由实现的妨害。警务社会化正是要发动社会组织和公众参与到对不法妨害的预防和制止中来,所以,它正是警察社会职能凸显的结果。同时,警务社会化也必然会成为警察社会职能强化的推动力。警务社会化与世界范围内第四次警务革命有某种内在关联,它对警察与社会及公众合作互动的强调,实际上是强调社会秩序维护、犯罪防控的主体应从警察为主体转向社会为主体,强调产生犯罪的根源在社会,防控犯罪的能力也在社会;强调警察在防控犯罪中的重要作用,但否认它的全部作用;强调以社会资源为警察的后备力量,以公众的千万双眼睛和耳朵为警察的眼睛和耳朵,从而变警察的自负警务为全民警务;等等。应该说,警务社会化过程在这些方面的努力在增进警务效益的同时,也使警察社会职能得到了进一步强化。在与社会及公众的密切联系和配合中,警察的"社会服务员"角色会得到更广泛的认同,英国公众在上世纪80年代发出的指向警察的"要更夫,不要机器人"的呼声便是明证,人们会在拉近与警察的距离后,更真切地要求警察"热情、理解、同情、合作"的品质和道德,以帮助自己避免侵害并实现社会的安宁和幸福,这正是警察社会职能的方向所在。

2. 警务社会化与警察服务职能的凸显

关于警察出于公共安全的目的,其对于社会和公众究竟应该是管理,还是服务,自第四次警务革命以来一直是人们讨论的热点。当然,服务的强化已是共识,只是在某些警察实践机关那里,对为什么要将管理衍化成服务,如何才能做好服务方面却仍然有思考未到位的地方,所以,在服务的行动选择中,仍有心气的不顺,动作的不到位。警务社会化进程将改变这一状况。之所以说警务社会化将推进警察服务功能的凸显,是因为服务是公共安全管理之内核及内容;因为服务是警察与公众改善关系的基础和前提。

警察机关的公共安全管理,其管理客体有着特殊性,即警察机关既要对违法犯罪人员的违法犯罪行为进行侦查和发现,又要对一般公众实施保卫、救护;既要对违法犯罪行为进行预防,又要帮助公众有效的防范违法犯罪行为的侵害。这种管理客体的双重性,使公共安全管理中除了单纯的管理,如发现和惩治违法犯罪行为之外,又要体现其管理的服务内核,即通过有效的防范措施,通过对公众的宣传和教育,通过相应的警示和示范服务尽可能地避免管理客体实施侵害行为及免受侵害行为的加害。"管理即服务"除了在上述层次的这一理解外,在另一层次,对公共安全管理的内核就是服务的理解还可以基于这样的逻辑:公共安全管理就是服务,即便是执法中对违法犯罪行为的控制和打击也可以理解为对少数人的惩治是为了更好地完成对大多数公众的服务。服务职能的凸显已成为国际和国内两个视域中警务改革方向的共同指向。警务社会化进程的推进,正是警察机关在公共安全管理中力求作为管理主体的警察与作为管理客体的公众之间实现合作互动的努力,正是警察权向社会的回归,正是警察权来自公众更应服务于公众的内在价值诉求。

警务社会化会凸现警察的服务功能的另一原因是只有警察机关的服务才能提供出警务社会化的内核基础:警察与公众的合作互动。警察与公众的对立是源于本源的宿命:警察作为公权力正是公众私权利的让渡结果,正是公众为实现自由而共同自愿地让这一公权机构来限制自己的自由;而警察与公众的协调又是彼此要求的合意:公众希望警察成为自己免受妨害的保护,成为自己与他人矛盾冲突的仲裁和解决者,警察则希望在实现自己的职能中能得到公众更好的配合和支持。这两方面都指向对警察提供服务的要求。源于本源的目的表明,公众有理由要求警察更好地为自己自由的实现服务好;而能否得到公众最有力的支持和配合,又赖于实践层面特定警察个体或群体有未提供给公众让人感动的服务内容及服务质量。警务社会化以警务效益的最大化为目标,以本生于社会的社会治安问题依赖社会的共同解决为理念,以警察与公众的互助合作为核心,所以,对社会的动员,对公众的唤醒都必须基于警察为社会和公众的服务。因此,第四次警务革命的对警察服务职能的强调;有"打击犯罪的战士"向"社会服务员"角色的转换;在国内,则先后有"110"的主动服务,公共安全广告的规劝和倡导,社区警务的试点和推广等。

3. 警务社会化与警务专业化必须共进

警务社会化寻求的是警力与社会组织及公众的互动,寻求的是社会对于国家公权力对社会治安管理过程的支持和配合,它的目标在于警务效益的增进,它的出现是当今市民社会不断成熟,公民自由平等观念以及参与热情不断苏醒的结果。应该说,警方以"犯罪源于社会其根治也赖于社会"为警务社会化的出发点,确实找到了切断人类社会在经济发展的同时犯罪率也高速增长这一正相关因果之链的利器。正是对社会在警务效益提升中的作用的认识,西方国家在警务效益公式中突出了社会评价的权重,强调警务效益=(治安效果+社会评价)/警力资源投入成本。而在中国,新中国的警务工作一直有重视社会力量的传统,专门工作与群众路线的结合曾经是公安工作的法宝,新时期以社区警务为主要内容的全社会防控犯罪,以服务社会为中心的各项警务工作改革,以"立警为公,执法为民"为指导思想的警务工作方向选择,都体现了在警察与社会的合作中提升警务效益的思路。所谓"警察服务要有效,警察需要公民积极的协作生产",因为"公民提供了'公众之眼'，这可以防止犯罪活动，或者把问题报告给警察。"①

然而，另一方面，警务专业化与警务社会化不应失衡。应该看到，社会面的治安防控体系，旨在社区治安问题解决的社区警务，警辅制度的尝试，警务志愿者行动的兴起，市场中介组织对警务活动的商业投入，私人侦探业、保安公司的解禁等都使警方在得到社会的支持和配合的同时得到了警务能力的提升。然而也应该看到，很多专业化的警务活动的特殊性和专业性是社会组织和公众无法完成的，相关的警务人员也是他们无法替代的。作为警察行政执法权行使领域的治安工作和作为警察刑事侦查权行使领域的刑侦工作都是具有相当的复杂性和职业特点，不经过专业的培训和学习，要想掌握相应的专业技能是不切实际的。正是在这样的认识基础上，警察机关在主导警务社会化的过程中绝不能轻视了自己的专业化警务工作，在这方面，既要有更高的要求，也要有更多的经济及精力投入。某种程度上说，治安管理方面更高的绩效，更稳定有序的治安状况，刑事侦查方面的破案率的高水平，什么时候都是警察机关赢得公众赞誉的根本，也是警察机关赢得公众信任的最有效的手段。所谓"正气盛，邪气不生"，警察机关对违法犯罪行为的有效控制，才能在警务社会化过程中对社会组织和公众的参与有行之有效的动员，正像社会成员的政治参与热情正来源政治组织者的社会动员能力一样。

当然，问题的关键是，如何实现警务社会化和警务专业化的共进，即如何实现警察与公众的互动合作，如何实现社会管理中，国家与社会的协调互动。对这一问题的回答可以从理论和实践两个层面着手。从理论层面来说，警务专业化与警务社会化的平衡立根于警察机关与社会组织及公众各自在社会治安管理中职责定位；立根于他们在共同增进警务效益中的平等参与；立根于警察机关和社会组织及公众在参与警务活动的正和博弈。而从实践层面来说，参与主体的各司其职，互相促进是警务社会化和警务专业化共进的前提。作为警察机关，其专职在做好一贯的专业警察活动，同时要成为社会组织及公众进入警务社会化过程的引导，警方可以引导更多的市场组织进入警务活动：如运用市场化运作机制将警方倡导的"安全防范宣传月"等各种警示、宣传教育活动的冠名权，新闻宣传过程中的相关环节出让给企业；以市场化的方式吸引更多企业参加技防产品展示会；用市场化手段进行警务化装备的广告运作，使更多的市场组织认识到警察及警察的相当多活动都是

---

① ［美］埃利诺·奥斯特罗姆等：《公共服务的制度建构——都市警察服务的制度结构》，宋全喜等译，上海三联书店，2000年版，中文版序言第17页。

极为有效的广告载体等。而作为参与警务社会化的社会组织①,无论是营利性的,还是志愿性的,都应该认识到自己社会责任的履行是必要的,而且在履行中,营利性组织可以获利或获得知名度的延展,而志愿性组织可以得到价值的实现和团体自身组织能力的提升。至于公众,则在配合警察机关搞好社会治安管理和犯罪防控中提升了自己的公民精神,同时给自己带来更大的社区安全系数和心理满足程度,所以应更为主动地积极参与,并与社会组织一起在参与中促进警方社会管理信息的公开和能力的提升。公众的参与必须在警方的引导下,基于这样的逻辑:作为社会的一员,社会治安问题与我有关;社会治安问题凭警察的力量不能完全处理;自己有责任参与警方合作,参与社会(区)工作;参与和合作的内容是自己力所能及的,并不是去代替警察;自己的参与、合作将给自己带来利益,比如免受侵害或安全感的加强甚至某种奖励。

三、警务治理:治理理论对现实警务的分析结论

(一) 治理理论对国家警务社会化的观照

基于国家警务社会化是指在国家警察机关专业警务活动的同时,动员社会组织及公众共同参与防控违法犯罪行为,维护社会治安秩序的过程。此过程恰可以用治理理论中的国家与社会的良性互动关系来观照。因此,治理理论为分析警务社会化过程提供了政治学的理论渊源或分析框架。实际上,警务社会化过程中代表国家公权力的警察机关和正是社会组成部分的社会组织和公众间的良性互动,正是治理中的国家与社会关系的缩影,警察与公众的关系正是国家与社会关系的写照。

在这样的理论投射和比对中,可以得到对警务社会化的如下理解:在警务社会化过程中,警察与公众的关系正像治理中的国家与市民社会的关系一样,不再是警察自上而下的管理,警察机关既在多中心的警务社会化过程中,作为平等参与的一方,也在警务社会化过程里像治理中的国家一样,充当警务活动的最主要的组织者和协调者。在这一过程中,警察机关一方面可以为参与警务社会化的社会自组织及公众提供制度性的规范,从而使他们的参与有章可循,同时也能对社会组织和公

---

① 就社会组织自身的变革对警察工作的影响,夏文信曾以中国为背景作了经验考察(参见《略论社会组织的变革与公安工作》,《江苏警官学院学报》,2002年第1期)。

众在警务治理中的失效和缺陷进行弥补,对组织间及公众间的矛盾和冲突进行调节。所以,和治理过程一样,警务社会化过程同样需要警察机关与社会的良性互动,在这一过程中,也要反对警察中心论和社会中心论。反对警务社会化过程中的警察中心论,是因为虽然警察的专业化警务活动在社会治安秩序维护中有不可替代的专业地位,但"专业"甚至"主导"并不是"中心",如果强调警务社会化中的警察中心论,就会使我们错置警察与公众的服务与接受服务关系,同时使警察与社会(公众)的共同参与无法出现,更谈不上互动。而反对警务社会化中的社会中心论,除了社会组成的每一个体的理性不足,还在于社会组织和公众到底缺乏警务活动的基本专业技能的训练和培养,如果在警务社会化中强调社会中心论,只会使整个社会抛弃警务机关的专业警务活动。

以治理的"契约观念"和"效率精神"来观照警务社会化,可以看到在这一过程中警方与社区组织及公众在防控犯罪、维持治安方面的自愿和平等参与;看到警察机关和社区及公众在警务责任上的分担;看到为实现警务效益的最大化,警察与社会组织及公众在制度及实践层面的共同努力;看到警察机关在警务决策中对公众和社会意见的征询、回应和采纳;等等。总之,用治理的精神来关注警务社会化,应该可以发掘出其中必须蕴含的如下原则:自愿原则,平等原则,责任分担原则,合作原则,互动原则等。

(二) 警务治理:警察与公众的合作治理

前述内容已经使我们看到,治理理论为警务社会化过程提供了一个有效的分析框架和理论准备:如果说治理是与国家统治相对应,那警务社会化所体现的社会治安秩序的治理理念则与过去治安秩序维护中警方的单极管理相对应[①];如果说治理强调的是国家与市民在社会管理中的良性互动,那警务社会化则是强调警察机关的专业警务与社会组织对警务参与的结合,是强调警察与公众对社区安全的合作治理。对这种合作关系,安东尼·吉登斯也曾有过专述:"合作式治安不仅意味着把公民的力量吸收到维护社会治安的活动中来,而且还意味着改变警方特有的思维模式","全球化所包含的权力下放含义在适用于其他领域的同时也适用于社会治安的领域。一种经过更新的侧重犯罪预防而不是法律执行的模式,将同治

---

① 此处的管理是指没有管理客体的接受、服从和配合的单方面管理,是缺乏理解、认同和合作的单方面管理。其中既缺乏服务的内核,也缺乏对提升管理绩效的诉求。

安与社区力量的重新结合紧密配合起来。"①

既然国家警务社会化意指在警察机关专业化的警务活动的同时,动员社会组织和公众共同参与防控违法犯罪行为,维护社会治安秩序的过程。那可以说,警务社会化的核心在于警察与社会组织、警察与公众在发现社区治安问题,解决这些问题上的合作和互动。应该说,在西方第四次警务革命之前,无论是警察还是公众,在潜在认识中,都将控制违法犯罪作为执法力量的专门职责,这导致了整个社会对犯罪预防的轻视,导致了警方总在违法犯罪行为发生后才"被动反应"的滞后,导致了伴随着警力、装备等投入大幅增长条件下,违法犯罪总量仍然高发的趋势。在我国,虽然一直以来有警察机关的专门工作和群众路线相结合的传统,但伴随着市场经济体制的推行和我国向现代化过程的逐步推进,我国的群众路线也有趋于弱化的倾向和现实表现。因此,加强警方与社会的合作,加强警察与公众的配合,已成为国内外在违法犯罪防控方面的一致指向。

警务社会化过程中警察机关与社会组织的合作,警察与公众的配合应直观表现为警方对社会性治安维护组织的利用和鼓励,对群众自发的治安自治组织的引导和鼓励;表现为警察与公众日常交流中的公众防范意识的唤醒和"全民皆警"氛围的营造。可以确信的是,只有警察、社会组织、公众三者间通过对话、谈判、博弈而构建出的治安、防控网络层级,才有可能真正压缩违法、犯罪行为发生的时间和空间。在警务社会化过程中,各主体的主要工作是不一样的:警察机关应该做的工作包括:首先,在加强自身对违法犯罪行为的侦查责任和行政执法工作的同时,将责任特别是犯罪预防的责任更多的分担给社会,因为即使再高的警察人口比例,再高的"社会面见警"率,也无法和人们提高防范意识对犯罪的预防有效。其次,做好治安防控体系的主导和推动,这其中包括作为催化剂,催生各种社会治安防控组织,如社区治保组织,小区治安巡逻队,治安志愿者组织的组建等。最后,要引导和利用更多的市场中介组织发掘和开拓社会治安防保方面的市场领域,推动其进入社区治安防控的体系。综上所述,每一个公众,是警务社会化的基础和依托,他们对安全的诉求是警方组织警务活动的目的所在,他们基于日常生活的安全防范的意见和建议是违法犯罪防控的智慧来源,他们对各种社区安全活动的参与是对社会治安秩序维护的最大支持,他们直接加入或促成各种社区治安组织则更是警务

---

① [英]安东尼·吉登斯:《第三条道路——社会民主主义的复兴》,郑戈译,北京大学出版社、生活·读书·新知三联书店,2000年版,第91-92页。

社会化过程的直接标志。

和治理类似,警务社会化的特征也可以总结为如下几点:一是参与主体的多元性。正如治理中的多中心,警察力量,社会组织包括营利组织(PO)和非营利组织(NPO),公众个人在对话与交流中形成信息的对称,在谈判与博弈中形成有利于防控违法犯罪,有利于社会治安秩序的公共决策,并各司其职,使决策的效果得以彰显。二是职责的分担性。这正如治理过程中权力的多主体,在警务社会化过程中,警察机关将本不属自己或者说自己无力承担的更多职责分担给各种社会组织和公众,使"层级网络"中的主体在清楚自身职责的基础上各据其位,共担责任。三是平等的参与性。参与警务社会化层级网络的主体在事关警务效益提升的公共决策中是平等的,这包括了参与主体的自愿性特征,以及决策过程的平等表达和真实意思表述等。这一点对社会组织和公众尤具意义:过去警察机关在事关社区安宁的措施和决策上的高高在上或者脱离实际有可能在彼此的协商中被消解。因此,决策的依据不再是警方的单方面判断和分析,决策的执行也不再是自上而下的布置和执行,而是建立在警察与公众交流基础上,相关决策需求自下而上的回溯和逐渐成形。公众的诉求和警方的回应是公共决策的基础。四是参与主体的互动性。正像治理依赖国家与社会的正和博弈,警务社会化过程以警务效益的提升为目标,也需要警方与社会组织及公众的良性互动。无论是警方对公众防范意识的提醒,还是公众对警方控制犯罪不足的弥补;无论是警方正规化的警务活动,还是社会组织自发的治安维护行为;无论是警察的沉入社区,还是公众的治安信息上传下达,都是这种互动状态的表现。五是决策和行动的公开性。和治理要求公共决策的公开性或者透明度一样,警务社会化过程同样诉求关乎每一个社会成员的相关决策过程的信息对称性。除了警方一些必须保密的警务行动,所有的社会成员都有理由要求得到警方的公正和一视同仁的保护以及警务社会化受惠结果的机会均等。公开性既让公众见识到警方不遗余力的努力,也让警察知晓公众对于相关安全的基本诉求。

(三) 警务治理:警察寻求合法性、有效性的努力

"警务治理"是以治理与善治理论来分析国家警务社会化而得到的概念,是对发动公众参与似乎原属于国家的警务(或警务)以增进公共安全这一警务战略的新的定义,是用治理和善治理论对国家警务社会化分析后的新概念。治理理论是对国家与市民社会关系认识的新思路,它强调国家和市民社会相互"型塑"达致对社

会公共事务管理的"善治",而善治是指"政府与公民之间积极而有成效的合作,这种合作成功与否的关键是参与政治管理的权力。公民必须具有足够的政治权力参与选举、决策、管理和监督,才能与政府一道共同形成公共权威和公共秩序"①;它强调公共机构与私人及社会机构的合作,反对权力与权利的对立而主张两者的互动合作,所以它也体现出国家权力向社会的回归、体现出权力与权利和谐的趋势。以社区警务为代表的"警务治理"或说"国家警务社会化"正是这种回归和和谐的表征,它的要旨在于将国家公权机构警察机关的专业化警务活动和社会公众对违法犯罪的防控能力结合起来,以警察和公众的互动合作来预防和减少犯罪,再造社会和谐。显然,这正契合了治理理论糅合国家与社会的力量增进公共利益的精神旨趣,警务治理的善治状态是实现社会的秩序。总之,以法律和合作为基础的"警务治理"在寻求警察与社会组织及社区公众的互动合作实现公共安全管理改善的同时,也一定会在实践中增进警察权与公民权的和谐。

警务治理即国家警务社会化是目前国内外风行的警务战略方向,它以前述的法治精神和合作主义为基础,将原属于国家的警务责任分担给社会及公众,它的特征如前所述包括参与主体的多元性、职责的分担性、参与的平等性、参与主体的互动性、决策和行动的公开性。它的具体的模式包括社区警务战略的推进、治安自组织和保安公司的发展、社会治安综合治理的强化、辅警制度的推广、私人侦探业的兴起、警务志愿者的普适等。而警务治理的功用意义在于它正在带来警察公共安全管理职能的强化、警察服务职能的强化以及警察与公众合作水平的提升等。

从本质上看,警务治理所表现的不过是在当下的政治生活中、在与公众的政治关系中,警察寻求政治合法性和有效性的一种努力。要知道,合法性远不止合乎法律这么简单,它是指"政治系统使人们产生和坚持现存政治制度是社会的最适宜制度之信仰的能力"②。"合法性这一观念首先并且特别地涉及统治权利。合法性即是对统治权利的承认。"③说到底,合法性寻求的是来自于制度对象的认同、支持甚

---

① 俞可平:《引论:治理和善治》,载俞可平主编《治理与善治》,社会科学文献出版社,2000年版,第12页;
② [美]西摩·马丁·李普塞特:《政治人——政治的社会基础》,张绍宗译,上海人民出版社,1997年版,第55页。
③ 警察"法律有效性的获得,主要源自合法性",这种合法性既指合法律性,更指人们在警察的努力中认同其对公民权利的干预或"统治"。参见[法]让—马克·夸克:《合法性与政治》,佟心平等译,中央编译出版社,2002年版,第12、34页。

至信仰,是为了"证明政治权力与服从性"。警察,作为一种政治现象和过程,也要寻求其合法性,警察主导开展的警务治理,或说"国家警务社会化",其目的正是希望通过这样的方式赢得社会和公众对自己工作的认同与支持。警察要获得这种基于认同、支持和信仰的合法性,需要的是其推进自己各项工作的有效性。有效性是指实际的行动,是指政治系统满足居民、企业等社会主体各种需要的能力。"有效性是工具性的,而合法性是评价性的",两者互为基础。也就是说,警察工作的有效性,奠定其在政治系统中的合法性。说到底,以警察为主导的警务治理仍然不过是政治权力力图建立与公众的沟通的一种方式,是警察这种政治权力试图在合作层面建立与公众关于公共安全的沟通,以获得政治认同。正如迈克尔·罗斯金等所说,"所有政治行为都是对沟通的这种或那种方式的反映","政治权力"总是有"对沟通的依赖",[1]警察对这种沟通也有依赖。

警务治理(policing governance),是警方和社会组织及公众通过合作互动,共同承担警务责任,参与警务活动,以实现违法犯罪防控和治安秩序维护的过程。据此,警务治理强调的是警方与社会组织及公众对警务责任的共同参与、对社区安全的合作治理。警务治理让警务的模式不再是警方原先管理治安的"行军纵队模式"(marching columns),而变成了由社区群众作为"自愿的、自我推动的和自我指引的参与实体"的"蜂群模式"(swarms)。[2] 在这种新模式中,警方对社区不再是单方面的命令,警务活动不再是对社区"全景敞视主义"的"监狱式权力"的运作,而变成了由警方和社区群众"参与式权力"的共同使用。

"警务治理是以治理与善治理论来分析警务社会化过程而得到的新概念,是对发动社会组织与公众参与原属于国家的警务以增进公共安全这一警务战略的新定义。"比照治理强调国家和市民社会相互"型塑"达致对社会公共事务管理的"善治"(good governance)状态,警务治理的善治状态则是实现公共安全的增进和社会的秩序。"警务治理"的要旨在于将警察机关的专业化警务活动和社会公众对违法犯罪的防控能力结合起来,以警方与社区、警察与公众的互动合作来预防和减少犯罪,再造社会和谐。

警务治理是当前我国国家治理体系和治理能力现代化的重要组成部分,它以法治精神和合作主义为基础,将原属于国家的警务责任分担给社会及公众,其特征

---

[1] [美]迈克尔·罗斯金等:《政治科学》,林震等译,华夏出版社,2001年版,第174页。
[2] [英]齐格蒙特·鲍曼:《共同体》,欧阳景根译,江苏人民出版社,2007年版,第150-151页。

包括"参与主体的多元性、职责的分担性、参与的平等性、参与主体的互动性、决策和行动的公开性"等。警务治理展现的是当下政治关系中,警察寻求政治合法性和警务有效性的一种努力。合法性远不止"合乎法律",它更是指"政治系统使人们产生和坚持现存政治制度是社会的最适宜制度之信仰的能力"[①]。警察作为一种"警之于先,察之于后"的政治现象和过程,也要寻求合法性。警务治理正是要通过合作治理的方式,赢得社区和公众对警务工作的认同与支持。所以,警察要获得基于认同、支持和信仰的合法性,首先要推进各项警务工作的有效性。只有警务工作的有效性,才能奠定警察与警务在政治系统中的合法性。因此,主张警民合作的警务治理,实际上是警方力图建立的与公众关于公共安全沟通的一种方式,是警察试图在合作层面建立的与公众关于公共安全的良好沟通,是警方获得公众政治认同的有效路径。

四、当下考量:社会排斥背景下的警务治理

在当前利益分配失衡渐炽背景下,部分社会成员因利益获得较少,自认被社会抛弃、剥夺甚至排斥,从而产生反排斥社会的心理与行为。这种社会排斥心理和行为,会对社会稳定产生影响,对警务工作形成压力。为此,公安机关应在多元共治、协同供给理念下,从警务改革的宏观思路、中观策略和微观对策等角度,推进警方与社区、警察与公众的互动合作,践行公共安全增进和社会秩序生发过程中的警务治理。

社会转型,与利益相关的冲突、矛盾和纷争,让一部分社会成员失去了对主流意识形态、法律制度框架的认同,失去了心理平衡和规则遵从意识,从而引发当前社会稳定问题的多发、社会治安问题的频仍。

(一)利益分配失衡:当前社会稳定问题的深层原因

经济伦理学认为,人们的行为失德和社会的部分失序,往往与社会分配正义的缺失有关。我国改革开放以来逐渐累积的利益分配失衡状况,造成了部分社会成员面对利益时的心理失衡和行为失范,引发了大量治安问题。利益分配失衡成为我国当前社会治安问题突出的深层原因。

---

① [美]西摩·马丁·李普塞特:《政治人——政治的社会基础》,张绍宗译,上海人民出版社,1997年版,第55页。

1. 分配正义的含义及标准

所谓分配正义,是指分配的制度设计和过程结果实现了对正义的价值关怀。一般说来,分配正义的标准及其实现,是指在分配制度的宏观效果上达成了经济与社会发展中公平与效率目标的平衡;而在微观个体层面则是在分配中实现了对"最少得益者的最大满足"[1]。分配正义的宏观标准表明,一个社会既要坚持"效率"原则,以实现经济社会的长足进步和丰富成果,也要坚持"公平"原则,以实现每个社会成员对这些进步和成果的尽可能平等的分享。分配正义的微观标准是指要实现"最少得益者的最大满足"。这是指在分配过程和结果上,必须是得到利益最少的社会成员,肯定和承认当下分配制度是公平与正义的,这个社会才真正实现了分配正义。当得益最少的人,认为自己之所以得到的少,是因自身能力不足,努力不够,理应得到的少。同时,虽然自己得到的少,但社会并未抛弃自己,在社会保障制度的救济下,自己及家人得到了基本的生存保障,能够有尊严地活下去,实现了基本生存的最大满足,即实现了最少得益者的最大满足。这样的分配制度设计和过程结果,才实现了对正义的价值关怀,实现了分配正义。

2. 分配失衡与马太效应及社会分化

利益分配失衡会导致在利益获得结果上的"马太效应"[2]。从财富分配角度说,马太效应会直接表现为"有钱的人因为有钱,会越来越有钱,没有钱的人因为没有钱,会越来越没有钱"。分配结果上的马太效应会引致阶层的分化,即不同的社会成员因获得的经济资源、政治资源及文化资源的多寡不均,会分别汇入不同的社会阶层。在阶层分化之后,如果相应的社会制度未能发挥调节功效,又可能会使社会产生阶层的固化,而一旦出现了阶层固化,将不可避免地产生特定阶层的圈层结构,并导致不同圈层结构之间的相互排斥。

这种基于社会成员的资源保有量的差距,所导致阶层固化的局面,一旦恶化严重,将直接带来底层民众试图通过社会上行通道向上流动的规模就会减少或堵塞,就难免导致一些底层人员怨恨、排斥甚至报复社会的心理和行为的出现,导致所谓"怨恨的聚集"或"群体性怨恨",并产生社会稳定与安全问题。这正是中国当前大规模群体性事件较多出现,且有越来越多的底层民众愿意参与群体性事件的根本

---

[1] [美]约翰·罗尔斯:《正义论》,何怀宏等译,中国社会科学出版社,1988年版,第277-278页。
[2] 所谓马太效应,是指任何个体、群体或地区,一旦在某一方面(如金钱、名誉、地位等)获得成功和进步,就会产生一种积累优势,就有更多的机会取得更大的成功和进步。

原因。

3. 分配失衡与侵财犯罪高企及社会稳定问题突出

分配结果上的马太效应会对社会心理造成影响,并可能带来社会不稳定的诱发因素。一般说来,在社会财富分配不均的背景下,民众的仇富心理日增,市场经济倡导的崇富心态远未出现。这种仇富心态既表现为人们会对率先富裕起来的那一群人的财富大厦"轰然倒下"的欢欣鼓舞,也更直接表现为部分社会成员因财富悬殊而致心理失衡,进而导致侵财犯罪的增加。同时,分配结果的马太效应并不全是制度安排的结果,社会成员中有很多人采用"流氓致富"手段带来了财富累积,这些手段会产生"劣币驱良币的格雷欣法则"①,逐渐将"合法致富、诚实劳动"赶出人们致富方式的选择体系。可以看到,当"制假售假、走私贩私、偷税漏税、寻租设租、贪污受贿"等流氓致富手段没有受到来自道德和法律层面足够有效的惩戒时,那些诚实劳动、合法致富的手段就会被人们束之高阁。此时,人们的法治意识会日趋淡化,非法活动会不断增加。这种仇富心态和道德法律意识淡化引起的违法犯罪行为的增加,必然会对社会稳定形成挑战,给警务工作带来压力。改革开放以来,中国刑事案件数以年均8%以上的速度递增,与国民经济增长速度呈正相关关系,即证明了这一点。目前我国刑事犯罪总量中,以"两抢一盗"(抢劫、抢夺和盗窃)为主要内容的侵财犯罪,占我国刑案总数的90%以上,也是利益分配失衡必然导致的政治社会学后果,是利益分配失衡引致社会成员心理失衡进而激发侵财犯罪的明证。

(二) 社会排斥:当前社会稳定问题的心理与行为基础

影响社会稳定事件中的参与者,其心理和行为基础,通常是他们对当前主流的意识形态、法律制度、社会矛盾调处的官方机制持一种不认同、不信任、不合作的态度。甚至,以"社会溃败"和"社会怨恨"特别是"怨恨转移"②的理论模型来观照,这些参与者中的许多人,因极度怨恨,在心理和行为上已具有了典型的社会排斥特

---

① 所谓"劣币趋良币"是指在金银复本位制下,金币被看作良币,银币被看作劣币,人们在得到一定量的银币时就倾向于将它兑换成金币储藏起来,这样,金币逐渐退出了流通,似乎市场上的银币驱逐出了流通领域。这一货币银行学中的"格雷欣法则"在社会道德和社会行为层面也会表现出来。
② "怨恨转移"是"共同的仇恨可以凝聚最异质的成分"的结果呈现。这种情绪会表现为多种形式的社会犯罪,其特征是随意地迁怨报复,或者毁坏公物或者滥伤无辜,泄愤对象看似偶然的选择,实则反映了怨恨者长期熬煎和隐忍所造成的人格扭曲。怨恨转移会通过共同的仇恨而实现群体的紧密聚合。参见张凤阳:《转型社会背景下的社会怨恨》,《学海》,2014年2期。

征,即他们往往认为社会现行的制度框架剥夺、边缘化甚至排斥了他们的社会参与机会。

1. 社会排斥的含义

吉登斯对社会排斥进行了定义,他指出,"社会排斥"是"指通过某些方式有可能阻隔个体全面参与社会,是造成社会成员不平等的根源",社会排斥范式关心的"是一系列妨碍个体或群体拥有对人口中大多数人开放的机会的广泛因素"。① 就是说,社会排斥本质上是指一个社会的所有的职位或机会只向社会成员中少部分人开放,而没有向所有人开放。例如,失业其实是社会共同体对个体寻求社会身份认同的一种直接排斥;而社会在提供公共服务或其他公共资源时,如果对部分人群有条件限制,也是一种社会排斥。

社会排斥的不良后果包括导致贫困、不利于社会整合、造成被排斥者巨大的社会焦虑和心理压力、导致违法犯罪等。吉登斯认为,社会排斥与犯罪增加之间的逻辑进路是:"经济转型与劳动力市场及政府政策的变化,造成了人群中贫困的增加;流动人口增加,房价过高,社区凝聚力减弱等会造成许多问题社区;经济剥夺和社群分裂给家庭生活造成了压力;国家放任或者未采取措施'削减'或'重新融合'社会排斥者;遭受'社会排斥'的人群开始避开合法渠道而采用非法的手段,改变自己的社会地位和提升自己的消费水平。"②

所以,社会排斥主要表现为部分社会成员在心理和行为上与社会的主流制度框架和意识形态的不合作甚至敌对的过程。社会排斥产生于特定社会主体自认为社会在发展中忘记、边缘化、剥夺、排斥了自己,从而产生心理上的应激反应,进而可能在行为上反过来排斥当下的社会制度和意识形态,甚至采取极端行为敌对社会、报复社会。布尔迪厄指出,"永恒的不确定状态,包括社会地位的不稳定、未来生活的不确定和强烈的无法控制现在的感觉——混合成了一种无法制订计划并按计划行事的无能为力"③,成了社会排斥的心理成因。所以,社会排斥心理是社会成员因资源的获得不均而产生的相对被剥夺感,伴随这种被剥夺感而生的社会排斥感加重,往往会导致这些社会成员反社会排斥的相应行为的出现,社会排斥是被排斥主体与社会及制度结构性对抗和矛盾的过程。

---

① [英]安东尼·吉登斯、西蒙·格里菲斯:《社会学》,李康译,北京大学出版社,2009年版,第292-293页。
② [英]同上书,第299页。
③ [英]齐格蒙特·鲍曼:《共同体》,欧阳景根译,江苏人民出版社,2007年版,第45页。

2. 社会排斥的当下表现：内在机理与发展趋势

仔细分析，社会排斥的产生，往往先有社会对个人在生活区域、社会阶层上的社会贬黜，然后是个人对社会在法律制度和意识形态认同方面的反社会排斥。这种人群与社会之间的排斥与反排斥的恶性循环，在当下中国有蔓延之势。但在应对手段上，我国目前还未能有效采取体系性的应对措施，治理效果尚不够明显，亟须对这种互相排斥的根源进行系统分析，体系性地加以治理。在我国，社会排斥除了表现为底层弱势群体在社会资源、社会交往、社会支持机会等方面获得不公的境遇外，"上层社会排斥"[①]也已经以特定形式出现，包括富人退出公立教育和医疗保健服务领域，更多选择私立学校或私立医院等，造成了较为普遍的社会不公感。因此，上层社会排斥和底层社会排斥一样，都加剧了社会阶层的分化，破坏了社会团结，也不利于社会的整合凝聚。

社会排斥产生和运行的内在机理可以概括为"发现差异—感受剥夺—产生排斥—奋起反抗"[②]四个阶段。即人们在与"参考群体"的比较中发现了差异，于是产生相对被剥夺感，进而产生被排斥感，并最终导致个体或群体在行为上的反抗。这种社会排斥心理和行为的产生机制也多少具有中国特点：人们在与周围的比较中产生不满，这种不满更多是横向比较不满，而非纵向比较的不满，因为横向比较不满是共时性的，而纵向比较不满是历时性的，所以，人们在横向比较中更容易产生"为什么我不如他多"的"相对被剥夺感"，这正是中国当前社会排斥的特殊原因，是所谓"不患寡而患不均"中国文化心理的现实投射。

从我国社会排斥的发展趋势看，这种相对剥夺和被排斥的感受本来是个体的独自感知，但现在，其往往有扩大为一个寻求集体解决个人不幸的利益共同体的趋势，并有针对特定人群实施极端侵害行为的倾向。部分社会排斥心理人群更多采用聚集和极端方式来表达自己的不满，以加重自己在与社会谈判中的砝码。因此，应对社会排斥，光有警方的"头痛医头、脚痛医脚"的事后反应型举措是不够的，因为所有反应型措施都有时滞，解决的关键还是要真正消解社会排斥心理和行为产生的根本原因及诱因。

[①] 与处于社会底层的人们被排除在社会提供的主流机会之外的"非自愿排斥"不同，上层社会排斥，是一种"自愿排斥"，即所谓"精英的反叛"，是指富人群体主动选择离群索居，从公共服务中脱身而出的现象。
[②] 从社会排斥的内在机理看，差异未必致冲突，但排斥必致敌对和冲突。所以，关键是在不能听任差异长期存在，并造成个人与社会之间的相互敌对和相互排斥。

3. 社会排斥的心理与行为外化

一般说来,社会成员一旦产生被社会排斥的心态,如果不能获得有效的宣泄通道,就容易淤积为心理失衡并进而可能转化为违法犯罪行为。事实上,基于转型社会经济、政治甚至文化资源分配不均衡导致越来越多的社会排斥、导致整个社会矛盾对立日益加重,部分社会成员之间,社会成员和政府间的矛盾上升成为必然。在这些矛盾积压之间滋生、复加和蔓延的社会排斥心理,无法回避地成了部分民众反排斥社会的心理及行为宣泄的过程。这也是社会排斥心理和行为目前在大规模群体性事件中多有呈现,并逐渐成了大规模群体性事件的外在特征。以贵州瓮安事件、云南孟连事件、苏州通安事件、南通728事件等为例,都可以发现社会排斥心理和行为的生长,这些事件参与者也都有着严重的敌对情绪蔓延和参与行为的狠化特征。在个体行为中,当前我国八种主要恶性犯罪的数量高企,也正体现了这种社会排斥心理下个体社会行为狠化的趋势与特征。

参照阿马蒂亚·森的观点,社会排斥本身就是一种"剥夺",是"一种能力剥夺和贫困",即社会排斥通过剥夺,导致了各种能力贫困。我国的社会排斥也表现为一部分人被阻止进入社会中心,使部分社会成员成为弱势群体。因此,帮助因社会排斥而成为弱势群体的人群摆脱边缘化的社会处境,是当前我国政策制定应当关注的问题。这就需要在确立社会公正理念的基础上,进行解决社会排斥产生和发展的制度安排和政策设计。为此,要从制度、经济、政治、社会关系、教育等各方面采取系统措施解决中国当前社会排斥的状况。

(三) 社会排斥背景下警务工作的挑战与压力

在分配失衡导致社会排斥心理和行为丛生的背景下,当前中国社会爆发出了更多的恶性犯罪、更多的大规模群体性事件,这对警务工作形成了巨大的挑战与压力。由于警察是"国家的装置和技术,是国家在公民生活中的即时代表,是国家权能释放的保证,也是国家在公民政治生活中的具象化"[①],警察很容易成为社会排斥心理和行为直接面对的宣泄对象。在社会排斥背景下,公安机关在当前警务运行中的挑战和压力主要表现为如下几个方面:

1. 社会戾气生长与警察执法环境的恶化

人们基于利益分配失衡而产生的社会排斥情绪及行为,常常通过反排斥社会

---

① 王智军:《警察的政治属性》,社会科学文献出版社,2009年版,第8页。

法律制度框架和主流意识形态来体现。于是,作为法律框架及国家代表物的警察,不幸成了此种负面情绪和行为的第一侵害对象。从 2008 年的系列袭击警察案到如今媒体仇警、丑警和妖魔化警察,从越来越多的社会成员在网络空间以攻击警察来显示自己的社会正义感到人们对警察执法行为的不合作甚至直接对抗;从社会在执法监督名义下,断章取义甚至肆意"污名化"警察的执法过程到媒体对警察执法过程肆意歪曲让警察举足失措、动辄得咎等,都表明了警察如今的执法环境日益恶化的现状。

2. 警察职能泛化与警察职业能力的不足

以"110"为代表的警察职能泛化,非警务活动的增加等,给一线警察带来越来越大的职业压力。首先是警察常常被党委、政府看作是万能的,因此公安机关的非警务任务加大,直面国家与社会矛盾的机会增多。同时,社会对警察职业的期待也越来越高,有媒体甚至直接要求警察要在执法过程中做到"宽而栗,严而温,柔而直,猛而仁"①,而这实际上是《淮南子》中圣人的十二字标准。应该说,当一个时代将圣人的标准强加在本质上也是普通人的警察个体身上时,就可以理解警察在当下中国的执法环境上的压力,理解警察为什么在今天有成为弱势群体的可能了。

3. "塔西佗陷阱"与公安机关的公信力不足

公安机关公信力是指社会组织和社会公众在没有任何压力和引导的前提下,对公安机关履行职责、执行法律和服务社会工作的认可度和信任的程度。公安机关的公信力不足,表现为公众不满意、不理解甚至不信任公安工作,公安机关难以得到社会各方面的配合和支持,因而陷入"塔西佗陷阱"②。当前,由于利益失衡严重导致社会矛盾冲突加剧,加上政府部门公信力下降的影响,公安机关作为政府的重要组成部分,其对某些特定公共事件处置不慎,或者工作中出现疏漏,都容易丧失公众的信任。在新媒体领域,由于网民成为信息发布的主体,庞杂的信息发布主体深刻影响着涉警舆情,某些警务热点事件经媒体放大,产生超出事件本身的传播力和影响力,也会错误影响公众的判断,并可能发酵出公众对警方的不信任情绪,形成"塔西佗陷阱"的舆论土壤。

---

① 参见《淮南子·卷十三·氾论训》,典籍原文为"是以圣人之道,宽而栗,严而温,柔而直,猛而仁"。媒体用圣人的标准,是希望警察执法中做到宽厚中不乏严厉,严厉中不乏温情,温柔中不乏正直,正直勇猛中常怀仁义之心。
② 这往往表现为:无论公安机关怎样说真话,都会被认为是在说假话,无论公安机关是在做怎样的好事都被当事民众认为是在做坏事;信任基础的崩塌会导致事件的解决十分困难。

4. 警方公共关系恶化与警察权威的下降

警方公共关系的恶化会导致警方公共关系危机,而警方公共关系危机会导致警察权威的下降。警方公共关系危机,是指由警察组织自身或者警察组织外部引发,因警察组织操作应对不当,引起的对警察组织声誉产生不良影响、导致警察组织在公众心目中形象受到严重损坏的事件和过程。警察权力的滥用、越界和寻租最容易导致人们对警察权威的不认同甚至怀疑。各种仇警、丑警,妖魔化、"污名化"警察的舆论和媒体宣传,实际上是对一种社会戾气和社会排斥心理的回应与助涨。加上负面涉警事件中,警察公共关系部门的应对迟滞,往往听任舆情的负面发酵,也导致了警察的权威下降。当然,个别警察行为过度恶性的呈现,也严重恶化了警察在公众心目中的形象,导致在警务活动过程中,越来越多的人不愿与公安机关合作,甚至对警方持否定和敌对的态度。总体来看,我国警察权威目前处于一种不令人满意的状态中,人们对警察权力的基本尊崇正遭遇前所未有的挑战。

5. 警民对立情绪加剧与警察职业保障体系的不足

在社会排斥背景下,我国警察队伍近年来每年有 400 人左右因公牺牲、5000人左右因公负伤[1],如何减少对警察的袭击和伤害,完善警察的职业保障体系,保证警察的职业安全与健康已是迫在眉睫。因当前警察的职业安全保障水平远未达标,警察成为和平时期牺牲最多的职业。同时,警察的执法权利的保护也未到位。以袭警罪为例,因"袭警罪"未能"入刑",导致了警察执法工作中的较大压力。而袭警罪之所以迟迟无法入刑,主要是立法者们担心警察权力的过度扩张,但免于被袭击明明是基于对警察权利的保护,以控制警察权力之名去剥夺警察的基本权利,使作为"行动的法律"的警察的权利尚得不到法律的保护,人们却又要求警察依法律去保护自己的权利,在这样的法律夹缝中,警察只好渐成弱势群体。当然,《刑法》修正案(九)通过"妨碍公务罪"对警察执法做了保护性规定,但也要承认,因其并非真正的袭警罪,其对袭击警察行为的减少的作用仍有待观察。

(四)警务治理:社会排斥背景下的警务变革理路

警务治理承认公安机关尚无力从根本上解决社会转型期因利益分配失衡而引

---

[1] 据统计,2010—2015 年的 6 年间,全国公安民警因公伤亡 27907 人,其中因公牺牲 2666 人,因公负伤 25241 人。因公牺牲各年数据为:2010 年 514 人,2011 年 442 人,2012 年 430 人,2013 年 449 人,2014 年 393 人,2015 年 438 人。

致的所有矛盾和问题,化解所有的社会排斥问题。所以,在警务治理理念下,公安机关要动员和协调更多力量参与对社会治安问题的治理。因此,公安机关与其疲于奔命的试图包揽或被迫包揽当前社会稳定中的所有问题,不如承认自己的职业不足,在党委、政府领导下,与承担社会稳定工作职责的其他部门一起,多元共治,协同供给,共同推进社会稳定。所以,警务治理其实暗合了多元共治的旨趣,是当前推进警务变革的全新理路。具体来说,公安机关要从社会管理的宏观思路、治安政策的中观变革及警务运行的微观对策三个层次上,分别做好自己"能够做的""可以做的"和"必须做的",以准确地调适与归位自己在警务治理过程中的职责和角色定位。

1. 警务治理理念下警务变革的宏观思路:做公安机关"能够做的"

社会排斥背景下公安机关警务治理的宏观思路是做公安机关"能够做的",去增进公安机关与其他部门的合作治理。具体包括:第一,公安机关要促进社会管理的创新。作为社会管理创新的主力军和参与者,公安机关应与多部门合作,共同增进公共安全水平。第二,公安机关要推进社会矛盾的化解。作为直面社会矛盾和社会冲突的政府部门,公安机关应与多组织联动,减少社会矛盾累积。第三,公安机关要助力当前的共享式增长。公安机关在和谐社会构建中要播撒公平和正义的阳光,在提供更多的公共安全产品的同时,争取让更多社会成员分享到改革发展与法治进程带来的成果与安全。

2. 警务治理理念下警务变革的中观政策:做公安机关"可以做的"

社会排斥背景下公安机关警务治理的中观政策是做公安机关"可以做的",去推进警务模式的变革,实现"警务绿色发展"[①]。具体包括:第一,从"被动应付"到"主动预判",实现警务模式由消极警务向积极警务的转变。在治安政策选择中要从被动的疲于应付到主动的预判预警。第二,从"规训与惩罚"社会到"教育和疗救"社会,实现由打击型警务向预防型警务转变。在治安政策选择中要从对抗、弹压群众的思路转向预防和化解社会治安问题的思路。第三,从社会管理"监视器"到社会治理"服务员",要由管治型警务向服务型警务转变。在治安政策选择中要由单一的监视功能转向为政府及相关部门提供决策服务的功能,逐渐具备为社会

---

① 警务绿色发展是指将国家绿色发展理念引入警务的运行与发展之中,以"高效、协调、持续、规范"等绿色发展特征作为警务运行方向和目标的一种警务发展方式。参见《警务绿色发展:江苏警务发展的新目标》一文(《江苏警方》,2016年第1期)。

治安综合治理过程提供决策与过程服务的功能。

3. 警务治理理念下警务变革的微观对策：做公安机关"必须做的"

社会排斥背景下公安机关警务运行的微观对策是做公安机关"必须做的"，实现警务处置过程的效率。具体包括：第一，改革和创新基层警务运行机制，建立警务运行的联合指挥机制与系统。第二，落实警务治理，增进警方与社区的互动合作、警察与公众的协商沟通，增进警民和谐，及时发现和预防社会矛盾激化为重大警情甚至大规模群体性事件的可能性。第三，做好警务预案和警力训练，提升公安机关警务反应能力和操作技术，减少社会治安问题的危害和影响。第四，增强处置治安问题的能力建设，确保公安机关警务运行的效果等等。

应该承认，"培育一种包容他者的协商型政治文化，建构一整套体现分配正义的制度和程序，是从根本上化解社会怨恨的前提。"同样，化解社会排斥，社会也需要包容性的社会情绪和共享式的社会关系选择。而警务治理正是这种包容与共享共治的模本与范型。社会秩序和公共安全从来不是警方单方面的工作，人们需要在此方面认可警察在当代的价值与功用，并与警方展开深度合作。从警方的角度来说，在当前社会排斥心理与行为丛生的背景下，通过警务治理实现警察职能的归位，实现警察与公众的互动合作，已然是一种全新的警务战略思维，也是化解社会排斥困境的一种有效的警务运行方式。唯如此，人们才能在与警方的合作中，体会法律的公意光辉，体会警察的无处不在却又从来不在的理想状态，实现一种警民关系的化境——人们体会不到警察的存在与作用，只在于人们一直没有失去警察的悉心护佑。

第五章　现代警务机制创新：主要问题与对策思考

建立符合经济社会发展和治安维稳需要的现代警务机制，是公安工作现代化的重要内涵，也是国际警务发展的目标与方向。中共中央在全面深化公安改革的总体方案中，明确提出了"完善与推进国家治理体系和治理能力现代化、建设中国特色社会主义法治体系相适应的现代警务运行机制和公安执法权力运行机制"的总目标，通过对传统警务运行机制进行优化升级，健全完善现代警务运行机制。相对于传统警务机制，现代警务机制具有鲜明的时代内涵，是以提高公安工作效能为目的，由一系列科学规范的警务制度机制和运作模式组成的警务体系。推动现代警务机制创新，既是一个理论问题，也是一项公安实践。创新现代警务机制，要在理论层面对现代警务机制的内涵进行准确分析，在此基础上基于公安工作实践探讨其发展轨迹与发展方向。

一、现代警务机制的基本内涵

机制（mechanism），最早发轫于生物学、机械学领域，后被应用于社会学领域，是指系统各组成部分之间的联结关系及其运作方式。从国内研究看，郑杭生最早将机制引入社会学研究领域，此后"机制"也进入警学研究领域。

从系统论的视角看，警务可以理解为一个由诸多要素、内外环境以及相关制度、机制、程序、方法构成的系统。警务机制是警务系统的重要组成部分，对现代警务机制内涵的理解和把握，需要对现代警务体系进行深度剖析。从构成要素看，现代警务体系包括价值理念、制度规则、组织结构和运行机制。① 现代警务体系不是静态的结构,它是诸多要素相互影响、相互作用的整体。从运作的机理看,警务价值理念发挥指引作用,明确警务预期目标,确立配置与行使警察权的制度规则,明晰权责利关系;建立相应的组织机构与岗位职责,配备相应警务人员;完善警务运行的制度、机制、方法、路径,提高警务效能;输出公共安全产品,在实践中接受考验与检验,形成"反馈"。在现代警务体系中,警务机制作为枢纽或关节,起到联结、架通各要素并推动警务体系运转的作用。当然,离开警务价值理念、制度规则、组织结构这三个要素,运行机制也无从谈起。

从公安工作实践看,上海公安机关较早提出构建现代警务机制的工作目标,在2002年1月8日的全市公安工作会议上,正式在官方文件中提出"现代警务机制"。随着各地公安机关对现代警务机制的探索实践,也逐步加深了对现代警务机制内涵的理解。朱穗生在总结广东公安机关构建现代警务机制做法的基础上,指出现代警务机制是公安机关组织机构、制度机制、工作方式的运作组合,体现在警务运行中的有机联系和作用发挥。孙文德在总结南京公安机关警务机制建设经验做法的基础上,认为现代警务机制的主要目标在于提高公安工作整体效能,并构建一系列科学规范的警务制度和集约高效的运作模式。张景华在总结浙江公安机关经验做法的基础上,认为现代警务机制是指能够体现公安工作规律和特点,并在相应工作原理指导下的警务制度与工作运行模式。综合以上理解,我们认为,现代警务机制是指现代警务运行过程中各种警务要素相互关联、相互作用并与外部环境系统实现耦合互动的工作方式或模式,它是警务管理体制外在的作用形式。

对于现代警务机制的特征,各地公安机关也有不同认识。朱穗生将现代警务机制概括为"警务资源整合化、警务行为规范化、警务装备现代化、警务工作社会化、警员素质实战优化"等五个方面特征。张景华认为"执法理念现代化、警务信息化、打防控一体化、执法执勤规范化、经费装备标准化、队伍建设正规化、效益评估科学化"是现代警务机制的基本特征。沈秋伟认为现代警务机制具有"任务的追随性""样本的参照性""目标的扩展性""内容的整体性""主体的确定性"等五个特性。申智军认为现代警务机制具有"主动性""快速反应性""情报信息主导性"三个特点。孙文德认为,动态警务、专业警务、合成警务、信息警务、规范警务等"五大警务"是现代警务机制的核心内容,其中动态化是现代警务模式的主要特征、专业化

---

① 王柏杨、朱旭东:《论现代警务体系的基本问题》,《中国人民公安大学学报》(社会科学版),2016年第2期。

是现代警务发展的目标取向、合成化是提升警务效能的基本途径、信息化是推动警务变革的强大动力、规范化是现代警务运作的内在要求。结合以上理解,我们认为,新时代要按照实战化、法治化、专业化、合成化、智能化要求,打造现代警务机制。

二、改革开放以来我国现代警务机制发展脉络

为适应改革开放以来我国社会治安形势的发展变化,我国公安机关坚持以人民为中心的发展理念,坚持改革创新,在创新完善现代警务机制方面进行卓有成效的改革创新,提高了动态条件下驾驭社会治安局势的能力水平,有效维护了社会大局平安稳定,切实增强了人民群众的安全感、满意度。

(一)适应动态化社会治安要求,打造动态化警务机制

在计划经济时期,我国形成了以户籍管理为主、以单位组织管理为依托,相对静态的社会治安控制模式。随着改革开放的不断深入,我国出现了前所未有的人财物大流动,造就了经济高速发展,市场空前繁荣,同时社会管理的空隙和漏洞大大增多,违法犯罪活动空间大、可乘之机多。与日益动态复杂的社会治安形势相比,带有静态特征的警务运行机制缺乏前瞻性、控制能力差、被动防御等问题凸显,不再适应动态社会治安形势需要。为此,各地公安机关积极借鉴国外警务经验做法,着力打造适应动态社会治安的警务机制。一是建立人民警察巡逻制度。各国警务经验证明,巡逻是防范打击动态犯罪最为直接、最为有效的手段。在20世纪80年代,公安部部署开展街面巡逻,在大中城市组织治安民警队,与武警部队配合协作,昼夜上街巡逻防控。1985年,公安部要求各省会城市、人口百万以上大城市和沿海开放城市建立治安巡逻网,主要采取机动车、自行车、徒步等多种巡逻方式。1991年11月召开的第十八次全国公安会议明确提出,要尽快完善以公安警察和武警为主体的城市社会治安巡逻制度。1994年2月,公安部发布《城市人民警察巡逻规定》,标志着全国大中城市公安机关普遍建立警察巡逻体制。二是建立公安指挥中心。20世纪80年代中期,广州等地公安机关积极探索,将原盗(匪)警110电话职能扩展,建立110报警服务台,开展报警服务工作。1996年,为适应新的形势和任务需要,同时结合漳州等地实践探索的成功经验,公安部部署要求全国公安机关建立110报警服务台,开展报警服务工作。此后,110报警服务台和报警服

工作进入快速发展阶段。随着110报警服务台的影响不断扩大,报警量大幅上升,公安机关职责范围外报警求助日益增多,公安机关仅靠自身力量难以及时有效进行处置。1998年底,国务院在全国范围内正式部署开展110社会联动工作。经过各级公安机关和全体公安民警多年来的共同努力,110工作取得长足发展,结出丰硕成果,110已成为公安机关应急反应的龙头、服务群众的窗口,为公安机关和公安队伍赢得了巨大荣誉,受到了党委、政府和社会各界的高度评价和广泛赞誉。三是推进社会治安防控体系建设。治安防控体系是各地公安机关应对动态治安形势的载体和依托,在公安工作实践中不断得到丰富和完善。江苏等地公安机关在开展"严打"斗争中,率先实施加强治安防控工作,通过打防结合、以防为主,以走出"打不胜打、防不胜防"的怪圈。在各地公安机关探索建立社会面和干线公路巡防网的基础上,2011年,公安部在全国部署开展"城乡社区防控网、单位内部防控网、街面巡逻防控网、视频监控网、区域警务协作防控网、虚拟社会防控网"等六张网建设,着力织密立体化社会治安防控体系。为真正发挥社会治安防控体系在实战中的作用,公安部推动建立健全情报信息主导警务机制,确保科学预警、精确防控;建立健全现代警务指挥机制,确保指挥高效、应对有力;建立健全规范的勤务运作机制,确保科学用警、反应迅速;建立健全警务协作机制,确保整体联动、形成合力。2015年,中共中央办公厅、国务院办公厅印发《关于加强社会治安防控体系建设的意见》,在全国部署健全完善"社会治安形势分析研判机制、实战指挥机制、部门联动机制和区域协作机制"等"四项机制",支撑和保障社会治安防控体系有效运转。社会治安防控体系的建设及运转,有效调动了各方面力量和资源投入社会治安领域,推动了平安中国建设的深入开展,遏制了违法犯罪的高发势头,对维护社会转型期社会大局稳定作出了突出贡献。

(二)体现公安工作专业化特点,打造专业化警务机制

公安工作带有很强的政治性、政策性、专业性特征,对公安机关和公安民警提出很高要求,不仅要求政治素质高,还要求业务素质过硬。改革开放以来,我国公安机关承担的职责任务事关党的执政安全、事关社会安全稳定,200多万公安民警坚决捍卫政治安全、全力维护社会安定、切实保障人民安宁,为共和国的安全发展筑起了一道坚不可摧的铜墙铁壁。同时,在我国改革发展的转型时期,大量风险隐患的存在和案事件的频繁发生,也暴露出公安工作存在的短板弱项。比如,情报搜集和侦察调查"爬不高、钻不深",存在情报资源整合共享、分析研判不够到位的问

题;应急处突力量薄弱、缺乏实战经验,存在突发事件处置预案、现场指挥等与实战要求还不相适应的问题;面对面广量大的侵财类案件,特别是网络通信诈骗案件、非法集资案件等新型犯罪方式,公安机关打击防范的手段、办法还不多,存在面临破案率、追赃挽损率、受害群众满意率"三低"等系列难题问题;一些地方实有人口管理薄弱,流动人口底数不清、情况不明,存在刑释人员、易肇事肇祸精神病人、涉恐重点人等特殊人群管控不力的问题,等等。打造专业化警务机制,就是要按照公安工作的专业化发展方面,瞄准实战要求,加强警队的专业建设,进一步优化警务资源和职能配置,加强公安专业队伍、专业人才、专门手段、专用装备建设,不断增强广大民警履行职责的专业素养、专业技能,切实锻造打击犯罪的铁拳、磨快侦查破案的尖刀,提升公安机关打赢对手的能力本领。改革开放以来,为适应打击违法犯罪、服务社会发展需要,公安机关先后组建了防暴、巡警、经侦、禁毒、网安、反恐等专业警种,有力推动了公安机关专业化发展。为提升公安民警的专业素质,加强专业化教育培训,开展全警"大练兵",公安民警的政治素质、业务素质、法律素质、文化素质、心理素质、身体素质和业务能力得到提升。在学历教育的基础上,完善警察职业训练体系,大力培养警务专业人才,建立训用对接机制,通过开展在职民警实战训练和高级警官轮训,培养了一大批公安工作的专家人才。把公安科技工作和专业手段建设提升到了前所未有的高度,大力推进科技强警战略,不断增强公安科技专业手段应用的广度、深度,提高公安机关的核心战斗力。

(三)实现警务资源有机整合,打造合成化警务机制

在公安工作发展过程中,随着专业化建设发展,公安各警种部门之间的分工越来越细。面对动态化、信息化条件下严峻复杂的社会治安形势挑战,迫切需要调动社会力量参与治安管理,发挥警务工作整体优势,形成整体合力,解决不同警种部门和区域之间各自为战、打防脱节等问题。为增强警种部门之间的协同作战能力,1992年4月公安部部署召开全国城市公安指挥中心建设工作座谈会,提出要加强指挥中心建设,充分发挥指挥中心作用。经过努力,全国公安机关基本建立信息畅通、指挥有力、手段先进、运转高效的四级指挥体系,增强了诸警种协同作战和控制社会面治安秩序的能力。为加强区域警务合作,公安部在全国部署开展区域警务合作机制建设。各地公安机关强化省际、市际、县际区域警务合作。以江苏为例,省公安厅要求全省公安机关建立能够直接请求布控、堵截或请求省公安厅指挥中心协调布控、堵截的工作机制,实现对周边接警区卡口巡防力量的交叉指挥,并要

求相邻地区公安机关联手整治案件多发、治安混乱、跨界犯罪突出的接壤重点地区,及时沟通对接、联合行动。在公安部的部署推动下,全国公安机关逐步形成以东北、西北、华南、西南地区和长三角、珠三角、环渤海湾等区域经济圈为框架的区域警务合作机制。为维护我国海外利益,我国公安机关积极参与全球安全治理。中国警方于1984年9月正式加入国际刑事组织,这标志着与世界各国警方的合作交流逐步深入。之后,我国与一些国家签订了国际执法安全合作的多边或双边条约、协定,全面开展积极广泛的国际警务合作和执法安全合作。

(四)顺应现代科技发展趋势,打造智能化警务机制

当今世界科技革命方兴未艾,以大数据、人工智能、移动互联网和云计算为代表的现代科技深刻地改变了人类生产生活方式,深刻改变了现代犯罪形态,同时科技在公共安全领域的深度应用,也给现代警务机制创新注入了新的生机活力。1998年,公安部部署建设"金盾工程",提升公安机关科技信息化水平。经过"金盾工程"一期、二期的陆续开展,极大地提高了公安机关指挥、行动、作战能力。特别是警务大数据的建设发展,为建设智慧警务奠定了坚实的物质基础和实践基础。以智慧城市建设发展为契机,公安部在全国公安机关部署"智慧公安"建设,公安改革开始以智能化发展为目标,各地公安机关将大数据、人工智能、云存储、云计算、物联网等科技工具与警务工作有效衔接,大数据中心、警务云、警务APP、警务Mall、无人警局等智慧新载体不断涌现,人像识别、WIFI嗅探、PGIS地图、移动终端等警务新技术不断成熟,智能化警务机制成为当代警务发展的新趋势。

(五)按照依法治国要求,打造法治化警务机制

法治是规则之治。随着国家法治进程的不断加快,立法、司法的不断完善,对公安机关职业素养和执法能力提出更高要求。同时,公安机关的外部执法环境不容乐观,相关立法滞后,公安民警在执法中经常遭受不法分子的谩骂、诬陷、围攻甚至暴力袭击,一些群众对执法行为、执法动作、执法结果不认同、不理解,甚至投诉、起诉。在建设法治中国的进程中,公安部高度重视公安机关执法规范化建设,相继制定下发《关于大力加强公安机关执法规范化建设的指导意见》《公安机关执法规范化建设阶段目标和成效标准》《公安机关执法细则》等执法规范,加强执法管理、落实执法责任,着力提升公安机关执法规范化建设水平。2013年11月,全国公安

机关执法规范化工作会议提出:"必须牢牢把握好建设法治中国对公安工作提出的新要求,积极适应广大人民群众对社会公平正义的新期待,奋力实现法治公安目标,为建设法治中国、实现公平正义作出新的贡献",首次提出实现"法治公安"目标。中共中央在全面深化公安改革总体方案中,提出要完善执法权力运行机制,即从完善执法办案制度、执法司法衔接机制、执法责任制、人权保障制度等方面,规范执法权力运行、促进社会公平正义;探索实行受案立案分离和立案归口管理制度。健全行政裁量基准制度,细化量化裁量标准。深化执法公开,落实执法告知制度;围绕推进以审判为中心的诉讼制度改革,完善适应证据裁判规则要求的证据收集工作机制,完善严格实行非法证据排除规则和严禁刑讯逼供、体罚虐待违法犯罪嫌疑人的工作机制,建立健全讯问犯罪嫌疑人录音录像制度和对违法犯罪嫌疑人辩解、申诉、控告认真审查、及时处理机制,完善侦查阶段听取辩护律师意见的工作制度,等等。2016 年 9 月,中共中央办公厅及国务院办公厅联合印发《关于深化公安执法规范化建设的意见》,提出以执法规范化建设为载体全面建设法治公安,标志着公安执法规范化和法治公安建设进入新阶段。

三、安全稳定形势对创新现代警务机制提出新要求

我国经过 40 多年改革开放和快速发展,在经济社会等各个领域取得巨大成就的同时,也积累了大量矛盾风险。随着国际局势发生深刻变化,我国经济发展进入新常态,社会结构转型发展和全面深化改革力度加大,社会利益格局不断调整分化,我国经济社会发展的阶段性特征给公安机关维护社会治安和安全稳定提出新要求、带来新挑战。在当前和今后一段时期,我国仍将处于一个风险集中凸显期和案事件易发多发期,安全稳定领域存在的一些问题需要高度警惕和重视。

一是影响社会稳定风险大量存在。当今世界正处于百年未有之大变局,全球战略格局正在深度调整重塑,西方敌对势力综合运作多种手段对我打压遏制,防范化解外部重大风险任务异常艰巨繁重。受国际国内多种复杂因素的影响,我国已进入风险社会,各种不安全、不稳定、不确定因素大量存在,境内外敌对势力相互勾联串联,企图颠覆我政权、改变我体制;在社会转型中,因企业倒闭、劳资矛盾、征地拆迁、环境污染、非法集资以及涉农、事改企等历史遗留问题引发的矛盾纠纷大量出现,一旦这些矛盾形成共振,则会对社会安全稳定局面产生重大影响。社会治安问题除了普遍存在人、地、物、事等治安要素漏管失控问题外,还受到地理区位、环

境交通以及经济发展、人口流动、社会治理等多重因素影响。多重因素的影响、多种环境的交织,决定了社会治安问题的复杂性、长期性和艰巨性。在传统治安领域外,金融、反恐以及寄递、网购等新业态中各种潜在的危险源也大量存在,呈现出自然与人为因素相互联系、传统与非传统安全因素相互影响、系统与非系统性风险相互转化等态势,导致预警防控工作难度空前加大。

二是违法犯罪总量居高不下。当前,我国仍处于刑事犯罪高发期。随着网络通信技术的广泛应用,传统犯罪加速向网上发展蔓延,带有网络特点的犯罪已成为犯罪主要形态。一些犯罪分子利用网络实施犯罪,犯罪的动态化、智能化、组织化、非接触性特点日益突出,违法犯罪空间扩大、链条拉长、机动性增强,防范打击难度加大。同时,严重暴力犯罪案件仍时有发生,制售假冒伪劣食品药品、污染环境等犯罪比较突出,各种多发性侵财犯罪居高不下。行政区划交界地区、偏远农村、城乡结合部、"城中村"、校园周边等社会治安重点区域发案数量不断增多。

三是公共安全监管面临压力。随着经济社会的快速发展,城市高层建筑、地下空间大量增多,城市公共基础设施快速发展,高速公路、高铁、地铁等通车里程以及机动车辆快速增加,人流、物流、资金流加快流动,特别是"互联网+"等新技术的广泛应用,催生了虚拟社交、网购、快递、网络租车、无人机、3D打印等新行业、新事物,在推动经济社会发展的同时,也给社会带来诸多不稳定、不确定因素,导致社会管理出现许多薄弱环节和空白区域,加剧了公共安全风险,加大了公共安全监管压力。目前,我国仍处于交通、消防、安全生产事故高发期,上海"12.31"拥挤踩踏事故、天津港"8.12"火灾爆炸案等重特大安全事故接连发生,造成了重大人员伤亡、财产损失和社会影响。

四是治安要素存在漏管失控现象。通过对各类案事件反思倒查,可发现一些地方实有人口管理薄弱,流动人口底数不清、情况不明,刑释人员、易肇事肇祸精神病人、涉恐重点人等特殊人群管控不力。在城市特殊区域、部位和行业,比如"城中村"、中小旅馆、出租房屋等重点部位和洗浴、娱乐、网吧等重点场所以及物流、快递、旧货交易、网购等特殊行业,在管理上还存在失管失查现象,极易诱发和滋生违法犯罪。

四、公安工作短板弱项需要警务机制创新

社会中大量风险隐患的存在及有影响的案事件频繁发生,暴露出公安工作还

存在一些短板弱项,这也表明警务运行机制还存在一些问题不足,需要创新完善。

(一) 基础工作存在薄弱环节

各类社会信息和警务信息分散在不同系统,部门警种之间信息分割,没有实现有效整合,大数据效应不明显,无法为信息化条件下社会治安防控体系提供有效支撑。情报搜集和侦察调查"爬不高、钻不深",情报资源整合共享、分析研判不够到位,情报信息对打防管控工作主导力度不够。社会面巡防流于形式,一些地方巡防警力、治安卡口、安全检查站出工不出力,工作积极性不高,存在"稻草人"现象,街面路面见警率、管事率、抓获率较低。治安要素漏管失控,通过对各类案事件反思倒查,可发现一些地方实有人口管理薄弱,流动人口底数不清,情况不明,刑释人员、易肇事肇祸精神病人、涉恐重点人等特殊人群管控不力。一些"城中村"、中小旅馆、出租房屋等重点部位和洗浴、娱乐、网吧等重点场所失管失查现象严重,物流、快递、旧货交易、网购等行业管理存在盲区,各类治安要素漏管失控现象严重,极易诱发和滋生违法犯罪。

(二) 实战能力有待提升

实战指挥机制不完善,昆明"3.01"等暴恐案件处置中暴露出铁路、地方公安机关指挥系统不对接、联合指挥机制不畅、错失处置时机等问题。应急处突力量薄弱、缺乏实战经验,突发事件处置预案、现场指挥等与实战要求还不相适应,上海外滩拥挤踩踏事件充分反映出"前期准备不充分、研判预警不及时、应对处置不妥当"等问题。面对面广量大的侵财类案件,特别是网络通信诈骗案件、非法集资案件等新型犯罪方式,公安机关打击防范的手段、办法还不多,面临破案率、追赃挽损率、受害群众满意率"三低"等系列难题,通过打击遏制和减少发案的效果不明显。网络安全管理跟不上互联网发展,网上网下打防管控的各个环节衔接还不够紧密,突发事件联动响应机制还不够灵敏、涉网案件合成侦查水平还不够高,不适应网络和网民快速发展的形势所需。

(三) 治安防控社会化程度不高

公安机关单打独斗局面没有太大改观,"党委领导、政府主导、社会协同、公众参与、法治保障"的社会治理体制还需要进一步加强。一些地方党委、政府对社会治安防控体系建设重视不够,防控体系滞后于城乡发展,存在经费保障乏力、防控力量不足、视频监控和技防设施覆盖面不广、完好率和利用率不高等问题,难以适应新形势下社会治安需要。一些部门单位、社会组织和个人缺乏参与治安防控的责任意识,在治安防控上没有投入足够的人力、物力和财力,社会参与度不高,群防群治流于形式;一些职能部门不能找准自身在治安防控体系建设中的位置,地区分割、部门壁垒问题比较突出,缺乏有效协调和配合。

五、以治理能力现代化为目标创新现代警务机制

国家治理体系和治理能力现代化是党的十八届三中全会提出的关于全面深化改革的总目标。党的十九届四中全会提出,坚持和完善中国特色社会主义制度、推进国家治理体系和治理能力现代化。我国公安机关是人民民主专政的重要工具和巩固国家政权的重要力量,是武装性质的国家治安行政力量和刑事司法力量,是国家治理体系和治理结构的重要组成部分。推动警务机制创新,提升公安机关维护国家安全和社会稳定的能力水平,是推进国家治理能力现代化的重要一环。

2019年5月,习近平总书记在全国公安工作会议上的讲话中指出,"要坚持打防结合、整体防控,专群结合、群防群治,把'枫桥经验'坚持好、发展好,把党的群众路线坚持好、贯彻好,充分发动群众、组织群众、依靠群众,推进基层社会治理创新,努力建设更高水平的平安中国。"为此,如何创新完善警务机制,推进社会治安治理体系和治理能力现代化,是当前全面深化公安改革的重要使命和任务。

习近平总书记深刻指出,"治理和管理一字之差,体现的是系统治理、依法治理、源头治理、综合施策。"针对当前公安机关承担的职能过多、过泛、过重的现状,要按照系统治理的要求,在党委、政府的领导下,推动落实各部门共同参与社会治安治理的责任义务,努力形成齐抓共管、共建共享的良好局面。要按照依法治理的要求,运用法治思维和法治方式做好社会治安工作,将人、地、物、事、组织等社会治安要素,纳入法治轨道,不断提升社会治安治理法治化水平。要按照综合治理的要求,加强各部门之间联动协作,推进信息互通、工作对接、责任落实,积极培育群防群治主体力量,组织动员基层自治组织、社会组织、志愿者和公民深入参与社会治安治理工作,强化保安辅警队伍训练管理,积极增强社会治安治理的系统性、整体性、协同性。要按照源头治理的要求,积极探索完善风险排查、研判、预警、防范、化解和处置等机制建设,加强风险研判和评估预警,强化源头防范和应对处置,努力

做到不让小风险演化为大风险,不让个别风险演化为综合风险,不让局部风险演化为区域性或系统性风险,不让经济风险演化为社会政治风险,从社会源头强化对各类矛盾纠纷、风险源、风险点的排查化解,力争把各种风险消解在萌芽状态、化解在源头。坚持风险全面治理和重点治理相结合,建立健全重大安保和敏感期涉稳风险研判机制制度,形成事前预警研判、事中风险研判、事后追踪研判的一整套工作链条,减少存量风险,控制增量风险。

现代警务机制创新要与社会治安治理机制有机衔接,形成整体合力、高效运行:一是针对公安机关内部存在的部门、警种间和地区间协同效能低下、资源力量分散、职能交叉重叠、职责边界不清、打防管控相互脱节等问题,进一步强化公安机关内部各部门、各警种和各种资源、手段之间的统筹整合,按照精确化、科学化、标准化、常态化、集约化的执行标准,更加注重资源整合、优势互补、互联互通,构建打防管控协同联动、无缝对接、高效一体的体系化配套运行机制,把各种孤立、零散、重叠的力量、资源、手段、措施高度融合,形成推动社会治安防控体系高效运行的完整链条,实现一点触网、全网响应,形成相互依托、互为支撑的防控共同体。二是公安机关要将工作重心从打击向防范、控制扩展,推动打击犯罪与治安防范的有机结合。基于公安机关在社会管理链条中处于末端位置,要推动末端管理与源头治理的有机结合,实施主动警务战略,将职能和活动范围向社会治理前端延伸,运用"互联网+"理念对社会治安防控体系进行改造升级,促进体制机制创新,实现与其他行政管理部门在人员、资源、信息等方面的有机衔接,形成畅通的常态协同联动机制,及时开展风险研判预警,共同做好矛盾风险排查化解工作。要借助综治各部门力量,推动建立科学合理的治安防控协同机制,深化"大联动、大联勤"模式,积极争取地方政府、职能部门、社会组织、企事业单位等社会各方力量的支持,健全政府相关部门人口信息交换共享机制,创新和丰富专群结合、群防群治工作方法,构建以社区为基础的社会治安综合治理参与机制,实现由单向管理向协同治理转变。三是推动警务运行机制与司法运行机制的有机衔接。公安机关主要活动,从本质上讲是执法,既包括行政执法也包括刑事执法。为更准确有效地执行法律,中央在深化司法体制改革中提出要"健全公安机关、检察机关、审判机关、司法行政机关各司其职,侦查权、检察权、审判权、执行权相互配合、相互制约的体制机制"。公安机关要按照规范执法的内在要求,进一步健全完善执法权力运行机制,完善公安执法的内部管理监督体系,另一方面要完善与检法之间的衔接配合以及监督制约机制,按照"推进以审判为中心的诉讼制度改革""完善对限制人身自由司法措施和侦查手段的司法监督"要求,自觉接受检察权、审判权监督、制约,转变原有"由人到案""由供到证"的侦查模式,尊重和保障人权,强化程序意识和证据意识,注重证据收集固定,以程序公正促进实体公正。充分运用法律授权,对检察机关作出的通知立案、通知撤销案件、不批准逮捕、不起诉等决定,依法提出复议、复核,发挥制约功能,共同推动刑事司法公正、维护社会公平正义。四是积极推动社会共治,充分发挥人民群众在平安建设和治安治理中的主体作用,打造社会治安治理共同体。要进一步增强群众防范意识,整合社会防控资源,发展壮大"红袖标"、治安志愿者、平安义工等群防群治力量,组织动员企事业单位、社会组织、人民群众参与社会治安治理,努力实现政府治理和社会自治的良性互动。要创新社会动员组织形式,以"互联网＋公安"平台为依托,大力推进智慧警务创新,更好地动员组织企事业单位、社会组织、人民群众参与社会治安防控体系建设,大力发展见义勇为事业,注重发挥保安、消防、技防、交通安全等协会的组织动员功能,壮大社会治安防控自组织,努力实现社会公共安全事务公共治理。广泛开展平安文化建设,加强全民公共安全和风险意识宣传,培育公众参与文化和精神,引导社会成员增强风险意识,确立共同防控风险的理念,激发社会自治、自主、能动力量,努力形成政府和社会共同防范、化解风险隐患的合力。要构建新型警察公共关系,发挥公安新闻中心的职能作用,扎实做好涉警舆情引导、公安新闻发布、安全防范宣传和警媒、警民沟通等工作,主动听取公众的意见和建议,增进人民群众对平安建设和公安工作的理解、信任、支持。要创新社区警务机制。社区是社会治理的基本单元,在当前社区自治组织仍然较弱的情况下,社区警务在推动社区治安共治中要发挥重要的指导和组织作用,提升社区治安治理的能力水平。

六、按照实战化要求创新现代警务机制

提升公安机关治理能力和实战水平,需要按照实战化要求和标准,以指挥情报、侦查实战、执法办案、治安防控等为关键环节,通过整合情报、指挥、各种警力等警务资源要素,创新数据支撑、情报引领、实战指挥、打击犯罪、源头管控等相互衔接、一体运行的实战化现代警务运行机制,从而实现警务资源的整合、警务流程的优化,能够更加敏锐、精准、快速地对社会治安环境进行感知、作出反应,从而实现对社会治安的高效管控,对违法犯罪的高效打击,对应急事件的高效处置。在信息化、智能化时代,提升公安机关实战能力,要注重提高现代科技应用能力。现代信

息技术具有数字化、可视化、全程留痕等特点,可以对人流、物流、资金流进行全程追踪,为提升公安机关实战能力提供了有效手段。为此,要在公安工作领域积极运用大数据、物联网、云计算等信息技术,实现海量数据的整合、挖掘,开展预警、防范、打击与管理。同时,在坚持以科技信息化为支持的基础上,要探索创新警务实战运行机制,切实提升警务实战化水平。

一是建立情报研判预警机制。要强化源头信息采集,加强基层所队基础源头信息搜集报送和专业警种情报侦察工作,努力获取深层次、内幕性、行动性情报。要推动大数据汇集应用,整合警种部门、社会单位情报信息资源,利用云计算技术强化人、事、物的时空关联,为防控实战提供有力支撑。要开展情报综合研判,坚持动态情况每日研判和重大敏感问题即时研判制度,提高情报信息的针对性、时效性、准确性。要加强情报队伍建设,培养一大批情报专家、行家和能手。

二是建立实战指挥机制。坚持情报指挥行动一体化运作,把警情舆情敌情社情监测分析、情报研判预警与实战指挥调度紧密结合起来,及时确定社会面治安防控等级、下达预警防范和人员管控指令。要优化突发事件现场指挥处置,分类修订完善贴近实战、精练简明、管用有效的突发事件处置预案,加强应急处突力量建设和训练演练,推行应急处突力量合成演练,提升决策指挥水平和现场控制能力。

三是建立打击犯罪新机制。要将侦破大要案件的机制、方法、手段,更多运用于侦破侵财等涉及民生犯罪案件,落实侦查工作责任,合理划分专业侦查部门与派出所的办案职责、范围和边界,强化侦查部门的实战功能,明确派出所侦办辖区一般侵财案件的责任。要加强刑侦基础工作,推进侵财案件"现场必勘"。要完善合成侦查机制,加快发展刑事技术,深度整合应用侦查手段和信息资源,健全人案关联、串并侦查模式,提升侵财犯罪案件破案率。要健全公安机关与有关行政执法部门联动工作机制,加大对制售伪劣食品药品、污染环境、侵犯知识产权等犯罪的查处打击力度,更好地维护经济安全和人民群众生命健康安全。

四是建立社会面动态防控机制。要深化社会面巡防机制改革,重组巡防管理体制,完善巡防勤务机制,着力提升见警率、管事率和控制力。要建立公安机关与政府有关部门的信息交换共享、网上协同管理机制,切实做到底数清、情况明、管得住、控得严。要扎实开展平安社区、平安单位、平安场所行业建设,推进信息系统建设应用和日常检查,夯实社会面管控基础。

五是健全网上网下一体化的打防管控机制。要完善网上信息舆情巡查处置机制,健全24小时互联网巡查监控模式,实现网上巡查、研判处置、落地查控、舆情引导等环节的紧密联动,建强用好网评员队伍。要完善网上违法犯罪打击防范机制,加强对网上违法犯罪线索的情报侦查,依法严厉打击突出网络违法犯罪,主动开展网络违法犯罪预警防范宣传。要完善网络安全管理技术体系,落实重要计算机信息系统安全等级保护制度,提高网络安全管理能力。

六是建立社会动员机制。要培育群防群治主体力量,强化保安辅警队伍训练管理,做大做强治安志愿者、"红袖标"等群防群治队伍。要创新社会动员组织形式,大力发展见义勇为事业,注重发挥保安、消防、技防、交通安全等协会的组织动员功能,广泛开展平安文化建设。要构建新型警察公共关系,组建公安新闻中心,扎实做好涉警舆情引导、公安新闻发布、安全防范宣传和警媒、警民沟通等工作,增进人民群众对平安建设和公安工作的理解、信任、支持。

第六章　媒介警务：媒介变革与现代警务发展

在现代警务的视阈中，提出媒介警务，可以理解为是对媒介变革与警务发展互动关系的历时考量，也是对当下"公共安全高度媒介化"命题的回应。学理层面，媒介警务研究聚焦于信息传播与警务活动的交叉地带，综合运用公安学、传播学、公共管理、心理学等多学科理论，意在认识、思辨、运用和影响媒介传播，建立适应、服务现代警务的话语系统和解释系统，丰富和完善现代警务理论。实践层面，在推进国家治理体系和治理能力现代化背景下，基于相关研究，有助于进一步识别媒介安全风险，重塑警察媒介形象，提升警察媒介素养，为现代警务改革与发展营造良好的媒介环境，指导现代警务的规范演进和质态提升。

一、历时考量：从宣传警务、公关警务到媒介警务[①]

媒介在本质上是信息的采集、制作和传播的工具或平台，通过媒介及其信息传播，公众能够全面、准确地了解到外部世界的全貌。警察这支专业行政力量的基本功能就是维护政治安全、维护社会秩序和保护公众合法权益，警察的生存空间在于其在社会公共安全领域中的作用与工具功能。尽管媒介研究人类社会的信息交流，警务研究聚焦于社会公共安全秩序，两者分属于不同的学科与论域，但纵观新中国成立以来的警务发展与媒介变革，两者的互动已造成很多值得关注的问题，经

---

① 该部分内容主要根据《从宣传警务、公关警务到媒介警务——警察传播研究的历史素描与时代命题》一文修改而来（见《净月学刊》，2014年第5期）。

历了从"宣传警务""公关警务"到"媒介警务"的沿革。

(一) 宣传警务:匹配集体性社会安全需求的单向灌输

计划经济的时代,我国尚处于十分典型的总体性社会,更注重集体性社会安全,即国家不遭受外界打击、维持国家的正常运转、社会系统呈现出一种秩序井然的状态就等同于安全。作为唯一拥有治安行政和刑事司法职权的具备武装性质的政府专门行政力量,警察亦被视为一种从上至下的维护社会秩序与制约冲突变异的强有力手段,以对敌人专政与对人民民主为基本职能;鲜明的军事性、武装性、阶级性是警察组织的基本特征。

具体到警察传播,无论是警情传播抑或舆论引导,都基本遵循金字塔型传播思路,利用大众传播媒介以及自己的传播网络,向公众提供有关警务决策、行为、绩效的正向信息,展现警方在专业领域的积极作为和丰富成果,树立公众对警察形象的正面态度。这样,警察传播实质成为党和政府宣传工作一个有机组成部分,是公安机关为了完成公安工作任务,利用各种宣传媒介,以及其他活动形式对公安民警和人民群众进行的有关公安工作的说明、讲解和教育活动,亦称宣传警务。在学理层面,多以纸媒为主要呈现形态,依靠传播学、新闻学、文学等学科支撑,介绍公安宣传写作的性质、特点与基本要求,以及公安宣传写作的策划、采访与媒体;或从写作的角度讲解公安宣传写作中常用的消息、通讯和案例三大新闻文体,理论文章、评论和学术论文三大议论文体以及电视专题片稿本、文艺类文体。

(二) 公关警务:适应过渡型社会形态的有限互动思路

新中国成立后的警务观首次整体质疑源自对传统社会向现代社会转变,计划经济向市场经济转轨,常态社会向风险社会转移进程中出现的各类社会问题。这样,公众安全感的视野已远远超越发案率和破案率,安宁、有序的生活状态,心理安全、社区冲突等影响稳定与秩序的"大安全"问题,特别是利益主体和利益诉求日趋多元导致社会矛盾日益复杂等难题也逐步纳入公共安全建设的范畴。警察实质扮演了救助服务、执行法律、维护秩序等多重角色,仅凭警察机构内部的有效运作和一元化的警务体系已难以维系,继而倡导在寻求警务活动的规范与高效外,通过警务社会化,重新整合公共安全要素,构建一个专业警务与公众参与、社会化和市场化相结合的社会管理体系,并建立一整套从预警、处理、反馈评估、指挥协调到国际合作等要件的应急管理体系来维护社会公共安全,保持社会持续、稳定、协调发展。

另一方面,中国传媒业先后经历了三次大的变革,伴随信息产业概念的引进、电子传播技术的进步,大众传媒组件突破了以往把新闻业局限于上层建筑范畴的认识,摆脱了早期单纯的政治依附,逐步形成了自己独特的运行逻辑——传媒业既属于上层建筑领域,同时也属于第三产业即信息产业的双重属性。媒介市场化浪潮从此蓬勃而起,改革重点不再放在媒介的功能以及媒介的传播内容上,拘泥于媒介内部如采写编评等新闻业务以及内部管理等,而是转移到媒介的外围即经营管理上,向媒介与信息、媒介与市场、媒介与受众的关系方面转移,报纸开始了大众化之路,电视将新闻与娱乐并重,媒介集团纷纷组建。传媒组织在市场经济中身份的明晰,市场对资源的支配力量逐渐显现;传媒产业正在政府规制和市场导向的双向互动和博弈中逐渐成长。

警务部门意识到掌握了媒体就意味着掌握了众多的社会资源,仍处于"占中心"位置,但积极关注公众的反应并及时调整自己的传播活动,将媒介传播视作警方与其他社会公众沟通联系的桥梁。把警方的主张和老百姓对于信息的需求和公众知情权统一起来,更善于运用多元化的渠道和技巧;避免直接的说教和过度宣传的负面效果,更为关心信息和观念直达人心的程度和效果,用更为柔和的多元化的话语体系来表达一元化的观点;重视信息的公开和及时,主张不论是正面的还是负面的,都应该从满足知情权出发及时加以报道,通过新闻议程来引导舆论。具体的实践包括通过策划新闻发布会、警营开放活动、新闻事件和建立危机应对机制,巧妙运用传播技巧,警方声音在前,引领记者舆论,使媒体自觉自愿地围绕警方所发布的新闻事件和议题来进行报道和追踪。警察传播活动已演变成为由警方信源主导、媒体报道支撑、受众舆论参与的共同作用过程,大众传媒起着协调、监测、凝聚和形象塑造等功能,实质成为服务于社会公共安全管理总体目标的重要媒介手段,丰富了警察公共关系理论体系,亦可解读为公关警务。公关警务依然遵循"发布—沟通—反馈"的逻辑,实质还是一种有限度的开放模式,即传播的主动权依然在传播者手中,公众是警察"公关"劝服的对象,真正意义上的交互式交流还没有出现。

(三) 媒介警务:应对公共安全高度媒介化的治理逻辑

　　信息全球化正引领世界进入数字化传播新阶段,把警务工作放在以网络传媒为代表的新兴技术力量嵌入并塑造的社会形态中分析,就会清晰地发现媒介传播对现代警务的影响力已远远超过历史上任何时期,无论是在影响的深度、广度还是在影响的形式和频度上都是如此。首先,当代人无不被包裹在各类媒介所提供的海量信息中,媒介成为公众能切身感知到的社会秩序实际状况的关键性源泉。其次,网络诽谤、欺诈、恐吓、骚扰、语言暴力等恶意传播,会扰乱他人的正常生活,造成对个体的媒介伤害。第三,越来越多影响社会公共安全的重大事件往往不再是通过严密的实体组织去领导,而是利用新兴媒介等沟通信息、串联示威,寻求更广阔范围的持续关注和支持,导致越来越多的现实矛盾和危机通过媒介传播扩散、放大和异化。第四,越来越多犯罪活动的策划和实施都对各类媒介产生严重依赖,实质上也都处于"媒介化生存"的状态,公共安全已高度媒介化。如果说现代警务观第一次革新关注从传统社会转型到现代社会、从常态社会步入风险社会引发的社会冲突与秩序重建,那么现代警务观的第二次革新则源自回应媒介化社会背景下的公共安全高度媒介化问题。

　　公共安全高度媒介化首先是媒介环境变革的结构。在技术层面,网络信息传播先后经历了以 Web 网站为核心的"大众门户"、以搜索引擎为基础的"定向索取"、以社会关系为传播渠道的"个人门户"等发展阶段。移动互联网更是重新定义了信息传播时空观,并在大数据、物联网、云计算等技术支撑下而获得高速发展。在产业层面,平台媒体(基础设施)、机构媒体、自媒体相互作用实现了报刊、广播、电视等不同媒体形态的并存和互补,开创了人际传播、组织传播和大众传播互动并存的局面,促成了媒介大融合。多平台传播已成为潮流,互联网成为传播的主要渠道和平台,自媒体成为最大亮点,传统媒体在专业性方面有绝对优势,形成了全新的传播格局。值得注意的是,当下媒介变革的表征是传播技术或媒体形态的更替,但本质是媒介化进程的社会影响力,不仅渗透或直接介入社会文化和价值观的构成之中,对社会上层建筑的结构和形态的影响也日益深入。现代社会已是受媒介传播影响、包围甚至支配的媒介化社会。

　　与此同时,越来越多的警务部门开始直面媒介环境的变化,并尝试通过媒介来感知与治理警事,媒介传播已承载着警务公开、警情发布、治安资源整合协同、舆论控制阵地、社会治安综合治理联动点、警察公关新模式等新功能。对警察传播的解读不应再拘泥于以警察(警务部门)为主体的单向传播行为(宣传)或有限互动活动(公关)。总之,当下之中国,媒介化社会与风险社会、转型社会并存,彻底颠覆了基于现行社会关系的社会稳定观,成为现代警务发展的整体社会背景,警务变革的方式和理念将更加依赖媒介呈现、传播甚至放大。治理理论的启迪意义在于通过国家和市民社会的相互"型塑"可以达致对社会公共事务管理"善治"(good governance)的预期目标。在警务治理视域中,媒介传播已从宣传工具、公关策略上升到战略资源地位,亦可解读为媒介警务。媒介警务意在倡导警务治理媒介化,如果政治是头脑,经济是肌体,科技是血液,媒介就是感官系统。万事感为先,在某种情况下,警方对待媒介的态度也就是对待公共安全的态度,公安机关的所有作为都将在是否善于应用媒介传播的问题上受到检验,这是治理水平和理念的具体表现。

二、研究架构:理论指向与政策含义[①]

现代意义上的公共安全已是叠加在"媒介化社会"基础上,或由媒介传播行为呈现出来的,是典型的"呈现性公共安全""媒介化公共安全"。提出媒介警务正是基于公众无法脱离媒介来感知公共安全和社会秩序的判断,媒介传播不仅仅是与现实环境并存的拷贝或象征,也是能通过改变公众的认知途径、体验方式、思维模式、表意手段等实质影响警务发展进程的能动力量,是建构甚至改变公共安全现实的重要方式。

(一) 分析框架

1. 核心要义

尽管公共安全已经高度媒介化,但媒介既不是朋友,也不是敌人,它仅仅是第三方,有自己独立的价值和运作规律。单靠"严控"已不合时宜,拘泥于技术手段和舆论工具也非长远之策。媒介警务的核心要义是以媒介化进程下的现代警务规范演进为立足点,通过顶层设计和战略规划,将媒介化社会作为与转型社会、风险社会并存的警政变革背景,将媒介化资本作为警务部门在人力

[①] 该部分内容根据《警察传播学——公安学下新兴学科探究》一文修改而来(见《江苏警官学院学报》,2014年第1期)。

资本、社会资本之外的新型投资资本,将媒介组织作为警务部门协同创新社会管理的可参与力量,将媒介传播作为警务部门高效运作的管理要素,将媒介素养作为警察行政能力的构成要件,认识媒介、思辨媒介、利用媒介、影响媒介,建立适应现代警务发展的话语系统和解释系统,从媒介传播的物理形式,媒介内容的定义框架、选择标准、组织结构,到呈现方式和媒介语法等,思索匹配警务发展实际需求的媒介逻辑。

2. 学理基础

媒介警务研究首先是公安学和传播学的应用研究,主要属于政府传播学和政府新闻学范畴内,汲取经典的传播学理论,阐释当下以公安新闻宣传为主的公安传播实践。但尊重科学不等于拘泥于或受制于学科,新兴媒介的舆论场功能、媒介化风险、媒介化资本、媒介应用规范化、媒介形象、媒介素养等都已超出了单一学科或理论的解释范畴。媒介警务旨在通过总结"扩展了的媒介生态体系"与警务发展诸领域互动中积累的若干经验和教训,整合管理学、社会学、政治学、公共关系学、心理学、信息安全等多学科成果,遵循"术""理""学"的研究逻辑,特别关注媒介警务作为一种独立的警务活动概念对整个警务发展改革和警务结构演变的巨大影响,构建包含理念、主题、原理、机制到方法和技术的体系,建立适应现代警务发展的话语系统和解释系统。实质是在培育、催生具有鲜明行业特色和发展潜力的新兴学科与交叉学科。

3. 主要议题

媒介变革丰富了现代警务发展的内涵(见图6-1)。一是媒介直接影响公共安全现实的维度。媒介技术的进步和媒介形态的变迁,带来社会管控新难题,甚至引发新形式的犯罪,也可为警务部门创新社会管理、提升警务效能提供支持。二是拟态环境中的公共安全维度。实质是科学评估和运用媒介的舆论力量,识别与应对媒介化风险,满足公众的"拟态"安全感。亦能直面媒介变革给警察形象传播带来的各种契机和挑战,最大限度地维护警察组织的信誉度和美誉度。三是媒介生态安全的维度。媒介化社会是时代的产物,其自身良性发展必然需要特定支撑条件,但中国当下媒介生态未必能提供保障,可能会引发与传统安全范畴不一致的新的安全危机。四是从组织管理与队伍建设需要出发,应树立媒介警务理念,与时俱进地增强现代警务工作者的媒介素养。

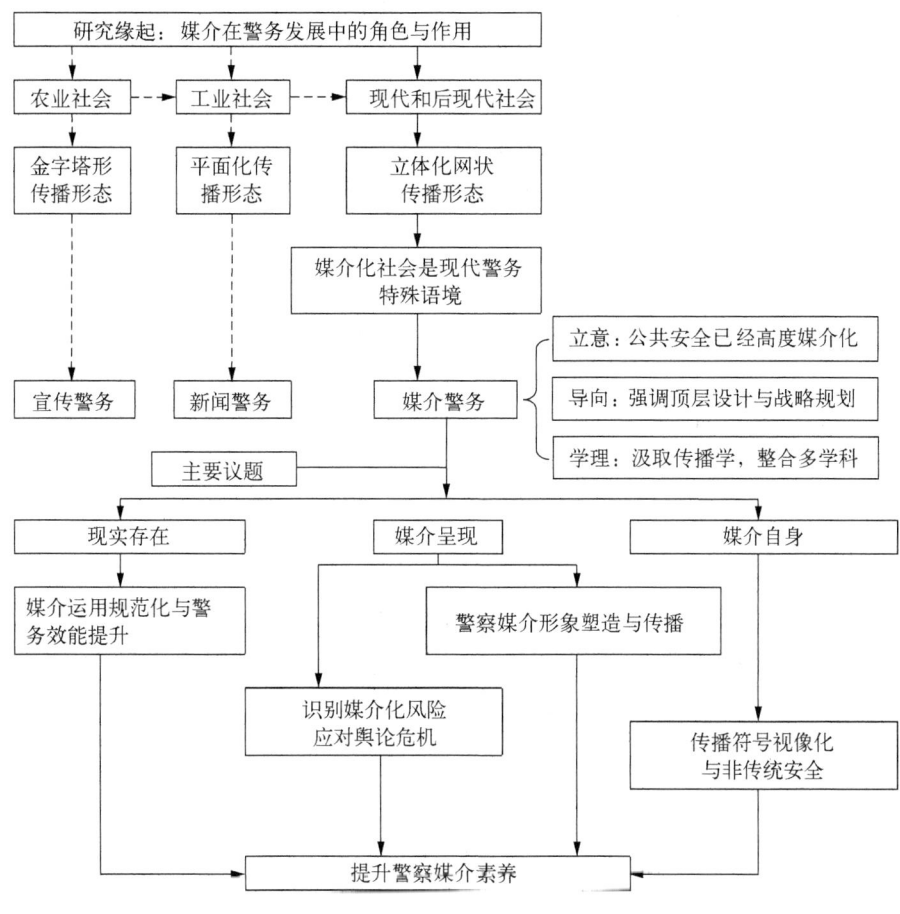

图 6-1 媒介警务分析框架

(二) 研究预期[①]

1. 实现媒介传播的有序

新兴媒介和媒介化社会巨大的社会影响,直接造就了一个"扩展了的媒介生态体系":一是传播主体的隐匿、自由与差异,从"作为组织、职业的新闻业"扩展到"作为影响力主体,使用基于信息与网络技术等传播媒介的组织及个人";二是传播渠道多元、共生、相互交错,传播方式五花八门,信息不再沿着某种单一的方向流动,

---

① 该部分内容主要根据《媒介变革及其对公共安全治理的影响》一文修改而来[见《中国人民公安大学学报》(社会科学版),2014 年第 5 期]。

而在立体的网状结构中多个方向同步流动；三是传播内容的海量、散乱、复杂、真假难辨；四是媒介角色从锦上添花到不可或缺；五是传播效果从有效影响到无所不知；六是受众地位从被动使用到主动依赖。可见，媒介化进程之所以会给公共安全带来负面影响，根本原因在于传媒变革可能带来的传播无序风险与失控危机，"一群'狼'精心培育出某种'病原体'，进而拨动'蝴蝶的翅膀'使之进行病毒式传播，而人们像马儿一样晕头转向地狂奔之后感染上了病毒，变成了一群任'狼'宰割的'羊'"。有序的媒介传播环境首先离不开规制，运用法律、规章和制度等对传播渠道、传播主体、传播内容进行规范；其次，要重视对互联网和手机等新兴媒介传播的信息进行监察、过滤和阻截；再次要培育良好的信息传播环境，增强公众的风险抵御、化解能力；最后要推广媒介素养教育，培养公众对于传播媒体及其传播信息的辨析和利用能力。

2. 搭建双向的信息沟通机制

由于媒介变革带来的社会转型，和政治、经济体制改革带来的社会转型正好交结在一起，彻底颠覆了基于现行社会关系的社会稳定观，特别是利益主体和利益诉求日趋多元导致社会矛盾日益复杂。实践已经表明，转型期仅凭政府机构内部的有效运作和一元化的管控体系已难以满足公众日益提升的安全感预期。政府在提升公共安全事务的信息公开程度，加强公信力建设同时，更应建立一套信息对称、沟通顺畅、互动协调的交流机制，积极寻找治理目标与网络民意之间的契合点，及时了解各个社会阶层和群体的合理利益诉求。从人际传播、大众传播、分众传播到互动传播，从一对多演变为一对一、一对多、多对多、多对一，参与性的交换式传播新范式已经出现。这种新范式将传播变为交流，传播回归本真，政府可搭建双向的信息沟通机制，确保意见得以表达，利益有所平衡，矛盾有所化解。

3. 调动公众积极参与

草根媒体、私媒体、独立媒体、参与式媒体、社会化媒体、公民媒体等自媒体的普及使得传统意义上的"受众"从未像今天这般拥有巨大的传播话语权，人人都可以当记者，发布信息；人人都可以当评论员，对信息评头论足；人人都可以办"报纸"、设"广播电视台"。表达主体多元化、表达诉求多样化、表达渠道复杂化、表达秩序无序化，也客观上增强了公众参与的自由度。因此，媒介化社会在当下中国的独特表现就是网民是对民生、公民权利、公共安全问题最敏感、最敢言，也最擅长说话的人群。当公开透明逐渐成为执政共识，而知情、参与、表达和监督是公民的基本权利，政府的媒介意识也必然要提升。立足于维护社会稳定，在避免出现"参与爆炸"前提下,政府可充分发挥新兴媒介监督全天候、隐蔽性强、兼容性好等优势,在法律允许范围内保证公众的知情权,实现公众的表达权与监督权,推动职能部门向执法规范、运转协调、公开透明、廉洁高效的方向发展。

4. 有效塑造媒介形象

因为媒介的存在,形象与内在变得同等重要。特别是在当今这个政务日渐公开和透明的时代,形象作为一个可信度强弱或公信力高低的标志,对政府赢得公众支持,履行政府职能,实现战略等发挥着极其重要的作用。当下政府仍习惯于平面文化形态下"占中心"的传播思维,认为只要占领中心地带,声音就能传播得最远,具有最广泛的影响力。媒介化社会语境中,传播具有图像化、情感化、游戏化、欲望化、数字化、模糊化、去中心、去权威等新特征。政府在公共安全治理过程中应辨识这些新变化带来的各种契机和挑战,丰富传播内容及形式,创新形象塑造模式与传播策略,重视整合营销、舞台效果、感官享受与消费诉求;综合运用媒介的新闻资源、广告资源、评论资源以及无形资源;坚持可持续传播的理念,分众传播、适销对路、复合扩散、强化传播效果;彰显"草根"力量,有计划地与公众进行信息双向交流和情感沟通,建立真诚面对公众的媒介形象,以期取得公众的肯定态度,使传播的实质被更多公众记住,最大限度地维护政府的信誉度和美誉度。

(三) 政策启示

有序、双向、参与、形象,既是对公共安全治理媒介化积极意义的高度概括,也表达了政府通过变革媒介应对模式提升公共安全治理效能的预期。为此,在尊重媒介化进程的自身规律和正视公共安全治理的现实需要等前提下,应搭建相应的技术平台,规范媒介应对的管理策略,消解媒介变革的负面影响。

1. 厘清治理结构,明晰管控职责

媒介治理是一个复杂的系统工程,受政治、经济、文化、民主、宗教、道德等各种因素影响。围绕传播的有序,宣传部门主要在国家政策方针、热门事件宣传口径等方面加强教育,建立重大敏感新闻的内容审核制度,明确主要负责人的监管责任和连带责任,引导培养公众良好的媒介使用习惯。通信部门需严格按照"谁接入谁负责,谁开办谁负责"的要求强化登记备案管理,督促互联网服务提供商(ISP)和各级IDC加大对非法网站等网络传媒的巡查力度,加强对终端设备制造商、应用提供商和提供者的行业规制,落实 IP 和智能终端的实名登记,为案件侦破和信息核查提供资源保障。警务部门要通过整合互联网、警用专网、通讯子网等媒介资源,以源头信息采集为基础,以信息深度应用为核心;加强对信息的分析研判和预警性分析,提高监测效率;强化对从业人员的法制培训;形成"全警触网"的整体合力,始终保持对利用传播进行犯罪的高压态势。

职能部门还可通过合作机制和联动策略,定期对当前热点舆情进行分析研判,及早发现舆情苗头迹象,准确研判舆情发生、发展动态。针对热点敏感事件、重点对象活动情况,有相应的预警机制,并按照事件的性质、关注程度、有害信息量的大小,对政治稳定与社会安定影响程度大小,设置预警级别。规范传播引导过程中相应的职责和角色,避免评论员队伍的单一化、导控口径的高度统一化,提高引导的整体水平;增强媒体特别是具有专业化优势的机构媒体的传播力和公信力,促进政府、媒体、公众的良性互动;重视关系资源,积极利用微博、微信、网络社区、播客等流行的新媒介工具,丰富引导的手段,将媒介传播作为政府聚积民间正能量的重要策略。

2. 搭建功能平台,破解业务难题

"信息化是现代社会的发展趋势。媒体社会是继信息社会后的又一说法。随着信息时代的到来,人们越来越认识到媒介与信息传播活动在社会建构中的重要性。"媒介发达是信息化的必然结果,关键是如何在有效获取媒介信息基础上,对之进行批判性分析并服务于公共安全治理。

第一,信源收集平台。主要指通过媒介主动收集警情、社情和舆情的组织结构和渠道平台,既为决策提供及时、准确、有效的安全信息和参考意见,亦可根据公众反馈确定发布议题,通过补充和完善信息内容、表明立场和态度,有针对性地开展舆论引导。除了被动地对已出现或有苗头的信息监测分析外,还可主动设置问询和调查议题等路径,通过多元的话语表达体系的建构、上下对话渠道的疏通、重视特定群体利益诉求,增强预见性。

第二,信息发布平台。主要指借助媒介主动向外界公开信息的组织机构和渠道平台。目前的政府网站普遍存在推广宣传和更新维护滞后于商业网站,界面形式呆板,内容更新缓慢,在受众中的认知度不高等问题,使得政府的话语权从受众接受的开始就被削弱。因此,加大门户网站的建设和推广,研析网络传播时代公众获取信源的新特点,提升公共安全事务的信息公开程度等,这对保障信息的权威性、引导公众舆论、推动工作顺利开展,具有十分重要的意义。

第三,信息交互平台。主要指通过媒介与公众进行意见交流的组织机构和平台渠道,起着政府与公众之间的信息桥梁、意见桥梁和情感桥梁的作用。从传播功能上说,网络互动平台是信源收集与信息发布的有机结合,职能部门可通过不断完善发言人制度,鼓励更多的管理者上网或者走进直播间,政务微博、政务微信等随时在线接受网友检阅,应用新兴媒介技术搭建方便及时的互动平台,提升政府对公众安全需求的回应力。

第四,应急处置平台。主要指突发公共安全事件或其他社会危机事件中,进行积极处置、有效应对和主动引导的传播组织和平台渠道。积极借助媒体与网民的力量,有效释放沸腾的民意,对于消除公众质疑、缓解对立情绪、推进事件解决,都将起到较好效果。另外,通过建立案例样本库、制定规范的信息核实与发布程序、完善应急联动机制等,可以进一步提升处置工作的科学水平。

3. 鼓励多元探索,倡导媒介治理

一方面,法律立法层次不高,法出多门,媒介传播参与主体、利益相关方,法律对其权益的保护以及自身的法律责任不明确,一直是媒介应对的突出问题。要颁布正式的法律、法规,对媒体的传播行为进行规范,对利用媒介进行风险制造和虚假信息传播并造成恶劣社会后果的行为进行严厉惩罚,使其行为主体承担相应的法律责任,以警示他人。2013年9月29日,最高人民法院发布了《最高人民法院关于审理编造、故意传播虚假恐怖信息刑事案件适用法律若干问题的解释》,明确界定了编造、故意传播虚假恐怖信息罪的认定标准。通过制定具体的定罪、量刑标准,为依法打击此类犯罪行为提供了更加明确的司法依据,有利于统一司法标准,规范司法行为,同时保护公民、法人和其他组织合法权益,维护经济社会发展秩序,维护信息网络健康发展。此外,新一轮改革与发展进程还应强调规范涉及媒介的侦查行为,明确媒介使用者特别是服务商的义务,保护个人信息以及虚拟财产安全的法律设置,在国家层面通过立法保持国家对传播媒介的控制能力。

另一方面,面对"扩展了的媒介生态体系",再习惯性地将媒介理解为传统大众传媒,进而依赖主管部门对其严格控制和把关,对传播进行中心化管理和单一性的监控,或一味进行关停、屏蔽和回避已不合时宜,可倡导通过政策、合作和公关等形式进行引导,整合媒介传播参与主体共同完成公共安全的治理。如2013年8月1日,在北京市互联网信息办公室、首都互联网协会指导下,由6家网站共同发起的北京地区网站联合辟谣平台正式上线,旨在改善网络谣言治理现状。同年12月,腾讯网联合中国互联网协会、银监局、三大运营商,和广东省公安厅、深圳市公安局反信息诈骗咨询专线等政府组织、企业成立国内首个反信息诈骗联盟,形成"警企民"有效联动,借助全国最大的活跃电话号码库,打击日益猖獗的电话、短信诈骗。

从本质上讲,既然无法有效地对传播进行中心化管理,那就采取各种政策、机制引导相关主体参与意识,使其在参与传播的同时,参与对于媒介传播的管理。这种管理模式正是"善治"理论体现——公共部门和私人部门与公民之间形成管理和伙伴关系,以促进社会公共安全利益的最大化。

三、个案分析:移动互联网时代的媒介变革及其对网络安全防控的影响[①]

作为移动通信和互联网从技术、终端到业务全面融合的产物,近年来,中国移动互联网正进入快车道,用户规模、基础设施、智能终端、应用与数据流量等都获得了全方位发展。信息分发、聚合、交互模式的变革正引发一场影响深远的传播革命,实时、隐私、便携、可定位,实现了由"人随网走"向"网随人动"的重大转变。这些变化丰富了网络传播的内涵,更深层次上影响着信息的传播模式以及人与人的关系模式,也给网络安全防控工作带来大量新难题和众多难以预计的新挑战。

(一)多入口:网络安全防控的威胁源变化

在 PC 互联网时代,桌面浏览器的入口地位无人质疑也无可撼动。作为互联网的主要入口,浏览器牢牢把控住了用户上网的起点,通过对流量的控制在激烈的互联网竞争中赢得了主动权。但移动互联网改变传统互联网生态的内核不是把 PC 端的网页通过流量压缩的方式转换到移动终端,而在于改变用户接入互联网的方式。移动浏览器之外,通过移动终端的各种"应用",给使用者一个直接接入目标服务的端口,免去网址输入、网页浏览、选择等一系列复杂的过程,还能获得更多的信息与服务。"应用"即移动 APP(application 的简称),与传统门户网站提供的"一站购齐"式服务不同,APP 是功能相对单一的软件,只提供一种专业内容或服务。APP 界面是针对每个特定应用的功能诉求和移动终端的屏幕特性而特别开发,随时、随地、随身,让用户以舒服快捷的方式完成人机交互、人人交互,准确迎合了移动端客户利用碎片化时间上网的需求。总之,移动 APP 重新包装了传统互联网上的信息与服务,让移动互联网呈现出多入口情形,成为"挑战传统互联网运营模式

[①] 该部分主要根据《移动互联网时代的传播变革及其对网络安全防控的影响》一文整理而来(见《公安研究》,2014 年第 9 期)。

的一大杀手锏"①。APP 的专业化思路,改变了以往大而全的门户模式,削弱了过去互联网中的强权势力中心——门户网站。而移动互联网分发渠道即 APP 的提供者,移动互联网应用商城,特别是像苹果这样的服务商,虽然不是传播中心,但作为平台的提供者和监管者,可通过对 APP 的审核与把关来影响用户,另一个层面的传播中心也在形成。但当前对 APP 上架的安全审核机制尚不健全,导致在移动互联网的"源头"环节无法对恶意 APP 形成有效地遏制,造成目前第三方应用商店成为传播恶意 APP 的工具和媒介。为净化移动互联网环境,维护广大移动互联网网民利益,保证移动互联网行业的健康发展,依据有关法律,国家互联网应急中心(CNCERT)出台了《移动互联网恶意程序检测和处置机制》,直接聚焦包括智能手机在内的各类移动终端,持续监测在移动互联网中传播的恶意 APP,及时处置存在恶意 APP 的应用商店。制定《移动互联网恶意程序黑名单规范》和《移动互联网应用自律白名单规范》,指导安全厂商、运营商、应用商店等根据"名单",直接在底层对恶意软件进行屏蔽。除了依靠《公共互联网网络安全应急预案》等政策法规,还联合有关部门建设中国反网络病毒联盟,成立移动互联网工作组,维护我国移动互联网的安全。

APP 的治理困境也反映了目前政策法规中还有需要解决的重点问题。从产业发展角度分析:第一,关键技术如智能终端的芯片、操作系统等核心技术均为国外企业掌握,即源自国外的安全问题处理方式方法等;第二,大量的移动应用使用非公开的加密算法进行数据传输,对信息安全监管带来极大挑战;第三,传统的监管模式主要针对业务分类和市场准入,无法覆盖移动互联网,且相关领域的立法进度较为迟缓,监管手段主要依靠大规模专项整治行动和企业自律,无法达到维持性效果。从移动互联网用户分析:一是"数字鸿沟"在移动互联网时代进一步消弭,用户参与信息传播的门槛不断降低,谣言信息、淫秽色情信息等违法信息更容易传播。二是移动智能终端承载大量的用户私密信息,身份强关联特性有利于为用户提供实时、个性化的服务,也存在用户隐私泄露的风险。三是移动互联网安全防护能力较差,目前移动智能终端的计算、存储能力尚难以支持重量级防病毒软件的运行,被攻击、控制的可能性很大。唯有建立健全信息安全政策法规体系,加快推进安全标准体系建设,加强关键技术和核心产品研发,完善安全监管体制,方可为移动互联网产业发展提供良好环境。

---

① 王秋实:《APP,移动互联网的下一个战场》,《中国电信业》,2014 年第 2 期。

(二) 交互性:网络安全防控的基础单元更替

PC互联网已由软件时代(应用时代)过渡到了浏览器时代,以门户网站为核心,重点是满足人们的内容需求,人是内容的使用者;发展重心是媒体化,基础单元是由网页承载的内容。近年来,顺应新媒体移动化、社会化发展大势而兴的社交类应用在传播领域极为活跃,传统的信息传播方式正在被以人际关系或兴趣细分为节点、以SNS或轻博客为代表的全新信息传播体系取而代之。人际关系网络成为双向的信息传播通道,人际传播渠道成了大众传播的基础设施,整个互联网的信息传播日益以个人为中心的、以关系链条为渠道的网状传播演变,无中心化和交互性特点非常明显。可见,移动互联网的重点是满足人们的社交需求,而不仅仅拘泥于访问和获取网络资源;发展重心转向满足用户的人机、人人交互,人取代内容成为互联网的基础单元。网络时代,公众可以不经由新闻传媒而随时接受信息、披露信息和表达意见并使之在大范围内传播;而移动互联网集传播工具属性、媒体属性和社交属性于一体,开创了以用户为中心的"自媒体"信息传播模式,社会话语格局和舆论格局首次发生重大变化。

作为网络节点的用户,自主性、选择性得到提高,成为传播路径中的一个开关,直接决定信息的流动或者阻滞,影响信息的传播面;为体现个人价值,努力拓展社交网络,增加社交关系链条数量,提高关系的强度,实质处于多个社交网络和多重的"圈子"化生存,分散型个体的网络关系类型化。这种"半熟社会"[①]的出现,不仅会解构中国传统的"差序格局"的社会关系结构,改变工业化时代陌生人社会的很多社会关联方式和游戏规则,也会造成一系列的矛盾、冲突和社会不稳定因素。舆论的始发点多,草根作为舆论主体发声后的回声大,虚拟空间中的简短评论和附和性意见数量居高不下,舆论参与者相互之间更容易实现情绪感染。社会议题通过初传播引起关注后,会迅速借助人际传播、大众传播和多级传播的模式扩散,更容易像病毒一样高速、广泛、大范围传播,造成对社会各种异常问题、负面信息的片面渲染或对社会恐慌事件的大量报道,进而产生新的、更多的媒介恐慌。再传播成为信息源传播效果增强和连环效应凸显的关键环节。[②] 在中国,改革发展积累的深

[①] 研究者将这种由于兴趣爱好、价值观相同且通过网络频繁互动交流,但在现实中却完全不认识、没见过面的群体,定义为"半熟"人群,并认为一个新型的"半熟社会"正在形成当中。参见刘德寰等:《正在发生的未来:手机人的族群与趋势》,机械工业出版社,2012年版。
[②] 史波:《移动互联网环境下公共危机信息传播行为的影响因素研究》,《情报杂志》,2013年第6期。

层社会问题以及移动互联网等新兴技术的快速普及应用,已是无法逆转的趋势和国情背景,暗含着社会风险。越来越多的公共安全危机事件往往不再是通过严密的实体组织去领导,而是利用自媒体实时性、易操作、易携带、互动性强等特点沟通、串联、示威,寻求更广阔范围的持续关注和支持。这种非制度性的"媒介化抗争"可能导致政府权威流失,其成功个案还会触发民众的效仿,进而形成一种反向的激励,引起更多超常规抗争手段的试水,加重社会运行成本,扰乱正常的社会秩序。①

随着交互性更强大的舆论影响力和社会动员能力的应用在智能终端上实现互动,且不同应用之间信息可以直接转发,参与的用户范围还可以进行限制,使得违法有害信息传播速度更快、隐蔽性更强,处置不当极易严重影响国家安全和社会稳定。移动社交平台已成为世界各国政府和警务部门收集信息的重要渠道,美国国土安全局设立了"社交网络监控中心",纽约市警察局成立了社交媒体监察部,搜索和观察危害公共安全的"麻烦制造者"。芝加哥警察局与社会学家进行了合作,开发出一种类似于 Facebook 的社交地图,记录和预测帮派团伙成员的行为,跟踪用户的关系和对话,能够对成员的爱好、社交活动和对话进行分析,并给出特定用户的搜索结果,识别最可能卷入暴力活动的人。②

(三) 碎片化:网络安全防控的时间观更新

在过去传统的"四大媒体"称雄时代,媒体吸引受众注意力资源主要靠的是"黄金时间"和"黄金版面"。电视和广播传媒基于此逻辑制作专业节目深度报道,一点对多点传播。互联网时代,受众可在不同的网站、网页和聊天群之间随时切换,但没有一个互联网服务或即时工具可以做到永远在线,用户时间仍有区分价值。移动互联网整合了移动通信随时随地随身和互联网分享开放互动的优势,移动终端随身携带,信息是被强制提醒,网络是泛在的网络,移动终端永远在线,实现了移动网络、设备与用户生活的无缝连接。短信电话、资讯阅读、影音、社交等活动不需要现实的空间和整块的时间,而大多处于移动、短暂停留甚至私密的地理空间。这不仅意味着用户完整时间被切割成碎片时间,也会产生一系列信息安全和应用安全

---

① 陈天祥等:《"媒介化抗争":一种非制度性维权的解释框架》,《江苏行政学院学报》,2013 年第 5 期。
② S. Larson: Social Media Transforms the Way Chicago Fights Gang Violence, Governing, October 10, 2013.

问题。

移动终端在成为人们接触最频繁的媒介同时,传统意义上的时间变量的影响在下降,而与时间有关但又不完全相同的"情景"变量,对解释用户的需求与行为具有更重要的价值。中国互联网络信息中心(CNNIC)提供的《2013 年中国网民信息安全状况研究报告》表明,通过手机等可上网设备进行的导致用户信息系统受损、信息内容泄露、个人活动受到不良干扰的事件越来越多。对手机安全事件发生情景调查表明,手机上网人群中,除了垃圾短信、骚扰短信、骚扰电话外,发生安全事件概率最多的是手机浏览网页,发生比例达 16.8%;其次为手机游戏,发生比例达 13.8%;再次为手机聊天工具和手机下载文件,发生比例在 12% 左右;其他方面,手机搜索引擎、手机购物、手机支付等也可能导致安全事件。而安全事件发生类型及比例显示手机上网用户遇到恶意软件的比例达到了 33.2%。此外,手机上网也遇到诈骗网站、手机中毒或木马、手机联系方式泄露、账号密码被盗、手机地址簿被盗等问题。因此,移动网络安全首先还是技术安全,威胁防范仍需从移动应用程序开始,病毒传播源头还是应用商店,首先要从源头堵住恶意软件和病毒,通过技术层面对所有软件进行安全评测和漏洞扫描,运用电子签名,用户在下载之前能够有效辨别软件是否安全可靠。

尽管使用移动互联网可能发生在各种零星的时间段、各种情境下,但真正影响用户的 APP 往往是用户使用高频次、依赖性非常高的应用。能进行多次的短暂交互,而非长时间的单次体验;便于思考与信息表达的碎片化;体现用户时间利用的个性化等。包含多个小型应用功能的综合型移动应用必将成为继移动操作系统后争夺用户的新焦点,微信类应用正是适应这种需求的产物,通过软件服务(语音、文字、图片)能将手机的角色从移动通信设备重新定义成移动应用价值交互平台,将电子商务、生活服务等功能不断添加到移动通信应用中,带来用户的黏性进一步加强,帮助移动社交应用逐渐演化成其他服务交互的平台,是"移动互联网时代的第一个杀手级应用"[①]。由于定位差异,微博的传播风险多集中在舆情问题,微信的安全威胁主要表现为诈骗难根除。微博的结构根本是围绕着"信息"本身,重在它的媒体属性,具有广域"放射性",开放的好处是大家都可以自由地进行评论,在信息真假的甄别上比较容易。微信的根本结构是围绕着"人和人的关系",具有其私人社交圈的属性,封闭的弊端是虚假的信息无法判断:其一,信息源和信息接收者

---

① 方兴东等:《微信传播机制与治理问题研究》,《现代传播》,2013 年第 6 期。

之间是私密的,完全封闭在订阅者和微信公众号管理者所形成的密闭空间内,微信公众平台管理者输送的虚假、无妄的信息在中间横流,订阅者根本无法分辨封闭的微信平台里信息的真假;其二,微信显示的是汉字名称,可能出现同名问题,可能会恶意使用某名人或者熟人的用户名,给诈骗者提供机会。其三,虚假的信息在封闭的微信公众平台、微信朋友圈空间内流转,用户无法通过第三方工具去分辨信息的真假,因为这些信息是由"熟人"推荐的。这些特点使得微信在私密社交的同时也伴随着诈骗等问题,犯罪成本低,且无从被追查、追责,沦为有害信息垃圾场。此外,媒体报道,通过微信的陌生交友等还产生了诸如一夜情、抢劫、绑架、强奸等社会问题,加快了传统犯罪与现代高科技的结合。

(四) 追身性:网络安全防控的空间观颠覆

从铅字到比特的互联网时代,Google 的创立改变了搜索信息的方式,Facebook 等社会化媒体的应用改变了人与人沟通的方式,Twitter 掀起的微博客狂潮将人类推向了一个信息快速更新时代,移动定位服务(Location Based Service,LBS)的兴起则可跟踪使用者的移动轨迹,提供与位置相关的各类信息服务。LBS 是通过电信运营商的无线电通信网络(如 GSM 网、CDMA 网)或外部定位方式(如 GPS)获取移动终端用户的位置信息,在 GIS(地理信息系统)平台支持下,为用户提供相应服务的一种增值业务。LBS 技术的应用意味着数字信息成为现实空间位置的直接映射,虚拟空间随现实空间的变化而转换,两者越来越如影随形。

传统信息传播安全威胁是大撒网式,只是一种机会主义或是随机发生的,必须投放足够多的样本,如产生大量的垃圾邮件文件才有可能有几率让用户点击链接,并且受骗。LBS 的嵌入使得传统意义上的"空间"概念有了两个新变化,即空间的流动性与精准化,不仅可以向移动状态的人们提供信息和服务,还可以通过跟踪人们的移动轨迹,理解人们在不同位置的需求,把每一个位置作为向其提供个性化服务的重要依据;将线上与线下(Online To Offline,O2O) 的生活很好地结合了起来,用户可以很方便地从移动互联网转移到现实生活中进行交友、工作、消费等。但定位功能同样潜伏犯罪风险,用户为享受位置信息服务,需要主动或被动提交个人位置信息,这些位置信息往往与用户的人口特征(如性别、年龄、受教育程度、职业、收入水平等)、行为特征(如用户更喜欢去哪里进行休闲娱乐,更常在哪些地理位置活动等等)以及网络特征(如用户所处的社交网络,处于不同"圈子"的用户有着不同的网络价值,这些圈子的影响或主要表现在对意见、态度、行为的短期影响上,或体现在对价值观、行为方式的长期影响上,对圈子中的其他用户必然发挥着不同的作用)等身份信息都具有天然的联系,将造成因位置信息暴露而带来的用户身份等敏感信息的泄露,一旦被滥用,人们的安全也就会受到威胁。换言之,定位功能实质在帮助攻击者选定目标、收集信息,网络攻击更加精准。

人在虚拟和现实这两种空间里穿越或对两种空间的控制能力因LBS类应用推广而增强。移动互联网时代,即使不在现场,可借助移动工具,通过虚拟空间参与现场活动;或虽然身在现场,但通过移动终端转移到虚拟空间。虚拟互动越来越多地由现实空间位置的邻近性引发,虚拟空间互动也成了现实空间互动的前奏;两个过去被认为是彼此分割的空间,越来越趋向统一。值得注意的是,随着智能手机、平板电脑、手机阅读器等移动智能终端都具有媒介、媒体功能,网络社区和社交媒体都在向移动智能终端迁移,传播情景移动化、传播平台微观化、生产方式移动化,使得新闻生产的空间观发生了变化。基于文字、图片、视频等手段的新闻现场直播成为常态,每个人都可以轻而易举地成为信息发布者,实现对"突发事件"的现场直播,随时随地的"公民报道"成为可能。现阶段,种种社会问题使网络言论常显得十分尖锐,置于更多的"监控摄像头"之下,一个失态、一个失误、一旦被这些摄像头扑捉,就有可能成为公众的焦点。这些自现场空间的新闻生产可能是新闻事件的当事人、现场目击者,更容易引起人们的感同身受,使更多的人成为事件的"卷入者"或参与者,这种"卷入"会放大事件的影响力,引发大规模的群体互动。[①]

应该说,互联网发展存在阶段性,早期的互联网架构多基于固定(有线)方式的接入、终端是计算机的环境考虑,产生了基于WEB的网络传播模式,颠覆了现实社会"从事到人"的防控逻辑,奠定了"事—机—人"的网络安全防控思路;"从事到机"阶段是查找虚拟空间的威胁源,"从机到人"是认定物理世界的元凶。移动互联网与PC互联网最大的不同在于用户获取信息路径的变化,移动互联网让用户获取信息路径变短;PC互联网是用户主动去搜寻信息,移动互联网是主动把信息推送给你;PC互联网受时间空间限制,移动互联网的场景变多随时随地,时间变长无时无刻。因此,传统互联网背景下形成的重大事件、重点人员、重点阵地、敏感舆情的研判与处理思路可能已经滞后,涉稳和违法有害信息的生成、传播、影响机制等也会发生变化,应在"多入口""社交化""碎片化""可定位"等传播语境下思索网络

---

① 彭兰:《社会化媒体、移动终端、大数据:影响新闻生产的新技术因素》,《现代传播》,2012年第16期。

安全防控的新思路,指导完善网上信息舆情巡查处置机制、网上重点人员动态管控机制,完善网上违法犯罪打击防范机制,完善互联网基础管理机制。这或许才是移动互联网时代给现代警务发展带来的最大契机——"智慧警察"。

四、前沿探讨

(一)新技术、新业态视角:"Facebook 数据泄露"事件启示

信息安全之外,"Facebook 数据泄露"事件中的虚假新闻传播问题也值得关注,这既是公共安全高度媒介化的典型表现,又呈现出智媒的时代特征。事件中,研究者开发了一款基于 Facebook 的应用软件,根据 Facebook 自订的隐私条款,获取了约 27 万访问用户及其关联好友(都是 Facebook 注册用户)约 5000 万用户的资料,将数据卖给了一家数据分析公司(实质是第三方广告商),后者在其商业运作中,根据用户画像定向投放广告。

"Facebook 数据泄露"事件具有标志性的意义,对拥有技术优势、资本优势和海量用户的新兴科技平台,虽然自称不是专媒,但有可能影响甚至操控舆论,怎么看,怎么办? 当下,虚假新闻治理多指向信息发布者,即通过完善立法、行政和司法决策等,明确造谣和传谣者的责任,重点解决"人人媒体"生态下谣言屡禁不止问题。随着信息传播模式变化,传统的电视电台地毯式广告宣传正被数据驱动的个性化广告宣传所取代,技术革新带来盈利模式的变化,并产生一系列效应。一是媒体在变,媒体或者具有媒体属性的科技公司,主要任务转向增加用户和让用户在产品上花更多时间,以吸引广告商,即所谓的流量经济。二是受众在变,或者需要讨论的是受众获取真相的能动性。我们认为,互联网时代数字技术对受众的赋能与激活,为终结受众弱势地位提供了可能,更有可能获取真相,但在此事件中,受众的观点、喜好,甚至是否处于"摇摆中"等关键信息都被获取,事实处于信息不对称状态,受众是否还有自主性与能动性。三是第三方对传播效果的影响,如广告商利用收集到的数据建立一个算法模型,分析不同用户群体的性格特征,制作针对性的宣传信息,投其所好,传播的时机、内容、形态都更有针对性,甚至实现了精准推送。因此,虚假新闻治理研究,不仅要关注媒体形态更要关注技术革新、商业模式,重新界定利益相关方,探讨多元治理路径。

(二) 政策革新的视角:关于公共安全数据开放的讨论

1. 政务数据开放问题。公开不等同于开放,二者的内涵不同。信息公开主要停留在法规、流程、权力等方面,更多的是规章、制度等信息层面,是经过编辑、过滤的政策信息。真正意义上的数据开放主要是指原始数据的开放,对内可以实现跨部门间的共享,有利于提高公共服务的效率及效能,以更小运营成本实现更大社会效益;对外开放共享数据资源,促进社会各方,如市场主体、科研机构、民间组织甚至个人,对政务数据资源进行二次深度开发以及增值运用,实质就是要提升社会在政务数据资源共享和开放总的参与度。因而,必须对数据开放理念、技术、环境及相关政策法规有全面深刻的理解,才能正确地实施数据开放战略。

2. 国外公共安全数据开放问题。如美国于 2015 年启动的"警察数据计划"(Police Data Initiative),要求参与计划警察局需要对外开放 101 套数据,像警察在执勤过程中的停靠、武力使用、开枪等数据信息都在开放的范围内,规范警察执法,让公众能够对警察部门有更多了解。[1] 并且,美国、英国等国建立专门的数据开放网站,面向社会与公众开放部分犯罪原始数据,为民众安全生活提供行动参考。市场化利用的典型案例是房地产公司利用包括警务部门在内政府开放的数据,将关于犯罪类型、数量、时间、位置的数据,以及其他公共设施如学校等与地图结合,制作社区地图,提供增值服务,提供了一张实时更新、有效的"犯罪地图",让每一位民众都受益。看似与个人生活距离遥远的数据开放,民间智慧会使其迸发出新的火花,产生意想不到的价值。[2]

3. 公共安全数据开放的意义与限度问题。大数据、物联网、人工智能时代的到来,将重新颠覆我们对线上与线下、虚拟与现实、开放与封闭的认知,公共安全治理面对的场景更加多元、对象更加流动性、课题也更具有不确定性,一个可以想象的路径,是在强化专业化基础上,动员各利益相关者都能共担安全风险。因此,在确保个人隐私、公众利益和国家安全的前提下,主张公共安全数据适度开放,可以使社会公众知晓安全风险,参与治理过程,分担治理责任,共享安全成果。否则,就可能阻扼社会成员参与公共安全治理的积极性、主动性和创造性。[3] 当然,公共安

---

[1]《白宫联合地方警察局对外公开警察执勤数据》,环球网,https://tech.huanqiu.com/article/9CaKrnJL9Cd。
[2] 武琳、吴绮琪:《英美公共安全领域政府开放数据应用进展》,《情报杂志》,2018 年第 4 期。
[3] 尚进:《公共安全信息适度共享探析》,《中国行政管理》,2017 年第 10 期。

全数据适当开放最大的挑战是数据开放的边界厘定及其对政府职能部门的挑战，还涉及数据的知晓权、所有权、管理权、使用权、处理权等问题。同时，对公共安全事务进行保密，是世界各国通行惯例，有利于执法部门在工作中保持主动，形成对犯罪活动的"情报比较优势"，相反泄密案件时有发生，会给公共安全事业带来严重威胁。

下 篇
现代警务研究的方法论

第七章 现代警务研究的流程

现代警务研究总体上属于社会科学研究,是包括多学科、多领域的,具有系统性、科学性的认识活动。其研究方法总体上也应遵循社会科学研究的一般规律与方法。其研究程序也应符合社会学的重要研究方法社会调查研究所具有的通行逻辑和规范。

一、现代警务研究的类别定位

虽然我国公安学已经成为一级学科,但对于社会科学范畴内的警务研究,其研究方法并未超越法学、管理学、社会学等社会科学的研究方法论范畴。但就警务研究而言,也有其特定研究倾向与研究特点。

一般来说,所谓研究是提出问题用系统方法寻求答案的过程。警务研究中,由于所涉及警务问题的特殊性,使研究更加复杂。其特殊性主要表现在以下几个方面:

(一)人的特殊性

由于现代警务研究的实施者和研究对象都由人组成的。研究中要涉及人如何思考、如何行动,也涉及人与人之间的关系,人与群体之间的关系等。人的感情、动机与意识会对警务研究的效果产生影响。就研究实施者而言,研究者自身的经验、立场、观念本身会对研究的设计与研究的倾向产生影响。就研究对象而言,管理学中著名的霍桑效应指出,当人们知道自己处于被观察的状态时,他们会改变自己的行为。正因为人的特殊性,使警务研究的难度加大,其准确程度也达不到自然科学中那样的高度。

(二) 学科的交叉性

由于警务工作是国家的强制力为后盾,警察作为执法者是在一国的政治框架体系内行动。故警务研究,特别是一国体制内的警务研究往往涉及政治学学科。警务工作要在法治的框架中进行,故警务研究离不开法学基础。此外,由于我国公安机关是警务工作主体,警务工作涉及自上而下的管理体系,警务工作常常要与社会生活息息相关,这些决定了公安学、管理学、社会学等学科在警务研究中都不可避免的会有所涉及。警务研究呈现十分突出的学科交叉性特征。

(三) 现象的复杂性

人作为一种社会性动物,其行为受到社会的、心理的、历史的、文化的等多重因素影响。在警务研究的现象中,如在研究犯罪产生的原因或犯罪发展趋势的原因时,往往涉及社会多元因素,且常常涉及一果多因或一因多果的现象,要在复杂的现象与问题中找到并分析其原因、发展机理和未来预测,研究者往往面临十分复杂的因素与变量,这些都增加了警务研究的复杂性。

(四) 特定的限制

在警务研究中除受自然条件的约束外,还会受到政治的、法律的因素限制。一方面,警务研究不能超越政治要求、法律法规的底线,要将国家政治与法律要求作为研究的基础;另一方面,又要尊重人的基本权利,符合伦理道德要求,在研究过程中努力保障人权、保持道德约束。

(五) 保持审慎性

在警务研究中,要保持如自然科学研究中一样的客观、超然的态度十分困难。但在研究中,研究者要尽量避免过度将自己的预设性态度、价值判断及研究中的情感共鸣对研究结果产生重大方向性影响。尽可能地保持审慎地研究,减少个体的喜好、情绪性情感与主观价值对研究的影响。特别是在关注与警方有关的冲突性问题研究中,不能由于研究者身份或地位的原因,一边倒地盲目偏向于某方,或者将个人的情感因素带入其中,而要保持客观、公正的立场研究和分析事件的进程、问题的本质,得出研究结论。

在社会科学的研究中,通常可以分为三种类型。一是基础研究:为提高学科水平的研究。这类研究总体上属于宏观研究,通常只涉及基础理论问题。二是专题研究:对某一警务实际问题的研究。这类研究往往是问题导向的研究,从警务工作某一领域出发,针对某类问题,运用分析工具展开研究。三是对策研究:即对特定的单项或领域警务活动操作因素或环节的研究。这类研究是服务于警务实战需要的相对微观的研究。

二、现代警务研究工作的准备

现代警务研究既可以与一般社会科学研究相似:从研究概念出发,思考逻辑关系,提出命题假设,再构建理论模型,最后加以论证验证;也可以将思维向多维度扩展,即警务研究的立足点也可是问题导向的,从热点问题出发,寻找问题的原因,经过理论分析找到本质,寻求解决问题的对策方案。不论是哪种研究模式,都需要进行充分的准备,这种准备既包括自身素质的提升,也包括为促进工作方式有效、内容丰富所做的努力。

(一)在迎接挑战中自我修炼

现代警务研究中会有不少挑战,但挑战过后,收获更多的是自我修炼。这种自我修炼至少包括三个方面:一是文字驾驭的修炼。就警务研究而言,学术论文与研究报告在话语体系上的确有差别。我们应该正视这种差别的存在。但这种话语体系的差别并不意味着非此即彼、不能共通,而应根据需要转换和互补才是其上佳的状态。至少在社会科学领域,真正的"大家"可以在多种话语体系中转换自如,这是一种更高的境界,是不断修炼的过程。二是思维方式的修炼。在警务研究中有多维度思维,警务研究作为社会科学研究的一种,更加关注社会现实、更加具有社会敏感性、更直接对社会生活产生影响力。三是沟通表达的修炼。警务研究除了文献研究,还要以大量的调研工作为基础,做问卷或访谈,与各方研讨,需要大量的沟通与表达,这个过程也是不断摸索和成长的过程。

(二) 以学习的心态多方求教

整个现代警务研究过程其实是多方求教的学习过程,求教的对象涉及面很广。在公安机关调研访谈可以开拓警务研究视野,向公安机关各层级领导求教,他们对于警务工作有着创造性的工作理念和各具特色的领导艺术,向一线民警和基层社会工作者求教,他们有丰富的公安工作实战经验和社会治理策略;在长期团队式的各类课题研究中,向同行们求教探讨,在共同研讨中交流思想和观点,取长补短,共同收获;在参与的各类警务研讨会上,向多学科领域的专家、学者求教,他们在会上交流的研究成果中有最新的研究观点,能捕捉到最前沿的思想火花。警务研究要秉持学习的态度,与各方交流,跟踪实践动态,认真投入研究。

(三) 持之以恒地用心积累

现代警务研究的成果往往是用心积累的结果。这一积累主要体现在三个方面:一是研究工作的设计。警务研究工作本身是需要进行工作设计的。一方面是课题组的组织设计。由于警务研究常常存在多学科多领域交叉研究,所以课题组往往需要不同学科背景、工作经历的成员共同组成。另一方面是研究进程的设计。警务研究的文献研究与调研对象往往是多元的,需要进程系统规划。二是研究角度的调适。警务研究的角度,往往是随着研究进程的展开不断调适直至精准的过程。由于常常面临理论与实践间的大量衔接问题,研究者对相关问题的看法和观点也不断调整。三是研究内容的深耕。研究写作之前需要进行充分准备。主要包括三个方面:文献准备,要沉下心来研究文献。除了常规的学术专著、论文等学术文献外,警务研究还需要更多类型的资料;理论准备,需要长期关注相关理论问题,进行学术思考;实践调研,获得了公共治理或警务工作方面的第一手资料。

三、现代警务研究资料收集的基本方式

现代警务研究资料收集的基本方式与社会科学相似,这里仅列出几种较为常用的基本方式。

(一) 文献研究法

文献是承载各种信息的书面或文字材料。随着现代社会发展,信息载体不断

丰富,警务研究文献应包含希望加以研究的所有信息形式。一般来说,文献通常被分为个人文献、官方文献和大众传播媒介三类,也可被分为原始文献(第一手文献)和二次文献(第二手文献)两类。

较为常用的警务文献包括:1. 警方简报、数据资料、工作总结等,从中可以获得所需要的数据和描述性信息。2. 媒体资讯或评论(报纸、网络媒体等),这类文献有利于我们获得多方观点和评价信息。3. 学术理论文献,这类文献通常为警务研究提供了丰富的理论基础支撑。4. 党和国家方针政策,这类文献有利于获得警务工作的政策背景性资料。5. 非纸质文献,在新媒体时代,非纸质文献,如幻灯片、音频、视频等多元形式的文献收集常常有利于获得传统文献的线索,引发研究的深入思考,非常值得研究者关注。

从警务文献研究的研究步骤上看,可以分为:初步浏览、阅读分类、归纳分析三个步骤。先对所有警务研究的文献进行初步通览,对不同类型的警务研究文献进行分类,再对所有有价值的警务文献进行研读分析。从研究方法上看,警务文献研究以定性研究为主,也可做定量分析。常见的文献研究方法包括:内容分析、二次分析和现存统计资料分析。内容分析是通过对与警务相关的文章、书籍、影像资料、创作作品等传播信息的研究,发现其行为、态度和价值观等。二次分析是将其他人原先为别的目的收集和分析的相关资料加以整理,用于进行新的分析。现存统计资料分析是运用各种现存的统计资料,如各类统计年鉴、统计摘要等,作为警务研究的数据资料来源。

(二) 访谈法

访谈法是警务研究中十分重要的研究方法。它是实地研究的重要方法。实地研究是深入到研究现象的实际背景中去,运用观察、访谈等多种形式收集资料进行分析的方法。在警务研究中,访谈通常需要深入警务实践的特定区域、场所或领域,了解警务活动的工作流程、典型做法或创新方法。通常来说,警务研究访谈法形式灵活多样,总的来说,较为常见的有以下几种:

1. 焦点群体访谈

焦点群体访谈是将若干个访谈对象集中起来,以座谈会的形式进行口头谈话。这种访谈的特点是访谈过程中不仅有访谈者与受访者之间的互动,还有不同受访者之间的互动。一般来说,焦点群体访谈的对象以 5—7 人为宜,不超过 10 人。访谈时间通常为 1.5 至 2 小时。受访者通常为同质性群体,如在警务研究中,警务领导者或管理者、公共管理者、普通民警、警务管理对象等都可成为焦点群体接受访谈。在访谈过程中,为了让相关群体畅所欲言,所涉及的话题应该先易后难,先事实后评论。在访谈开始前,访谈者先说明访谈意图并自我介绍,同时强调对信息的保密,以创造较为轻松的访谈气氛。这种访谈方法获得的信息广泛而全面,访谈效率较高,但要防止受访对象可能出现的"从众"现象,也不适合于相对敏感问题的访谈。

2. 无结构式访谈

无结构是只有一个访谈主题,没有固定的访谈问题,也没有固定的问卷或程序,研究者鼓励受访者用自己的语言发表自己的看法。这种访谈的目的是了解受访者自己认为重要的问题、他们看待问题的角度、他们对意义的解释,以及他们使用的概念及其表述方式。访谈者只是起一个辅助的作用,尽量让受访者根据自己的思路自由联想。访谈的形式不拘一格,访谈者可以获得丰富而生动的定性资料,根据当时的情况随机应变。这种访谈方式的优点在于访谈的弹性大、获取的信息丰富,访谈过程深入,可以发挥受访者的积极性与创造性,其缺点在于这种访谈耗时较长,需要访问者在必要时能实时灵活地控制访谈的总体范围与基本节奏,对访谈者的能力要求较高。在警务研究中,这种类型的访谈运用得不多,但对于特定案例进行详细分析时可能会用到。

3. 半结构式访谈

半结构式访谈是研究者对访谈的结构具有一定的控制作用,但同时也允许受访者积极参与。通过研究者事先备有一个粗线条的访谈提纲,根据自己的研究设计对受访者提出问题。但访谈提纲主要作为一种提示,访谈者在提问的同时鼓励受访者提出自己的问题,并且根据访谈的具体情况对访谈的程序和内容进行灵活的调整。这种访谈方式易于掌握访谈脉络,把握好访谈节奏,更好地获取预期的访谈信息,其缺点在于受访谈形式限制,访谈的弹性相对较小,不利于获得更加深入细致的信息,也不利于获得受访者个人个性化的定性分析信息。

在访谈中,要注意一定的技巧:一是访谈前要做好充分准备。对于受访者的情况与特征有所了解,事先与受访者沟通确定访谈的时间和地点;二是访谈中要注意倾听,并认真做好笔记,并以恰当的方式与受访者保持目光接触;三是要掌握现场气氛,要努力使现场气氛轻松融洽自然,从而有利于受访者畅所欲言、充分表达。

(三) 问卷调查法

现代警务研究的问卷调查与一般市场问卷调查或社会生活调查有所区别,需要运用政治学、社会学、传播学、法学等基本理论,提出相应假设,研究警务工作的一般规律或普遍法则。故对问卷设计的要求更加严谨规范。问卷通常由封面信、指导语、问题及答案、编码及其他资料等构成。设计问卷的一般步骤包括:课题分析,提出假设;概念具体化,寻找变量;确定指标,测量;编制直接与间接的问题。

问卷发放通常要通过抽样,即选择有代表性的样本的过程。在这一过程中,先要确定问卷的总体和能反映总体的样本。一般应采用概率抽样的方法进行,即运用简单随机抽样、系统抽样、分层抽样、整群抽样等方法,保证每个个体都具有同等被抽到的机会。

问卷获得的数据或信息需要整理和录入,之后对数据进行统计分析。统计分析包括基础数据处理(如百分比、最高最低值、平均值等),必要时需要运用 SPSS 或 STATA 等分析软件对数据加以处理。

(四) 实地观察法

实地观察法是一种定性研究方式。在现代警务研究中,需要研究者深入某个领域警务工作的环境,研究相关问题,并在通过观察深入了解相关现象的基础上,反映警务的工作发生、发展及变化的过程,并为进一步的理论研究与总体研究提供基础。实地观察法包括参与式观察与非参与式观察。参与式观察是研究者深入研究对象的生活或工作背景中去,参与研究对象的日常活动并进行观察。这种观察可能因研究者主观因素的影响而使结果客观性受影响。而非参与式是研究者在被观察的群体之外,不参与活动,不对所观察环境产生影响。这种方式有利于研究者了解基本情况,形成问题焦点。另一种划分方法是结构式观察与非结构式观察。结构式观察是带有明确问题范围和观察计划的研究;而非结构式观察的研究目标有弹性,且无具体记录要求。在警务研究中,通常多为非参与式、结构式个案研究。通过观察深入了解警务个案的全面背景、具体情况和发展趋势,从而有利于问题的全面阐释与研究假设的提出,为后续的研究奠定坚实的基础。

四、现代警务研究的设计与实施

(一) 现代警务研究的总流程

总的来说,现代警务研究的流程大致经历以下几个阶段:一是选择问题阶段。这一阶段的任务是在相对模糊宽泛的研究主题中确定较为清晰具体的研究问题。二是研究设计阶段。这一阶段要设计研究的基本思路,制定研究总体方案。三是资料收集阶段。这一阶段在实验研究、调查研究、文献研究或实地研究中选择一种或几种方法,获取相关的资料或数据信息。四是资料分析阶段,这一阶段根据所选择的研究方法,开展相关定量分析与定性分析。五是得出结果阶段。这一阶段要撰写研究报告,适时提交研究报告或进行成果交流。研究的过程图如图7-1所示。

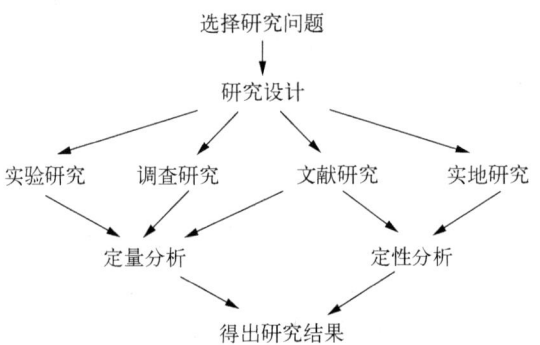

图 7-1 现代警务研究过程图

(二) 现代警务研究的阶段

作为一种系统的、科学的认识活动,警务研究和其他社会科学研究一样,有着一种比较固定的程序。总的来说,我们可以将警务调查研究的程序分为五个阶段,即选题阶段、研究设计阶段、资料收集阶段、资料分析阶段和总结阶段。

1. 选题阶段

对于现代警务研究者来说,选择一个合适的研究问题并不简单。从程序上看,选择警务研究问题是一项社会研究活动的起点,是整个研究工作的第一步,整个研究活动的目标和方向随着警务研究问题的确定而确定。有许多的因素会决定和制约对研究问题的选择。这些因素如警务研究者的理论素养、生活阅历、观察角度、研究兴趣,及其所处社会环境、所具有的各类客观条件等。警务研究问题选择得如何,在一定程度上决定着整个研究工作的成败,同时对于研究成果质量有直接影响。因此,要对选题阶段的工作给予高度重视。警务研究的选题要具有理论意义与实践价值,对于研究方向或具体问题要具有创新性。此外,结合对于研究条件与研究能力的评估,选题要具有可行性。警务研究的选题一般不宜过大,最好是与研究者熟悉或长期关注的领域相关。选题可来源于个人生活或工作经历的所思所感,也可来源于通过观察或阅读获得的信息资源。

注意,应该对研究课题的具体界定,即把比较含糊的想法变成明确的问题,把比较宽泛的研究范围变成特定范围或特定领域,把笼统的研究对象变成具体的可以操作的具体对象。

2. 研究设计阶段

(1) 明确研究目的

研究者必须首先对自己的研究课题有一个清楚明确的认识。对于具体的警务研究,可能有不同的研究目的。这种认识既包括对研究课题本身含义的了解,也包括对不同警务研究目的的差别设计。对于其中必须有理论假设的研究来说,还应该在研究方案中对理论假设进行一番陈述和说明。一般来说,根据研究的目的不同,包括以下几种研究[1]:一是探索性研究。这类研究是对所研究问题或现象的初次接触和初步了解,从而形成对这一问题的初步印象,为之后更加周密、深入的研究奠定基础。这类研究往往是研究问题十分特殊或研究者从未涉足这一领域,故需要开展探索性研究。二是描述性研究。这类研究是对所研究问题或现象的分布情况、主要特征及发展趋势等进行描述,以形成对相关问题或现象的"整体照片"。这类研究往往结构完整、系统全面,需要通过较大的样本规模获取较为全面的信息。三是解释性研究。这类研究是对事务原因的探究,主要致力于反映事务的因果联系和内在规律,通过解释的方式完成对事务的认识。这类研究必须紧扣研究的理论假设,加以验证,常常需要通过统计分析或逻辑推演的方法实现研究目的。在警务研究中,首先需要明确研究的目的属于哪一种,由此选择研究方式,设计研究方案。

(2) 选择研究方法

明确了研究目的后,需要在多种研究方法中选择一种或几种展开研究,并针对

---

[1] 风笑天:《社会学研究方法》,中国人民大学出版社,2009年版,第65—68页。

不同的研究方法进行系统设计与规划。如调查研究中,需要考虑选择调查研究中的哪一种或几种方法、研究的对象、研究的范围、研究人员的安排及培训、经费预算限制及研究的时间进度等;在文献研究中,需要考虑在本课题研究中需要哪些类型的文献,文献如何获取,文献分析后如何运用等;在实地研究中,需要考虑如何联系相关的警务机构或公共部门、如何选择研究对象、研究涉及哪些群体、相关警务工作试点地区、有哪些与警务活动相关的示范性组织,以及实地观察的选址、方法、目标性信息等。

(3) 制定研究方案

研究方案的具体内容涉及从研究题目确定开始,直到资料收集、分析、报告撰写为止的整个过程。在制定警务研究的研究方案中,主要关注以下几个方面:

一是研究课题的目的和意义。要在研究的方案设计中简要说明课题研究的理论与实践价值,对研究课题的目标加以说明。二是研究的主要内容。在这部分中要详细地对研究目标加以分解和细化,要具体提出研究要分析的主要现象、问题和预期完成的主要任务等,并提出研究的基本预设或假设。此外,还要根据不同的研究方法说明具体的研究设想。如涉及调查研究,则要说明研究的分析单位与抽样方案等。如涉及文献研究,则要说明文献资料收集的来源或分析方法等。三是研究的进度计划,包括时间进度、经费使用计划。每一阶段所分配的时间要合适且留有余地。不要忽视研究的设计和准备阶段,尽可能在这一阶段多安排一点时间。要合理计划经费使用,做好预算工作。此外,还要考虑在研究过程中研究团队的组织管理及人员培训等。对研究团队的成员组成、调查员组织与培训等工作要事先进行规划,制订出切实可行的培训方案,以保证研究工作顺利进行。

3. 资料收集阶段

社会研究中的资料收集方法有各种不同的形式,每一种具体的资料收集方法都有其特定的优点和不足,它们分别适用于各种不同的条件和场合。研究者的任务,就是要根据自己所从事的研究课题的具体情况,从中进行选择,以达到最好的研究效果。在资料收集阶段,要运用前文所述的研究方法,具体方法的使用程序将在其他章节介绍。在警务研究中,研究方法的运用要注意以下几个问题:

(1) 根据条件与环境适时调整研究方法。研究中已设定的研究方法通常只是一种预期方法或预设条件。随着研究进程的推进,可能会发现新的问题,或在研究中遇到各种各样的障碍,研究者在努力克服困难推进研究的过程中,也可根据现在条件与实际环境适时微调相关的研究方法,尽可能保持研究的连贯性,取得预期成果。

（2）注重与警务实践工作者的交流与沟通。在警务研究中,由于警务工作的特殊性,许多资料与信息的获取需要通过与警务实践工作者的沟通与交流来实现。故要尤其重视这一工作,充分的交流和沟通不仅能获取更多信息资源,而且能在理论与实践的碰撞中产生更多思想火花,给研究带来新的思路与想法。

（3）始终带有问题意识,努力发现新问题,全程做好记录。在研究过程中,所涉及的问题不是一成不变的,也可能随着研究的深入发现新的问题,产生新的疑问,研究者要善于观察,不断思考,努力使研究更加深入。在研究的过程,要加强对细节的研究,并全程做好相关的记录工作,以便于进行资料整理和分析。

4. 资料分析阶段

资料分析阶段,对于不同的研究方法要运用不同的分析手段。有时对于同一研究方法,也需要选择适合的分析方法。总的来说,资料分析方法分为定量分析与定性分析,两者的侧重点不同。定量分析是对事务的测量和计算,强调客观事实,注重现象间相关关系与因果关系,更加强调价值中立,这一分析方法以整体描述、关系分析和理论验证见长,研究程序标准化、操作化。而定性分析是对事务内在含义的描述和理解,强调特定现象与背景之间的联系,注重现象的变化过程,认为事实与价值无法分离,注重现象和行为对于行为主体的意义,研究程序与手段灵活。

5. 总结阶段

现代警务研究的总结阶段要撰写研究报告、评估研究质量和交流研究成果。研究报告是一种以文字和图表将整个研究工作所得到的结果系统地、集中地、规范地反映出来的形式。它是警务研究成果的集中体现。撰写研究报告也可以说是对整个警务研究工作进行全面的总结。在研究报告撰写完成以后,要对整个研究进行回顾和总结,以特定的方式评估研究的质量,并与警务机构或警务工作者、专家学者等交流研究成果。

第八章 现代警务研究的方向确定与课题设计

一、现代警务研究的方法论含义

(一) 现代警务的含义

"警务"(Policing)一词,从狭义的角度,是"警察事务"的简称,在这个角度看来,"警务"与"警事"概念并无本质区别,都是指称国家专门机构及个体(主要是警察机关和警察个人)实施的旨在预防、警报、察知和即时抗击危害社会安全行为的事务,是通过执行规则或执行法律、犯罪调查和安全预防等有组织的维护秩序、维护治安,以确保社会治安秩序的过程。"现代警务"(Morden Policing)一词,既有其时间维度上的现代意涵,这主要相对于古代警务和近代警务而言,这主要以1829年英国"苏格兰场"的建立作为现代警务出现的标志。现代警务也有其特征维度上的现代意涵,主要是指警务在运行和发展的过程中,展现出的警务的现代性特征和内容。现代警务的这些现代性特征主要表现在五个方面:一是警察职能的独立化、二是警察组织的系统化、三是警察职权的法治化、四是警察工作的职业化、五是警务装备的文明化等。这些特征很好地表明,现代警务已经从国家事务和政府事务中独立出来,成为人类为实现社会治安和社会秩序的独立的治安政策制定和治安行政管理的运行过程。警务一直在其内在的现代化进程之中,现代警务不断进行着自我进化和外在革命的完善,使警务呈现其现代性特征的同时,也服务着人类社会不断进入一个更符合道义和秩序的轨道之中。

(二) 现代警务研究的含义

"现代警务研究"(Morden Policing Studies)一词,是基于对现代警务的现象和运行过程展开的系统分析和深入探讨,其主要工作和目标,是要通过对现代警务中尚存的理论问题和现实问题的思考和发现,去找寻现代警务的内在规律,给出现代警务运行的对策建议和改革思路等,以提升警务运行的效率和管理水平。现代警务运行过程,是一个不断解决人类社会中不停息出现的治安问题的过程。在这个过程中,通常有两个层面的问题需要研究:一是这些治安问题出现的内在原因和解决之道在哪里;二是为了应对这些治安问题,警务运行机制和警务组织形态需要做怎样的调整。这恰恰构成了现代警务研究的两部分:现代警务研究的本体论部分和现代警务研究的方法论部分。本体论关注现代警务研究的对象,包括现代警务的内涵、现代警务的中国发展、现代警务的国别比较、现代警务的理论范式、现代警务的改革创新等。而现代警务研究的方法论部分,则关注现代警务研究的方法,包括现代警务研究的选题确定、现代警务研究的框架设计、现代警务调查研究、分析总结、现代警务研究的论文写作等。

(三) 现代警务研究的意义

现代警务研究的意义大体上可以从促进对现代警务本身的理解和把握、发现其内在规律,进而指导现实警务的改革和方向等角度总结。这正是现代警务研究的理论意义和实践意义。更准确地概括现代警务研究的意义,即一是提炼警务实践,二是指导警务实践。

1. 现代警务研究的理论意义:提炼警务实践

现代警务研究的问题,无疑应该从现代警务实践中来。这些问题,首先是警务运行中出现,然后被研究者遇到和发现的。和所有的研究对象一样,现代警务研究的问题,也首先需要对现代警务运行中的这些问题进行提炼,让其成为规范的属于研究范围内的"问题",进而使研究者能够用社会科学的研究方法或科学的研究方法去研究和关注。当然,这种问题的提炼未必完全来自于研究者,有些可能直接产生于警务参与者的总结和提问。对于理论研究者来说,发现一个新的研究视域,本身是有理论意义的事情。在当前国内外现代警务研究普遍不够系统和深入的背景下,发现真问题,研究真问题,更显出了现代警务研究的理论价值。除了从现代警务中发现和提炼问题,在问题找到之后,结合现代警务实践,去界定问题所涉及的核心概念,然后寻找研究该问题的理论框架和模型(需要的话,可以先期创设一个科学的研究理论模型),然后用该理论模型带着问题去警务实践中去比照和应证,最后审慎地得出结论。总体来说,这样一个现代警务研究的通行过程,仍然离不开对现代警务实践的参与和提炼。

2. 现代警务研究的实践意义:指导警务实践

现代警务研究的终极价值在回到现代警务的实践,去指导现代警务实践的展开和效率提升。现代警务在一个庞大的社会运行系统中展开,其本身的系统性、复杂性和结构性特征,需要在其运行机制、制度体系和运行管理等方面形成科学的系统的结构与功能。加上现代警务是对当下风险社会中最为复杂多变的社会治安问题的政策制定和运行管理,研究的结论一要能经得起警务实践的检验,二要能对现代警务实践产生直接的指导和示范。回到实践,避免"闭门造车",乃是现代警务研究实践价值呈现的前提和基础。总体来看,中国的现代警务研究在公安学和公安技术类两个一级学科(2011年确定)的项下,得到很好的理论体系的研究和论证,而在指导警务实践层面,则要向国外的警学研究借鉴和学习很多。域外的公共管理学科来自奥斯特罗姆等人对公共池塘的环境保护和大都市警务结构和管理的实证分析,国外社会科学的实证分析传统也早就使现代警务研究在犯罪学、社会学、政治学、法学、管理学背景下得到了多年的积淀和发展,对比来看,国内的现代警务研究在对国内警务运行的细密问题的关注、对警务指导性目标的关注和研究形成的对策的可操行性层面,仍需更大的进步。

二、现代警务研究的选题方向确定

和所有社会科学的研究一样,现代警务研究也首先要找寻到研究的"问题",并在实践考察和文献综述的基础上,对"问题"的研究价值进行甄别,并最终产生合适的"选题",并需要带着初步确定的"选题"做一定程度的研究的可行性确认。

（一）现代警务研究的问题来源：实践考察和文献阅读

1. 在警务实践和文献阅读中发现问题

基于现代警务研究是对现代警务现象和过程的考察、分析、判断和改善，其实践性是其最主要的特征之一。因此，在警务实践中去发现和找寻到研究的"问题"是必需的过程。这种发现，既基于警务实践部门在遭遇"问题"之后的解决需求，也基于警务研究者能够经常地接触警务实践，能第一时间知晓和掌握这些问题的来龙去脉，并判断此"问题"是否具有研究的价值，是否为符合研究流程的"真问题"。所以，在实践中发现现代警务研究的"问题"，关键的节点恰恰在于从事警务实践的组织和个体与从事现代警务研究的主体之间的沟通和对话，讨论和交流，甚至观点和思路的冲突和对抗。当然，这里所说的现代警务研究主体，并不排斥那些在警务实践一线的从业者，甚至正是他们对于警务实践的观察和思考，对改良和创新警务运行机制的热望，可能使他们更早地成为现代警务研究的问题的发现者，并有可能直接成为现代警务研究的"志业"[①]者。

除了实践过程中的发现，现代警务研究的问题也可能大量来源于相关文献的阅读和研究。人们往往是在阅读别人相关研究的成果文献的过程中，关注到对某一领域某一问题的研究已经行进到了怎样的程度，其研究的区间和位置已经到达哪里等等，同时可以关注到在这类问题的研究上，还有怎样的研究空间、研究方法和思路等，甚至会发现新的研究视角、研究区间乃至新的研究内容。现代警务的研究者在发现研究问题的过程中，也常常需要全面的把握别人在同类问题上的研究进展和程度，要努力避免对别人已经研究成熟的领域和内容做重复研究，也要避免研究的方法和思路甚至研究得出的结论，都已经是前人早就做过的研究"轨迹"，从而丧失研究的基本价值。要避免这些，关键是要对同类研究文献的充分掌握，对相关文献的阅读和综述工作必须到位。

2. 问题来自思考和触动

现代警务研究中的问题，首先是来自现代警务实践中的"真问题"。这些问题的产生，通常会来自于一线警务操作者们在工作中遇到的问题和这些问题的具体表现形式，比如运行失败、运行中后来被证明是错误方向的选择、运行效果没有达

[①] 马克斯·韦伯将此称为"Calling"，是指基于对某个职业内容的热爱，响应内心的感召，而将其作为自己立志从事的专门职业。

到预期值,等等。从而引发了直接参与警务实践的人们的思考,是不是要在以后类似的警务实践活动的体制、机制和运行时点的选择上,做出某种改变,而一旦警务实践者开始了这样的思考,其实,现代警务研究的问题就被提示出来,甚至整个现代警务研究工作就因此启动了。研究的目的是改变和创新,正是对实践中产生的问题的愿意思考和深入思考,才能催生出问题本身和问题的解决。

现代警务研究中的问题,另一个层面则来自研究者阅读相关材料和文献后的触动。同一个问题的研究者会给出自己在某一个问题上的思考和研究后的结论,不同的研究者在阅读这一研究文献的同时,也许并不认可此结论,或者认为研究者采用的研究方法并不科学和全面,应该有更全面和有效的研究方法,或者有进一步深入研究的必要,这常常是新的研究产生的源头。当然,已有的研究过程和结论本身,对后续研究者的启发和触动,尤其是后续研究者用自己知识储备体系中新的理论模型和分析方法对同一个问题的分析,或者对这个问题产生从更深入的层面进行研究的冲动,常常是现代警务研究问题产生的源头和起点。

3. 文献综述和方向初选

在思考和阅读中初步找到了现代警务研究的问题之后,还只是确定选题的初步工作,接下来要做的一项重要的工作是,通过输入关键词去检索和发现在这个问题的关键词指引下,能找到多少相关的研究文献。而在文献找到之后,更重要的工作是对文献进行阅读和综述,从中了解前人在这个警务问题上已经产生了多少相关选题,对这一警务问题的研究已经行进到了什么程度。文献综述是对问题所涉及的研究领域的文献进行广泛阅读和理解基础上,对该问题的研究现状,包括主要观点、前人研究成果和研究水平、争论焦点等内容进行综合分析、归纳整理和评论,并提出自己的见解和研究思路的一种文体。它要求作者既要对所查阅文献的主要观点进行综合整理、陈述,还要根据自己的理解和认识,对综合整理后的文献进行比较专门、全面、深入、系统的论述和相应的评价。文献综述的目的是帮助读者确认该研究的问题与以往同类或同领域研究相比较所具有的价值及在选题或研究内容与方法上是否具有创新性或新的进展。

现代警务研究文献综述的质量也取决于综述者本人掌握相关文献的全面程度,这就对研究者掌握的文献来源提出了较高的要求。对于现代警务研究者而言,相关文献既来自专业出版物,主要包括期刊、图书以及部分报纸的理论版等,随着数字出版的不断壮大,也越来越多地来源于电子数字期刊,当然,各种能够找寻到的关于警务工作的报告、数据和研讨交流论文中的信息也不容忽视。一般说来,最为常见的数据库包括中文和外文两种。常见的中文数据库包括中国期刊全文数据库(中国知网)、万方资源(含期刊、学位论文、会议、成果等)、人大报刊复印资料等。不过,现代警务研究的学术期刊和文献相对较少,更需要费时费力努力查询。

现代警务研究的文献综述的写作既要有综合叙述,也要有评论,既要尽可能地把前人在某个研究主题下的所有重要研究成果予以体现或呈现出来,也要精准地选择具有代表性的文献,特别是要去选择那些能对后续研究产生持续影响或起推动作用的观点或看法。因此,和所有的文献综述一样,现代警务研究的文献综述也应该指出该领域研究或研究成果的下一步研究空间在哪里。一般而言,可以从现代警务研究中拟研究的概念的全新界定、自变量的变化、研究样本局限以及研究方法或工具局限着手,在综述和梳理的基础上,努力催生出新的研究主题和内容,并作出必要性论证,从而为研究确定出初选的主题和方向。

(二) 选题方向正确性的初步考查

1. 文献综述与选题正确性的考查

前已述,现代警务研究的主题和方向是否正确,是否有研究价值,很多时候取决于前人是否已经对此选题做了充分的研究,或者已经研究到了什么程度。如果前人的研究已经到达了较远的领域和较深的程度,研究者还在本选题的初始阶段花力气研究和试图做出结论,那显然是没有价值和意义的,或者起码算是研究上的重复劳动。而要发现本选题研究的进展程度,尽可能多的掌握已有的研究文献,并进行综合分析,是一个有效的途径。在尽可叱史多掌握文献的基础上,静心阅读文献和分析前人研究的方法、思路和研究已经取得的突破,会为研究者提供较好的关于此选题的研究的新的起点、角度和方法,这几个环节的任何一个创新或者突破,都可以使研究本身体现出价值和意义。如果研究者在阅读文献和综述文献的过程中,综合分析出研究的新的切入点,或者纠正了自己在文献综述开始前的一些观点和思路,甚至直接否定了本项现代警务研究继续进行下去的必要性,那文献综述的意义和价值就得到了彻底体现。在这个意义上说,任何现代警务研究开始之初,进行文献阅读和综述来考查选题的正确性,也是必不可少的环节。

2. 倾听来自实践的声音

另一方面,通过文献综述发现了该警务研究的价值和意义之后,更重要的环节还在于,要到现代警务实践中去考查此主题研究的实践意义。警务目标,更多在现实操作中实现,甚至可以说,警务实践很多时候常常是走在警务理论的前面。一个在警务理论研究领域被证明是有价值的研究主题,可能在警务实践层面,因为法律法规和操作规程的调整,因为运行机制和工作方法的调整,已经不再是一个急需解决的问题或改革创新的方向。或者,一个警务研究的问题,可能在实践层面,由于工作推进的需要,早就在实践过程中,找寻到了现实对策和解决之道。比如,因为中国警察管理体制和机制的原因,2014 年以前,中国警察队伍中出现了非常严重的警察数量较多而职务岗位较少而形成的压级压职问题,挫伤了基层民警的积极性,多地警方其实在国务院同意实施警察分类管理制度之前,已经进行了各地的类似尝试,并为最终制度的成熟设计提供了实践参考。所以,警务实践层面是否已经找到了对应某个警务问题的解决之策,将决定这个警务问题是否还具有研究价值的关键之处。因此,在选题基本确定之后,通过各种方式去倾听来自实践的声音,是必须的环节。同时,倾听来自实践的声音的好处还在于,实践层面也可以提供警务研究者相关研究选题方向中的若干细节,甚至直接可以帮助警务研究者做出此选题研究价值大小的现实评估,对那些虽有一定的研究价值,但在相关研究主题中,来自警务一线的同志可能会告诉研究者,对这一选题领域,某个问题环节可能是对警务实践更具迫切性的问题,某个研究角度的切入或者研究方式可能很难深入,应该做出怎样的转变等,这些都可以直接帮助到警务研究者修正自己的研究选题,或者起码能改进自己的研究方法,从而提升研究的效率。当然,基于警务实践和警务理论之间的研究的视角和价值判断出发点的差异和张力,有时候,警务实践部门可能会做出过于务实甚至工具理性的判断,而忽略警务理论研究的意义和价值,这就需要警务研究者自己的关于研究价值的清醒和准确的判断了。

(三) 现代警务研究选题的确定

1."小的是美好的":选题的精准性

"小的是美好的"来自英国经济学家 E.F. 舒马赫 1973 年发表的经济学代表作《小的是美好的》。该书主要探讨西方工业文明进入自我膨胀的时代,疯狂追求规模与利润,专业化、大型化生产导致经济效益降低、环境污染、资源枯竭等问题,威胁人类的生存与幸福,影响着和平与持久发展,进而主张"小的是美好的"。舒马赫认为,企业不是越大越好,相反,小也有小的好处。例如,"船小好掉头",小企业不仅灵活性较强,人员少,联系紧密,容易拧成一股绳,形成强大的合力。在现代警务研究选题的确定上,我们也应坚持"小的是美好的"理念,这主要表现为选题要保证对问题的精准性把握,这表明现代警务研究要注意如下几点:一是警务研究选题切忌过于宏大,宏大的主题往往难以系统和深入;二是警务研究选题要避免脱离实际,要在警务运行的细节上去发现问题和解决问题,所谓"切中肯綮";三是警务研究选题要小切口,大深入,要从一个点进入,去挖掘其中的机理和内核,发现其中的问题,并最终系统地提供解决思路。

2."创新是不竭的动力":选题的创新性

创新是研究的价值目标所在,所以,现代警务研究也必须以"创新是不竭的动力"为原则。不重复别人已经做过的研究,不人云亦云,重复别人的结论,在警务研究中更体现出创新的重要性。创新也是现代警务实践过程中的主题,无论是现代警务的模式创新,还是现代警务的体制创新,都需要在创新之前做必要的研究和论证,在选择具体的创新路径和方法时,对预设的路径和方法做必要的讨论和证明。这就在提示,现代警务研究在解决警务问题的过程中,理应选择那些具有创新性的内容或方法的选题去展开研究,在审慎地形成结论后,帮助和触动现代警务的实践创新。只有选题本身的创新性,才能保证研究者所进行的研究是能够呼应到现实警务的改革和创新的进程的。并且,创新驱动警务变革,已经是现实警务中如火如荼展开的客观呈现,只有在警务研究中去关注如何进行体制、机制和模式上的创造和革新,才能使现代警务研究本身不会偏离警务的内在规律和外在运行,并作为一份不竭的动力,去推动现代警务的创新和革命,实现警务效能的不断提升。当然,警务研究选题的创新性绝不仅限于推动警务实践的创新这么简单,也应该承认,警务理论体系的创新本身也应该是警务研究必须承担的重任。新的警务概念的提出,新的警务分析模型的构建,新的警务理论体系的梳理,都是现代警务研究必须承担的使命,是现代警务研究者必须完成的工作。

3."服务和引领实战":选题的实践性

现代警务(Modern policing)作为现代警务研究(Modern policing studies)的主体,其实践性一定是其主要的特征,因其总是在实现社会秩序保证公民权利的过程中展现其价值和意义的,通常应该承认,警务实践常常是走在警务理论的前面的。以犯罪侦查为例,往往是先有犯罪分子创新了犯罪方法或者直接建设了新的犯罪形态,这时候,警方需要根据这个犯罪方法和犯罪形态的较多的样本掌握,才能找寻到这一犯罪的内在特征和针对这一犯罪的侦查手段和措施。当然警务理论研究者的价值恰恰在于,及时进入其中,进行对侦查员所采取的侦查手段的合法性和有效性的理论和操作上的规制,对其程序非合法性进行纠正,对其权力合法性边界进行勘划等等,因为作为公权力的一种,警察权力也有内生的扩张冲动,也有不断膨胀、复加自己的作用范围的本能欲望,必须要对其进行规制。所以,正是在这个意义上,现代警务研究要时刻把"服务和引领实践"作为研究的目标选择,一方面要给出警务实践更多的方法建议和理性对策,一方面也必须引导现代警务在合理范围和准确的方向上前行。现代警务研究选题实践性的重要性,在于脱离警务实践的高头讲章,即使再完善和完美,在警务实践的从业者看来,因为与实践脱节,往往会导致在这样的研究结论的指导下,走更多弯路,甚而在最后使警务实践层面不得不苦笑着抛弃警务研究者们经过千辛万苦才得到并提供给他们的研究结论。

三、现代警务研究的选题论证及设计

在现代警务研究选题确定之后,需要对选题进行必要性和可行性的论证,还要进行研究目标、研究内容和框架、研究思路和方法的整体设计。好的论证和设计,可以进一步理清警务研究者的研究思路,保证研究过程的顺利推进,最终完成研究任务。

(一) 现代警务研究选题的必要性和意义论证

现代警务研究的必要性常常在两个层面呈现,一是通过综述在研究的空间和可能性上论证其必要性;二是在研究的意义和价值上论证研究的必要性。也就是说,现代警务研究的必要性也大体可以从研究的理论意义和实践意义角度去论证,进而体现出特定现代警务研究的学术价值和应用价值。

1. 学术价值:现代警务研究的理论意义发现

事实上,现代警务事关社会秩序和公共安全等社会生活的方方面面,关涉每一个社会成员的生活和工作。因此,现代警务研究需要从有效联接各种社会力量的途径上来思考维护社会秩序和公共安全的策略。这些对策体系和安全策略的得出,首先需要在特定问题关注的特定概念的基础上,采用各种理论框架和模型去分析警务现实,在解决相关问题的过程中得出结论。也正因此,现代警务研究的理论意义首先表现为要形成一个有效阐释相关警务问题的理论分析框架,要在各种理论体系中去找寻一个合适的理论来作为分析此警务问题的理论工具;同时,基于理论分析的结果上,所产生的新的概念、对特定警务概念内涵的新的发掘、对警务对策体系的新的完善、甚至在研究中直接产生的新的理论等等,都可以显示警务研究的学术价值。

2. 应用价值:现代警务研究的现实意义考量

说到底,现代警务的实践关照是现代警务研究的主要特征,之所以这样说,是因为警务(警察事务)的实践性是警务的主要特征。因此,现代警务研究把体制改革、方法创新、技术革新等作为研究的目标是由警务本身决定了的。现代警务无论是去关注警察组织还是警察个体的行为,去关注警察权力和公民权利之间的和谐,去勘划警察权力和公民权利各自的范围和边界,去关注警察组织和警察个体的工作效率,去主张警方和社区、警察和公众之间构建多元责任主体的互动合作,去探讨基于社会秩序和公共安全的各方面构建综合治理、共享共治等,客观上都是为了这个社会在运行效果上安全和秩序价值目标的实现。在实务层面去关注法治精神生长和警察权行使规范化,去研究依法治国、深化警务工作全面改革的宏观背景,去考察中国警务或者域外警务发展的趋势和特征等,都显现现代警务研究对警务实践过程的指导和借鉴意义,都显现了现代警务研究的应用价值。

(二) 现代警务研究选题的目标设计

现代警务研究选题和任何选题一样,必须确定研究的目标,这主要包括两个层面的目标,一是形式目标,主要指成果以怎样的形式呈现;二是价值目标,主要指成果将在怎样的环节做出创新。

1. 现代警务研究的形式目标

现代警务研究的成果形式,也主要表现为学术论文、研究报告、专著、专利、技术成果等。在确定研究成果形式时,要综合考虑研究的对象和研究的目标,合理选择学术论文、研究报告、专著、专利、技术成果等作为研究的成果呈现。

现代警务研究的学术论文,除了要体现论文在描述研究成果方面的基本特质,比如研究如何开展,取得了怎样的突破和相应的成果等之外,也要重点体现学术论文的学术性。这种学术性又具体表现为论文的学科性、创新性和科学性。所谓学科性,是指现代警务研究学术论文所研究的问题,都应从相关学科中选定,或者研究的问题虽为警务实践中的问题,但应能够纳入某一相关学科并运用该学科的理论、方法展开。现代警务研究学术论文的学科性的呈现也同时要求该论文的语言应使用学科、专业术语。学术论文的创新性是学术论文最重要的特质,是学术论文价值的根本体现。甚至可以说,没有创新点,一篇现代警务研究论文就不能算作学术论文。学术论文的科学性是指研究和写作过程中研究者的科学态度、科学方法、科学精神的体现,当然,其科学性还包括论文内容的科学性,主要是指论述问题应实事求是,引征资料应全面、准确、可靠,得出的结论应符合事物的发展规律,提出的观点应经得起实践的检验。

现代警务研究的成果研究报告应该是描述警务研究课题研究进展和结果的总括,一般应说明研究工作进程等研究信息,也可以总结正反两方面研究的结果和经验,以便阅读对象对相关研究工作进行判断和评价。警务研究报告主要还是概述在研究过程中取得了哪些成效或收获,应该客观、真实地对研究的材料、数据和结论进行分析,并评价研究的结果和意义。警务研究报告中可以说明个人对研究结果的具体的见解或观点,也可以对研究中遇到的实际困难、有待于解决的问题进行反思,并提出未必完全成熟的解决对策。

现代警务研究的成果也可以是专著。专著是对某个具有学术性研究选题的深入研究之后的专门著述。专著常常有两个特点,即一是专门化、学科化的研究深度,二是专著往往由一人或两到三人专门完成。所以,现代警务研究的成果如果要以专著的形式呈现,其必须在选题上符合专著的学科特质,二是前期的研究必须具备较为精深的研究视角和研究程度。同时,专著一般必须有较高的字数要求。所以,现代警务研究的专著在某一个警务研究选题上,进行全景式关注和结论上的系统性给出,是必不可少的。

现代警务研究成果如果是技术成果,是指在现代警务研究过程中通过研究开发所取得的有利于改善警务效益的发明、发现和其他科学技术成就。跟一般的技术成果表现为技术资料、设计图纸、工艺方法、材料配方、计算机程序、技术信息及其组合不完全相同,现代警务研究的技术成果可分为与警务相关的专利技术,比如刑事科学技术创新或侦查手段革新等,也可以表现为非专利技术,比如一种警务管理的工作法总结、警务管理机制的整体变革、警务运行模式的系统改革思路等。

2. 现代警务研究的价值目标

跟所有的研究一样,现代警务研究的价值目标也是创新。创新是指创造和革新,是以新思维、新发明和新描述为特征的一种概念化过程。创新原有三层含义:一是更新;二是创造新的东西;三是改变。从研究的创新来说,创新首先表现为发现和提出前人从未进行过研究的新问题,进行创造性研究。同时,创新已包含革新的意涵,是指研究也可以在前人已有的研究成果基础上,深入或掘进相关研究。这种推进性研究,其创新性体现在提出了创新观点、采用了创新研究方法、找到了新的支撑材料、进行了新的论证等。现代警务研究价值目标所寻求的创新具体分为警务学术创新、警务理念创新、警务机制创新和警务模式创新等。

警务学术创新是指警务学术领域的学理或技术的创造与革新。"学术"通常被理解为"学理"与"技术"的结合,"学理"主要是指警务所涉及的基本理论问题,在当下,则主要是指公安学学科领域中那些基本的理论问题;而"技术"则主要指警务活动中的方法和技巧,其既表现为当下中国公安技术类学科的主要内容,也包含现实警务中亟待解决和突破的技术难题。一般说来,警务学术创新是警务研究中带有根本性问题的研究和突破,是警务研究中的基础性问题的化解,是一种发展性研究,其提供的往往应该是现代警务领域的新知识与新技术。

警务理念创新是指在警务的理性概念上的创新。这种警务理念包含了警务活动展开中警务观念、警务看法和警务思想等。通过现代警务研究,在研究层面带来警务运行过程中相关观念、看法和思想的改造和革新,这常常也是现代警务研究重要的价值目标。应该说,警务理念创新常常是警政变革的自然结果,是警务改革的先导。比如多年来我们一直关注和提出的"警务绿色发展"理念,因其契合了第五次警务革命的发展趋势,也符合当下中国绿色发展理念的需要,从而具有着实际警务运行中的合理性和示范性的需要。这一全新警务理念强调警务要从"打击型警务"转向"预防性警务"等,一旦转化为现实警务中的警务目标,必然可以带来现代警务实际运行中整体绩效考量在指向上的转变。

警务机制创新是指警务在外在组织结构和内在运行机理上的改造和革新。机制原指机器的构造和工作原理,现已广泛应用于社会运动的分析之中,是指社会运动内部组织和运行变化的规律。警务机制创新是面对警务运行中效率低下问题,通过警务运行组织结构的调整,在结构调整的同时,带来警务运行功能的变化,使警务运行机制随之改变,实现警务效能的提升。现代警务研究在很多时候恰恰是去关注警务实践中面临着的问题,通过研究来找到如何通过运行机制的调整去解决这些问题的办法。以当下中国的警务为例,我们主张从"头痛医头、脚痛医脚"的"消极警务"转向以"预防违法犯罪为主"的"积极警务",这就需要在组织结构上加大预防违法犯罪行为发生的警务力量,从而在机制功能上突出公安机关对违法犯罪防控能力的增强。

警务模式创新是指警务运行样式的创造和革新。模式是指主体行为的一般方式,也是指事物的标准形式或可以供人学习的模本样式。警务模式是指一定时期相对固定的警务运行的一般样式,在特定的警务模式下,常常包含着当时警务要实现的警务效能目标的价值次序,为增进某种价值目标或者强化某种价值目标的实现,就需要调整警务模式本身。比如20世纪80年代初的社区警务(Community

Oriented Policing)模式的提出,就使警务模式的价值目标转向了以社区主导警务,使警务关注重点不再指向街面而指向了社区。前面章节所阐述的警务治理模式,实际上也是强调警务要实现的价值目标——公共安全产品和服务的改进,需要从警方单方面的工作转化为警方和社区、警察和公众的互动合作、共建共享。

(三) 现代警务研究选题的内容和框架设计

现代警务研究的选题一旦确立之后,紧接着要做的工作就是对研究内容和研究框架进行合理与必要的设计。一般说来,一个研究选题好的内容和框架设计,对研究的顺利开展和成功完成将起到至关重要的作用,而好的研究选题的内容和框架设计,无非是在研究的深度掘进和广度拓展上下功夫,形成对研究选题的研究深度的全力透视和研究空间的全景敞视。

1. 现代警务研究内容的深度掘进

现代警务研究内容的深度掘进主要是指研究主要内容的设计,必须有足够的深度,必须在相应的研究主题下就研究的核心概念内涵的深度解读、研究主要内容的深入推进、研究重点和难点的精准思考等方面做到研究正式开始前的极致状态。现代警务研究的核心概念是研究的起点,对其内涵的深度解读,对研究工作的开展非常关键。基于一个概念往往有完全不同的理解,研究在怎样的角度和范围上来理解这个核心概念,将直接关乎研究的主要内容的取舍和选择。所以,对研究的核心概念进行深度解读,将研究的核心概念的内涵与外延确定下来,并围绕这个核心概念去找寻合适的研究模型去展开研究,是现代警务研究必须的基础环节。研究主要内容的深入推进是指要在选题研究的主要内容上做深入思考,要在明白相关研究已经进行到怎样的程度的基础上,设计出本研究拟要开展的研究的主要工作,对同类研究做了怎样的推进,在研究内容上有了怎样的系统化安排,在研究内容的逻辑性上有了怎样的体系化构思等。研究重点和难点的精准思考实际上是保证研究深度掘进的关节点。恰恰是对研究重点和难点的思考与设计本身,才保证了研究对于核心和关键内容的准确把握,也保证了研究的创新点及研究主要着力点的有效准备。客观来说,好的现代警务研究选题在研究内容上如上三个点的深度掘进,往往会让研究选题的论证书和设计,本身已经可以独立为一篇比较成熟的研究的论文成果。

2. 现代警务研究框架的广度拓展

现代警务研究在开始研究之前搭建一个科学合理的研究框架,使整个研究的视角足够宽阔,可以保证研究不在一个狭小的空间里自说自话,进而可以保证研究的开放性和可行性。在现代警务研究框架的广度拓展上,重点要注意对本选题研究的前人已有研究成果的述评,对研究者本人已有相关研究成果的梳理。对前人已有相关研究成果的全面的寻找和综合述评,可以帮助研究者发现本研究的全新的研究的点和研究的价值意义所在。因为只有对前人相关研究成果的分类述评,才可以让研究者发现本选题的研究可能处于怎样的阶段,一些问题有没有形成统一认识,还有哪些相关问题有待进一步深化等,才能让研究者发现本研究选题还剩下哪些研究的空间和研究的关键内容。而对研究者本人前期相关研究成果的梳理分析,则可以系统支撑出研究的可行性和科学性,并可以证明研究者或研究团队到底有没有能力完成研究任务,达成研究的最终成果。现代警务研究框架是否实现了广度上的拓展,其实多少是可以通过研究论证书和框架设计中的"主要参考文献"来加以呈现的。通常看来,在特定研究选题和关键概念解读基本确立的情形下,如果主要参考文献的列出挂一漏万,或者一提到某个选题关键词,有些非常著名的相关文献并没有被研究团队列在参考文献中,可以看得出,研究可能还没有做到对本研究选题所涉及的研究内容和思路上的广度把握,更不要说做到对研究内容的"全景敞视"了。

(四)现代警务研究选题的研究思路和方法设计

工欲善其事,必先利其器,器利而后工乃精。现代警务研究选题一旦确定,其研究方法和研究思路的确定正如"利器",对整个研究的意义是不言而喻的。因为思路决定出路,好的研究思路和技术路线可以让研究迅速到达目的地,而得法的研究方法,也可以让人一眼看到研究的可信度。

1. 思路即出路:现代警务研究的思路决定研究的目的地

现代警务研究的研究思路也主要包括这样几个部分:一是确立研究的理论模型,也就是研究拟采用什么样的理论分析模型和关键技术来推动这一研究的开展,是否需要在某个学科或者某两个学科的交界处寻求研究的理论支撑或技术支持等。二是确立研究的基本思路,主要包括研究有哪些步骤,先做怎样的基础准备,再做怎样的研究进路,最后是否进行警务实践层面的实证分析和研究的现实验证等,在警务技术类研究上,此处可能还要绘制出研究的技术路线图。三是确立研究的阶段任务,也就是研究拟进行哪几个关键的研究阶段,在每一个阶段上要实现怎样的阶段性研究目标等。应该说,如果一个现代警务研究选题的研究思路在如上三个层面的思路上是清晰科学可行的,一般来说,研究会顺利地出发,也会在中期成果和最终成果层面展现较好的研究效果。

2. 方法应得法:现代警务研究的方法确定研究的可信度

在现代警务研究的整体思路确定以后,每个研究过程的具体研究方法的使用,就显得相当关键了。正所谓方法不到,研究的完美结果就不可能充分呈现。基于现代警务的实践性和操作性,现代警务研究的方法更多体现在如下几个研究方法上:一是制度研究法。这种研究方法注重对警务制度的结构、关系和原则的关注,目的常常是要构建一个关于警务制度的更完美的体系。二是规范研究法,这种研究方法是要从某种警务运行或操作标准出发,其目的往往是要为警务发展提供一种必要的行为或者操作规范。三是系统分析法。这种研究方法关注现代警务作为一种运行系统,其内部有着内生的生态结构和循环途径,需要用系统分析方法来进行考察,其目的是要推进警务系统内部和外部的资源和能量的转换,以实现警务系统的改善和优化。四是历史研究法,这种研究方法是指按照警务发展的历史顺序,通过对相关警务活动的历史资料的搜集、整理、分析和综合,形成不同历史时期的警务发展的状态、特征、本质和趋势等,探寻警务发展大道即内在规律等。

四、现代警务研究选题确定与设计举隅

江苏省社科基金项目《作为依法治国政治基础的警察权法治化研究》的选题确定与设计:

选题名称:作为依法治国政治基础的警察权法治化研究

本表参照以下提纲撰写,要求逻辑清晰,主题突出,层次分明,内容翔实,排版清晰。除"研究基础"填在表三外,本表内容与《活页》内容一致。

一、选题依据

(一)研究动态

在警察是国家的"装置与技术"、警察是国家权能释放的保证、警察是国家的即时代表等认识基础上,可以发现,警察权时刻外在于公民的政治生活中,其在限制人们的"非常态自由"的同时,保护着人们的"常态自由",并宣示着法

治的价值,标示着依法治国的水平。似乎被现实生活中人们对警察权力依赖与不满共生的复杂情绪遮蔽,国内法学界及政治学界对作为依法治国政治基础之一的警察权法治化的内涵、意义及实现路径的理论关注还不多,更多是对警察权实施规制的现实吁求。如陈兴良主张在刑事法治视野中对警察权的分权与限权(陈兴良,2002);彭贵才提出警察权是法治社会中不容忽视的重要问题,警察权是否得到应有控制,是国家文明的标志(彭贵才,2009);夏菲提出将警察权行使置于法律控制之下是法治的基本要求,由历史及警察本身特殊性所造成的警察权控制之困难,我国应建立一种多维的警察权控制体系(夏菲,2011);蔡武进提出就警察权控制而言,要从法治理念、法律制度、法治精神三个层面对警察权施以控制(蔡武进,2014);等等。总体看,从警察权与公民权的和谐角度去关注警察权法治化的研究更不多见。本研究从政治哲学和法哲学层面,基于法治的内核包含法律至上、限制公权和保护私权等考量,研究警察权的法治化如何推进警察权与公民权的和谐,而两者的和谐又如何为依法治国提供政治基础,并在现实层面关注在全面推进依法治国的战略背景下,作为"行动的法律"的警察权的法治化,将如何去夯实中国依法治国的政治基础,从而体现本研究的出发点和意义。

(二) 研究价值

本研究试图从政治哲学与法哲学的双重视角对警察权法治化的内涵、警察权法治化对警察权与公民权和谐的基础意义、警察权与公民权和谐对夯实依法治国政治基础的意义等进行理论层面的分析,显示研究的学术价值。本研究将在警察权与公民权和谐视角上关注作为独立个体的警察权行使,有利于将警察权的行使置于法治精神生长和公民权保护的映照之中,从而凸显警察权行使规范化的必要性。同时,研究还将在警察组织层面关注推进依法治国、深化公安工作全面改革的宏观背景,考察中国公安机关将法治公安建设看做是警察权法治化的自然结果,将法治公安建设看做是依法治国方略在公安工作中的落实,从而对警察权的法治化路径、对警察权法治化作为依法治国政治基础,进行实践层面的扫描,努力显现研究对公安实践过程的借鉴意义和应用价值。

二、研究内容

(一) 研究对象

本研究将警察权的法治化作为研究对象,系统关注警察权如何在法治化的路径中耦合出与公民权的和谐,并深入研究警察权法治化、警察权与公民权和谐作为当前依法治国方略政治基础的理论意义与实践价值。

(二) 总体框架

1. 警察权与警察权法治化的概念解读

警察权是公权力的代表,它伴随着国家权力的产生而产生,并伴随着国家形态的发展不断从君权、王权中独立出来,特别是到了资产阶级民主共和国时期,随着立法权、司法权、行政权的三权分立,警察权也日益独立,逐渐形成为行政权力及兼具部分司法权的法理型权力(余秀豪,1946)。现代意义上的警察权是指"由宪法和法律赋予警察机关执行法律、法规,实施警务活动的权力"(惠生武,2000)。对这一概念的理解可从如下三个层面展开:其一,警察权受之于宪法和法律。没有宪法和法律的确认和设定,警察权就失去了存在和行使的合法基础,其中宪法确认的是警察对公民基本权利的保障性权力,而法律设定的是警察对公民行为的限制性权力。其二,警察权只能由警察机关代表国家行使。由于警察权大抵表现为警察行政职权和警察刑事职权两部分,所以,警察权具体化为警察职权是由不同的警察机关分别行使的。其三,警察权作为国家权力的组成部分,是国家为维护国家自身安全和社会秩序并为社会提供服务的公权力的一种。作为公共权力其既有强制的特点,也有救济和服务的特点。在现代社会,警察权以维护社会秩序找到了存在的正当性。

警察权具体在某个警察职位上则称之为警察职权,警察职权作为警察权的具体化,由于警察机关层级职位的不同而有不同的权能和职责。警察权作为警察职权的集合体在内容上包括警察行政职权和警察司法职权。警察权的这两项基本内容在国外很多国家(如日本和法国)对应出两个不同的警察系统:行政警察系统和司法警察系统,前者的职责重在预防犯罪,后者的职责则主要在制裁犯罪或为制裁犯罪提供合作或帮助。在我国,警察权的这两项内容是由同一机关的不同部门行使的。具体来看,我国的警察行政职权包括治安管理权、道路交通管理权、消防监督权、户政管理权、出入境管理权等。我国的警察刑事职权包括侦查权、刑事强制权、刑罚执行权等。

"法治"有两种解释,一种是"rule of law",是指实现法的统治或者法的治理;一种是"rule by law",是将法律单纯作为国家统治的工具或手段,法律只是政治运行手段的一种。前者因强调所有的国家权力都应该由法律来分配或授予,所以是更多关注"自由民主"的"社会优位型法治模式";后者因强调法律只是国家权力运作的规则与保障手段,所以是更多关注"国家权力"的"国家优位型法治模式"(马长山,2002)。从全世界来看,社会优位型法治与国家优位型法治正在趋同。中国也正在从过去将法律只当作国家运行的手段逐渐向"法的治理"的进步与过渡的过程中。所以,本次中共中央再次系统化地解读与强调依法治国,实际上是要寻求法在中国当下和未来政治生活中水乳交融、润物无声的治理功能。由此可见,法治已不仅是中国政治的工具价值,更成为中国政治运行的目标价值。

警察权的法治化,是指通过法治的规则和方法来推进警察权内容的法律化,警察权行使的合法化、准确性、及时性、适度性的过程。警察权的法治化首先是警察权的法律化,然后是警察权力的依法行使,以及由此产生的警察权力对公民权利的限制与保护的平衡,并在此基础上实现警察权与公民权两者间的和谐。警察权的法治化是法治精神的生长,是法治公安建设的前提,是依法治国方略的政治基础之一。

2. 警察权边界的法治勘划

警察权是国家行政权力和司法权力的集合体。作为公权力,警察权同样具有扩张、复加和膨胀自身的内在冲动。这种内生的扩张冲动,本质上是和法治精神相冲突的,最终也导致了警察权在当下的困境:一方面是警察总是试图进一步扩大自己的权力,一方面是民众总是希望进一步限制警察的权力。这一困境,只能通过用法治来勘划警察权的范围与边界加以消解。一般认为,"警察是行动的法律,法律是沉默的警察",因此,可以看到警察权的行使原则应该是"合法、准确、及时、适度",但如何才能真正实现这样的原则,还是要准确界定出作为公民权对立面的警察权的作用范围与操作边界,才能使警察权真正转化为公民权的保障而非侵害。

警察权的作用范围表现在三个方面：一是警察权只存在于公共领域。作为公共权力的警察权，其目标在维护公共秩序，其运作过程在于对公民个人自由与权利的限制来保护公民的自由和权利，所以警察权只能在权利的公共区间发挥作用。二是警察权只在公共秩序遭破坏时才发挥作用。公共秩序可以看作是每个个体在社会生活中自生自发而成，每个个体的行为在其个人角度具有私人性，而在社会生活角度则具公共性。所以在每个人主张个人的权利过程中，如果有对他人自由和权利的侵害，则构成对公共秩序的破坏，此时，警察权的出现和干预正是对公共秩序的恢复和维持。警察权也正应止于公共秩序的恢复，就是说，当公共秩序恢复时，警察权也就该适可而止了。三是警察权只作用于破坏秩序的主体及个人行为。只有对那些破坏公共秩序的责任者，才能施以警察权的限制。如果对非责任者行使警察权，那就是警察权的滥用。

从如上三个作用范围可看出，警察权的操作边界必须做明确的法律勘划与规定，在规制人们的自由以实现人们的自由的过程中，用作为公意体现的法律来规制警察的行为，是对规制的最好规制，是防止权力滥用的不易真理。所以法律的规定正是警察权的操作边界，正如警察的权力受之于法律，警察的权威也恰恰发生于警察权行使中对法律的遵从。警察权的法治化首先是对警察权的法律勘划。依法行使是警察权法治化运行的第一要义和核心要求，公正执法是现代法治精神从执法纪律和职业操守层面对警察权法治化运行提出的进一步要求，其实质依然是强调警察权奉法而行（蔡武进，2014）。

3. 警察权法治化的当下路径

在推进依法治国背景下，警察权法治化的具体路径包括两方面：一是警察行政职权的法治化；二是警察刑事职权的法治化。警察行政职权的法治化具体包括：一要依法惩处各类警察行政执法中违法行为；二要完善警察行政执法程序；三要建立健全警察行政裁量权基准制度；四要加强警察行政执法信息化建设和信息共享；五要全面落实警察行政执法责任制；等等。警察刑事职权的法治化具体包括：一要研究探索实行警察系统受案立案分离和立案归口管理制度改革思路；二要完善警察系统适应证据裁判规则要求的证据收集工作机制，健全讯问犯罪嫌疑人录音录像制度；三要从完善刑事执法责任制入手，健全执法过错纠正和责任追究制度，建立冤假错案责任终身追究制；等等。

4. 警察权法治化的最终目标——警察权与公民权的和谐

警察权是经由全体公民让渡并由宪法和法律赋予的,而公民权是通过法律确认和保证的。比较两者,会发现,法律是实现两者协调和平衡的基础。诚如西塞罗所说,法律是国家中一切和谐的基础,这是任何共和国中永久联盟的最强有力和最佳的纽带,而没有正义来帮助,这种一致是永远不会出现的。因此,警察权主体的依法行使和公民权主体的依法行为,的确是两者辩证统一的基础平台。

警察的权威来自法律,警察权来自法律的授予,因此在警察权的合理操作中确应主张"法无规定即禁止",即只要法律没有规定、没有授予警察主体的权力,就是警察不能做的,否则就是权力的滥用。这既是权力授予和权力制约的基本要求,更是警察权行使的合理边界。公民权来自法律的确认以及国家权力依照法律的有效保证,公民权利及自由的实现恰恰来自公民对法律的遵守。

在公民权的实现中,确应主张"法无禁止即自由",即法律没有禁止的,理论上说都是公民可以做的,即使其中有些行为是应该受到道德或世俗风气的谴责,但起码是不应该受到法律的惩罚的。正是在这样的思想平台中,可以说,警察权和公民权的统一,实际上源于警察权和公民权主体们的"依法行为","法治"(rule of law——法的治理)是两者协调和统一的更进一步的基础。在实践上让这两部分主体都依法行为,在法治的平台上让两者互助与合作,实践合作主义。

5. 作为当前中国依法治国政治基础之一的警察权法治化

法治,既可以看作法律的运作,也可以看作是政治的一种手段。在马克思主义和诸多西方学者那里,法治都被作为一种政治理想而存在。哈耶克就说,法治作为对所有政府权力的一种限制,当然也是一种规则,但是一如我们所见,它却是一种超法律的规则:它本身并不是一项法律规则,而只能作为一种支配性观念而存在(哈耶克,1955)。在这里,人们看到了政治生态的善治需要法治的工具价值,也看到了法治的实现需要一定的政治基础。

警察是社会秩序的人格化。警察权在限制人们的非常态自由与权利的前提下,保护所有人的常态自由与权利,进而实现秩序。作为"行动的法律"的警察实际上是政治和法治关系的关键连接物和重要载体。所以,警察权自身的法治化是作为公权力的警察权与作为私权利的公民权和谐的前提与基础,而只有这两者的和谐,才有法治精神在当下政治共同体中的生长,为中国全面推进依法治国方略提供政治基础。

基于中国警察权组织运行方面的行动自觉,法治公安建设成为依法治国战略在公安工作中的落实与反映。我国公安机关掌握着行政权力、司法权力体系中最为重要的部分,警察权若不能依法行使,将会对依法治国造成阻碍。就当前公民权利保护而言,中国特色社会主义法律体系业已形成,依法治国由以立法为中心转向以法律实施为中心,肩负行政执法、刑事执法等多重任务的公安机关,实施以警察权法治化的组织运行为主要内容的法治公安建设,既可推进我国司法体制改革的进程,也自然成为我国依法治国的政治基础之一。

(三) 重点难点

1. 研究重点

一是对警察权法治化内涵及意义的理论分析;二是对作为依法治国政治基础的警察权与公民权和谐如何可能的逻辑解读与实现路径考量。

2. 研究难点

在警察权的作用范围与法律边界的勘划和警察权法治化、法治公安建设的具体路径方面,皆存在理论梳理上的相对容易,而在实践层面的运行机制和保障机制的给出上的殊为不易,研究需在理论与实践间的融会与并通上下大力气。

(四) 主要目标

1. 学术目标

研究拟在警察权法治化如何可能、警察权与公民权和谐何以实现、警察权法治化作为依法治国政治基础如何夯实等方面理清逻辑,构建理想类型,彰显研究的学术价值及应用价值。

2. 成果目标

研究拟在相关研究主题上形成学术论文5篇以上,其中核心期刊论文2篇以上,并力求重要学术观点和政策建议能为相关领域或部门提供借鉴。

三、思路方法

(一) 研究的基本思路

在政治学与法学的交界处关注警察权法治化的内涵与实现路径；对在警察权法治化基础上如何实现警察权与公民权的和谐进行理论和实务的考察；对警察权法治化基础上的法治公安建设在当前司法体制改革中的价值进行思考；对警察权与公民权的和谐作为当今中国依法治国政治基础的意义进行全面考量。见图 8-1。

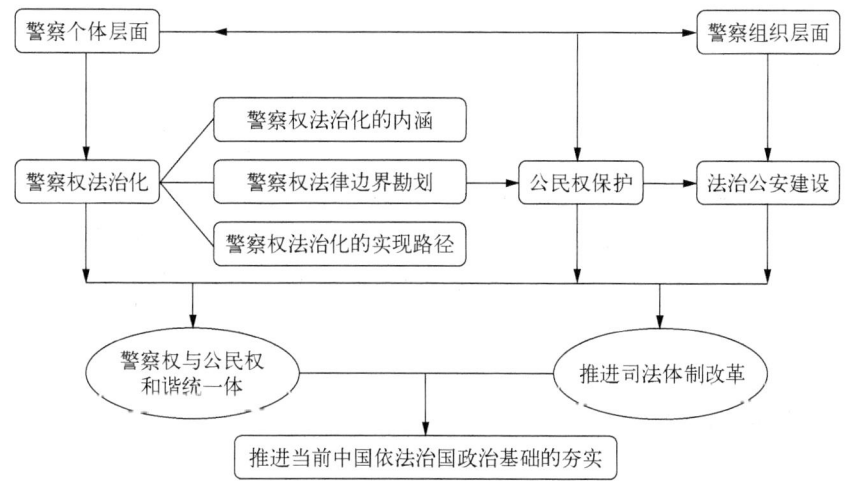

图 8-1 本选题研究的技术路线图

(二) 具体研究方法

本研究将综合运用规范研究和实证研究的研究方法，既在理论上去探寻警察权法治化的路径及其对推进中国依法治国方略的基础意义，也在实证研究上选择南京市公安局、苏州市公安局、南通市公安局等地进行研究主题的实证分析和实地调研。

(三) 研究计划及其可行性

本研究计划在两年半内完成,主要分为三个研究阶段来保证研究的可行性。

第一阶段:2015年7—12月,文献综述、理论模型的选择及研究框架的最后确定。

第二阶段:2016年1—12月,理论分析和调研实践工作开展,形成研究论文3篇。

第三阶段:2017年1—12月,深入研究,审慎地形成结论,完成2篇论文。提供有参考价值的调研报告等,完成课题结项手续。

四、创新之处

本选题研究的特色和创新有三:一是学术思想上将警察权法治化界定为警察权与公民权和谐的基础,进而将两者的和谐看作推进中国依法治国方略的政治基础之一;二是学术观点上系统梳理了警察权法治化的内涵及警察权与公民权和谐的理论与现实可能性;三是在研究方法上力图从政治学与法学的交界处去谋求新见。

五、预期成果

预期成果形式为系列论文5篇。使用去向包括:一是理论研究成果将为丰富警察政治学这一新兴研究方向提供学术贡献;二是实证调研成果将为江苏省公安机关队伍建设和法治公安建设提供参考。此项研究成果将为法治江苏、平安江苏建设提供一定的理论支撑。

六、参考文献

1. [古罗马]西塞罗:《国家篇 法律篇》,沈叔平、苏力译,商务印书馆,1999年版。

2.［英］坎南:《亚当·斯密关于法律、警察、岁入及军备的演讲》,陈福生、陈振骅译,商务印书馆,1982年版。

3.［英］哈耶克:《自由秩序原理》,邓正来译,生活·读书·新知三联书店,1997年版。

4.［日］田口守一:《刑事诉讼法》,刘迪等译,法律出版社,2000年版。

5.［美］埃利诺·奥斯特罗姆等:《公共服务的制度建构——都市警察服务的制度结构》,宋全喜等译,上海三联书店,2000年版。

6.［美］本杰明·卡多佐:《司法过程的性质》,苏力译,商务印书馆,2007年版。

7. 余秀豪:《警察学大纲》,商务印书馆,1946年版。

8. 赵炜、张光等:《警察政治学》,中国人民公安大学出版社,2014年版。

9. 惠生武:《警察法论纲》,中国政法大学出版社,2000年版。

10. 陈兴良:《分权与限权:刑事法治视野中的警察权》,《法律科学》,2002年第1期。

11. 杨玉海:《试论警察权力与公民权利》,《山西高等学校社会科学学报》,2002年第11期。

12. 彭贵才:《论我国警察权行使的法律规制》,《当代法学》,2009年第4期。

13. 夏菲:《论我国警察权控制模式的完善》,《河南警察学院学报》,2011年第6期。

14. 丛华:《法治视野中的警察权与公民权的平衡关系》,《犯罪研究》,2013年第1期。

15. 蔡武进:《警察法治建设的意境、困境及路径》,《江苏警官学院学报》,2014年第5期。

第九章　现代警务调查研究方法

一、现代警务调查研究概述

(一) 现代警务调查研究的界定

早在古希腊时期,亚里士多德就认为科学是关于事实的原因的知识。科学理论是建立在对研究对象进行观察、调查和实验的基础上得到的系统的知识。现代警务理论同样离不开调查研究。调查研究实际上包括调查和研究两部分内容。调查是一种以经验的方式,收集有关研究对象的材料、事实和数据,它是一种感性认识。调查研究的这两部分内容用一个词来概括就是"实事求是"。正如毛泽东所言:"'实事'就是客观存在着的一切事物,'是'就是客观事物的内部联系,即规律性,'求'就是我们去研究。"没有调查就没有发言权,毛泽东历来重视调查研究,始终把调查研究作为了解情况、解决问题、进行决策的重要依据。

总体来说,现代警务调查研究是社会调查研究的一个分支领域。社会调查研究是在系统地、直接地收集有关社会现象的经验材料的基础上,通过对资料的分析和综合来科学地阐明社会生活状况及其发展规律的认识活动。① 如果要给现代警务调查研究下一个明确的定义,那么,我们可以说,现代警务调查研究是有目的有

---

① 张蓉:《社会调查研究方法》,高等教育出版社,2005年版,第2页。

计划地运用特定的方法和手段,系统地、直接地收集有关现代警务现象和与警务有关的社会事实的经验资料,通过对这些资料进行分析来探索警务现象发生、发展、变化的规律的活动。现代警务调查研究的客体是现代警务,它是现代社会维护治安秩序的一系列活动、制度和机制的总和。现代警务调查研究的根本目的是探索和产生有关现代社会治安秩序维护的系统知识,增加人们对现代社会治安秩序及其维护手段的理解。摸清社会治安问题,稳定社会治安秩序是现代警务调查研究最被人们所强调的一个的用途,这一实践作用主要体现在三个方面,即描述状况、解释原因、预测趋势。

1. 描述状况。主要描述作为调查研究对象的特定警务现象"是什么"或"怎么样"的问题。了解和描述现代警务的状况,是人们深入认识现代警务的基础。要深入认识当前社会中犯罪的发生和发展规律,就必须首先对目前社会中犯罪活动的状况有一个客观的、整体的了解。伴随社会的发展,犯罪形态、种类和方式都会发生变化。因此,必须结合特定社会状态先弄清有哪些犯罪活动高发,普遍性程度如何,各种形式的犯罪有什么样的特征,犯罪现象在总体上具有一些什么样的特点。而通过调查研究,就可以对不同时期的各种犯罪现象的特征、普遍程度,以及犯罪分子的人口和社会结构特征等基本情况作出较为准确的描述,综合这些客观的、精确的描述,我们可以进一步从各种现象及其相互关系中,找出各种犯罪发生的最主要的原因和发生发展规律。

2. 解释原因。解释特定警务现象"为什么是这样"或"为什么会如此"的问题。现象的描述是为发现和探索其背后的原因和发展规律做准备,只有透过现象探究,我们才可以提炼对现象的认识,积累知识,从而更好地解释研究对象。现代警务调查研究这一作用比起单纯的描述状况要更为深入一些,它可以使得现代警务调查能够被广泛地用来探讨警务现象内部不同要素以及警务与其他社会现象之间的关系,探讨某一警务现象发生的原因和机制。

3. 预测趋势。除了对状况和原因进行解释外,警务调查研究还可以对警务现象的发展趋势作出一定的预测。例如,以调查为基础的,对犯罪主客体、犯罪环境、犯罪原因、犯罪手段等开展分析,可以确定犯罪发生和发展的规律,预测犯罪总量及不同类型犯罪数量的增减趋势。在网络和信息技术发展的背景下,警务部门通过对犯罪发生发展趋势的研究,对未来可能发生的犯罪发展趋势做出预测,为提前调配警力资源,有针对性地加以预防提供参考。例如,近年来兴起的犯罪制图就是利用地理信息对犯罪和其他相关警务问题的数据资料进行地理空间分析,掌握各类型犯罪的地理环境、空间分布特点和犯罪区划,这对于犯罪的风险评估、防控决策、罪犯侦查追踪和人口管理都有重要意义。

(二) 现代警务调查研究的特点

作为调查研究对象的现代警务是一种社会现象,它与不受人为主观能动意愿影响的自然现象不同。其一,从复杂程度上看,人既作为一个生物体,同时又是一个有着精神活动的社会体,是"一切社会关系的总和",其行为的动力机制非常复杂,这也决定了导致一种社会行为发生的原因的复杂性,它必然涉及许多社会的、历史的、文化的因素。在社会领域中,事物往往可能是由多种原因共同作用的结果,一种社会现象的发生又可能引发许许多多的其他社会事件。每一个特定的社会调查研究所了解的,只不过是错综复杂的因果链条中的一部分。其二,受调查研究主体的影响程度不同。社会现象、社会事实本身是人的活动的结果,调查研究者,也是有着一定观念基础的人,在调查研究过程中,其显然不可能把自身已有的价值观念与调查研究的社会事实完全剥离开来。其三,与自然科学的研究对象不同,社会调查研究的对象在很多情况下也参与到了研究过程之中,这就不可避免地会对调查研究本身带来影响。心理学和管理学上著名的霍桑实验的重要发现之一,就是受调查者由于受到额外的关注而出现了绩效或努力上升,这种情况表明对人们的社会行为进行研究,这种研究行为本身就有可能改变它所研究的行为,这就像把一块新的磁铁放到磁场里,必然会改变原来磁场中的磁力线分布一样。因此,社会调查研究过程中,无论是采取观察的方法,还是采取调查、实验的方法,都可能存在不同程度干扰和影响,会受到研究主体、客体以及其他社会因素的影响和制约。

作为特定的社会调查研究类型,现代警务调查研究具有以下几个特点:

第一,现代警务调查研究的对象是警务活动和与警务活动有关的社会事实。从具体的调查研究对象来看,可分为五种类型:警务执法过程中对具体案件的调查研究,对具体警务工作和事项的调查研究,警务情报的调查和收集,为警务工作提供基础的调查研究和学术性的调查研究。这里的现代警务调查研究主要指后两者,有以下几个方面:(1) 对警务活动客体的调查研究。也就是对影响和破坏社会治安秩序的违法犯罪活动的发生规律、发展趋势、违法人员的特点、手段和变化等的调查研究;对违法犯罪行为的受害对象的特征、受害状况和原因、救济、预防等方面的调查研究。(2) 对警务活动主体的调查研究。包括对警察和其他警务辅助力量的能力素质、职责、组织体制、工作机制和职业保障等方面的调查研究,其他警务辅助力量包括辅警、保安和其他群众治安组织等。(3)对警务对策的调查研究。即对警务工作的各种法规、政策、措施、方法的合理性、可行性、实施效果的调查研究。(4)对警务工作环境的调查研究。即对与警务活动相关的政治、经济、文化、社会生活等方面环境的调查研究。(5)对警务工作的国际环境和国际警务的调查研究。

第二,现代警务调查研究是在一定理论的指导下,有目的、有计划地系统收集警务活动和与警务活动有关的经验资料,并对经验资料做出分析和科学的解释。这种方式与日常生活中的非系统性观察和考察不同,它是建立在科学的方法和程序的基础上,以经验事实和逻辑思维法则为依据,通过对所收集的资料的系统分析,将对调查研究对象的经验认识上升到理论层次甚至提供各种政策性建议。

第三,现代警务调查研究的目的是要反映各种警务活动或现象的总体情况,而不仅仅是了解和说明个人情况或个别事件。现代社会中与刑事犯罪和社会治安相关的领域、对象、内容非常广泛多样,可以说,有人的地方,就有安全和秩序的问题,需要注意的是,现代警务调查研究应当以分析警务活动和与警务活动有关的社会现实为目的,研究结论必须具有社会意义,不能仅仅停留在对个人或个别事件的分析和解释上。尽管警务调查研究的具体对象通常是一个个具体的个人或是其行为,但是调查研究所要描述和解释的是这些具体的个人所组成的群体、由许多个人行为所构成的总体社会现象。

第四,现代警务调查研究是从具体的调查对象那里获取第一手经验资料,即通过观察、访谈和问卷等方法直接从具体的被调查的对象那里获得信息,并对此进行分析和研究。这种对第一手经验资料收集和研究的直接性将它与某些利用间接的二手资料的社会研究方式区别开来。现代警务调查研究中也要查阅相关文献资料,但是它不是仅仅依赖文献资料,它主要依赖的是从调查对象中获得的第一手资料。

第五,现代警务调查研究是建立在经验观察和研究的基础上,不同于形而上学的思辨方式。所谓经验,是指人们在同客观事物直接接触中所感知的关于客观事物的现象和外部联系。经验性意味着可体验和感知到的事物和现象,人的行为、人所创造的东西以及以语言为中介的意见、态度、价值观念等,都属于经验上可感觉的社会事实。比如人们因为信仰进行某种朝拜的行为,人们所发表的对某一事件的看法,以及现实社会中存在的教堂、经书等等。警务调查研究者收集到的一定规模的类似的经验资料,就能反映某种警务现象的某些部分,综合所有这些部分的资料,我们就可以在一定层次上"经验地"认识特定警务现象的整体。

(三) 现代警务调查研究的理论基础与方法体系

1. 现代警务调查研究的理论基础
(1) 西方社会研究方法论的不同观点

方法论是指人们用什么样的方式、方法来认识和解释世界,其基本意义在于提高人们对周围世界的认识。在对社会现象的研究中,方法论主要集中在如何看待社会现象,可以通过什么样的方式来分析和解释社会现象,以及如何检验社会理论等问题的反思上。对于社会研究来说,西方一直存在着不同流派方法论的争议与发展,主要流派的演变有实证主义流派(孔德、迪尔凯姆)、解释主义传统(狄尔泰、韦伯)、现代的发展(波珀、库恩)。

实证主义流派以社会学始祖 A. 孔德和斯宾塞等人为代表,后来经过社会学的代表人物迪尔凯姆发展后日趋成熟。实证主义流派认为社会现象和自然现象一样,也是客观的,它们之间并无本质的区别,因而研究方法可以遵循同样的准则,都可以用普遍的因果律加以说明。经验是科学知识的唯一来源,所有的科学知识都可以通过经验得到证明和验证。因此,在研究方法论上,该流派强调社会科学应以自然科学为标准模式,通过观察、实验等方法来建立统一的知识体系,开创了社会研究的实证主义传统,这一传统在相当长的时期里是社会学乃至整个社会科学研究方法的主流。孔德提出"观察优于想象",他认为"实证"是指现实的而不是幻想的、可靠的而不是可疑的,通过观察、分类等来探求事物彼此的关系,以这种方法获得的结果,才是正确可信的。"社会事实"是迪尔凯姆所著的《社会学方法的准则》中的核心概念,"一切行为方式,无论它是固定的还是不固定的,凡是能从外部给予个人以约束的,或者换一句话说,普遍存在于该社会各处并具有其固有存在的,不管其在个人身上的表现如何,都叫社会事实。"迪尔凯姆提出社会学方法论的两条基本原则,"把社会事实作为物来考察;努力从社会事实脱离其在个人身上的表现而独立存在的侧面进行考察。"① 这两条基本原则具有开创性,并且在其《自杀论》的具体研究中得到了很好的阐述和运用,引起巨大的轰动,其成果为社会学成为一门科学奠定了基础。直到今日,迪尔凯姆的理论和研究方法仍然在社会学界发挥着影响。

---

① [法]E. 迪尔凯姆:《社会学方法的准则》,狄玉明译,商务印书馆,2003年版,第35、64页。

20世纪以来,以美国为代表的西方社会科学的经验研究在实证主义方法论指导下,发展出一套比较完整的、具体的、可操作的,具有模式化、程序化和精确化特点的研究方法。即在经验研究中,必须建立与经验事实相联系的,并能说明现象之间关系的理论假设;社会研究过程要有自己固定可以操作的研究程序或步骤,如同自然实验那样,人们可以按照同样的程序重复研究过程,对先前的研究加以验证;由此形成一套包括问卷技术、量表技术和指标设计技术在内的比较精确的测量技术,使得对社会现象的研究逐步达到精确化的水平。20世纪60年代以后,随着计算机和统计分析技术在社会研究中的推广使用,使得测量工具的精确化成为可能。如今,信息技术的发展为社会科学研究提供了"全样本"数据,大数据技术对社会科学的知识发现产生了巨大的直接影响,使人们更可能从全局的角度来把握社会系统的运行。究其实质,大数据所推动的社会科学研究范式在研究路径、研究手段和研究功能上可以说都是实证主义方法的延续。

解释主义流派代表狄尔泰认为,作为社会主体的,是具有自由意志的人,其行为常常不具有确定性兼无法预测,因此,社会现象的发生发展不同于受客观规律支配的自然现象。社会历史事件是独特的,不可重复,亦无规律可循。所以,不能用自然科学的方法来研究人的行为和社会现象,而只能用解释和说明的主观方法对具体的行为进行考察,强调对社会行为的意义的研究,这构成了人文科学独特的研究方式,即人文学科的主观方法论。以胡塞尔为代表的现象学亦是解释主义流派的主要代表,现象学认为应当结合具体的社会环境和个人生活史的实地考察,通过对行为者的意义与动机的探究,揭示出指导人们行动的内部逻辑。现象学从根本上否认社会规律的存在,认为社会学无法使用自然科学的方法去探求并不存在的社会规律,其主要的目标应当是对实际的社会生活作出具体和细致的描述。这一人文学科的主观方法论在批判实证主义的缺陷的同时,又走到了另一个极端,否认了社会现象和社会发展的客观性。

另一位社会科学领域的重要代表人物韦伯,既反对实证主义,也不同意主观主义的看法。他认为社会现象与自然现象存在本质的差别,社会行为是社会个体在对自己和他人行为的主观理解的基础上发生的,是可理解的社会事实。不同于人文学派对社会行为客观规律性的否认,韦伯认为人的社会行为是有意义、有目的的,因而是有规律的,自然科学的方法也可以被用来研究这种规律性的行为。但是,社会研究不应该仅仅通过外部现象和因素来对人的行为进行因果解释,还必须对人的行为动机进行理解和阐释。韦伯认为,与自然规律不同,社会规律不可能独立于人的主观意识之外而独立存在,社会研究通过对行为意义和理性行为的考察,能够发现和找出社会现象背后的规律性,并可以对人的行为作出预测。韦伯的上述观点对西方社会科学研究者有很大影响。

作为上个世纪颇具影响力的科学哲学家,K.R.波珀提出"证伪"与"假设检验"是社会研究方法的基本逻辑。"自由想象优于经验观察",自由想象是科学创造中不可或缺的非理性因素。在《科学发现的逻辑》中,他提出,"只在一个系统能为经验所检验的条件下,才承认它是经验的或科学的","可以作为划界标准的不是可证实性而是可证伪性……经验的科学的系统必须有可能被经验反驳"。[①] 这就是科学所具有"可证伪性"特点。他指出,一切科学与非科学的根本界限在于"可证伪性"和"不可证伪性"。波珀发展了杜威等实证主义者假设演绎法,提出了假设检验法或试错法。托马斯·库恩则在《科学革命的结构》中提出"范式"与"科学发展阶段论"。所谓范式,"指某(科学)群体的成员所分享的整套信念、价值、技巧等等。"[②]它是科学家观察和研究问题的角度和参照框架。范式由一系列的概念和假设组成,这些概念和假设反映了科学家共同体在某一专业或学科中所具有的共同信念和看待世界、解答问题的基本方式,因此也规定了他们研究的基本途径、框架和理论。库恩把非理性因素和社会历史观引入科学和科学研究过程,认为科学研究的方法论规则并非统一的、规范的,而是随历史发展而变化的。在不同的历史时期,不同的科学家集团可以有不同的研究范式。科学研究范式因人而异,随历史发展而变化。这种科学发展阶段论表明科学研究中存在范式或方法论,每一种"范式"或研究方法服务于不同的研究假设和目的,只有当它能有效地解决某一学科和研究领域的所有新问题时,才能为大多数科学家所认同和接受。

(2) 马克思主义的基本观点

科学的社会调查研究必须以科学的世界观和方法论为指导,马克思主义的唯物辩证法为社会调查研究提供了科学的理论依据。恩格斯说过:"马克思的整个世界观不是教义,而是方法。"马克思主义要求我们坚持一切从实际出发,实事求是地看问题,通过系统调查和周密研究得出科学结论。一切从实际出发是马克思主义的根本要求,调查研究本身也是这一思想的体现。唯物辩证法是关于普遍联系和

[①] [英]K.R.波珀:《科学发现的逻辑》,查汝强、邱仁宗译,科学出版社,1986年版,第14—15页。
[②] 参见 T.S. Kuhn, *The Structure of Scientific Revolutions*, The University of Chicago Press, 1996, p. 175.

对立统一规律的科学,它所提供的指导原则主要有以下几点:

普遍联系的观点。世界是一个普遍联系的整体,事物之间的相互联系、相互作用是社会现象的本质特征,因此社会现象与自然现象一样,也存在必然的、普遍的规律性。从表象上看,具体现象是个别的、偶然的、有条件的,各种社会现象之间的联系只有通过对大量现象的分析才能透过表象抓住本质,从而抓住必然的、普遍的联系。社会发展规律并不是社会成员个体行为的规律,而是有许多社会成员的行为和活动共同形成和表现出来的客观必然性。

历史的、发展的观点。世界是永恒发展的,事物的发展普遍存在,任何社会现象都是在历史的发展过程中产生和运动。因此,只有结合特定的历史背景,才能对社会现象做出准确地说明和解释。事物的发展又有相对性,处于历史发展过程中的任何事物和现象有具有不同程度的稳定性,这是人们认识现象,区分其类别和探索因果关系的基础。事物的静态和动态是相对而言的,既对立又统一,它们是社会现象的两种表现形态。

对立和统一的观点。任何事物或现象都包含着矛盾,矛盾既对立又统一。一个事物或现象的矛盾又具有多重性、多面性,共同构成了一个整体。创新是社会发展的动力,创新也意味着打破现有的秩序和平衡,在变革中建立一种新秩序。社会正是在这种不断创新、不断形成新的秩序的对立统一过程中向前发展。对立统一的观点要求对社会现象的分析要采取"一分为二"的观点,抓住事物的本质属性和主要矛盾,这样才能给事物定性,概括这种事物,把它与其他事物区分开来,并看清事物的发展方向。如:偶然与必然、特殊性与普遍性、个性与共性、微观与宏观、局部与整体等等。

质与量相结合的观点。唯物辩证法认为质量与数量是客观事物的基本规定,质是认识量的前提,量是对事物认识的深化。质与量是对立统一的,一个事物的性质决定了它的内涵、特征和表现形式,而数量则规定了事物的规模和程度。任何事物的发展都是量变和质变的统一,量的变化可以导致质的变化,新事物总会取代旧事物。我们可以通过对量变和质变的分析揭示事物的本质差别和规律性。在对社会现象进行研究时,要将定性分析和定量分析结合起来。

2. 现代警务调查研究应遵循的基本原则

(1) 客观性原则

客观性原则也称为真实性原则,是调查研究的基本准则。它一是要求研究人员从事实出发,坚持唯物主义实事求是的态度,尊重客观事实。搜集资料、分析资料以及得出结论都以事实为依据。二是要求在调查研究时,排除主观和其他预先设定的干扰,以免出现对研究客体的歪曲、夸大和缩小,偏离事物的本来面貌。

在现代警务调查研究中坚持客观性原则的基本要求如下:

第一,要从警务现象和警务活动的实际情况出发,实事求是,这是现代警务调查研究最基本,也是最重要的原则。

第二,排除主观因素,客观认识警务现象的发展和变化,在研究和认识各种警务活动和警务现象所处的社会环境和历史条件的基础上,充分把握警务活动和警务现象的特殊性。

第三,现代警务调查研究必须充分占有客观材料,分析它的发展形式和发展过程,并且经过多次反复才能正确地探寻警务现象的发展规律。

(2) 科学性原则

科学性主要指调查研究必须建立在系统的经验观察和正确的逻辑推理的基础上。这一原则的基本要求是:

第一,调查要以科学理论为指导,系统、全面地收集研究对象的客观经验资料。

第二,调查的资料数据必须能有效地证明研究者提出的假设和判断。即材料对观点要有支撑作用,调查结论与调查资料之间要有严密的逻辑性,而不是毫无关联、前后矛盾,更不能用局部、片面的资料来概括整体的情况。

在现代警务调查研究中贯彻科学性原则要注意以下方面:

第一,在确定警务研究对象的基础上,尽可能在较大范围内进行对警务活动与现象调查研究,兼顾全面性和差异性。采取全面调查或抽样调查,后者必须严格地按照科学的原则抽取样本。

第二,在警务调查研究过程中,定性与定量分析相结合。定性准确,定量材料和数据的收集,要从定性出发。量化材料能够证明定性分析结论。在警务调查研究中,要考虑调查对象在总体研究对象中的代表性,确定合适的调查范围。

(3) 系统性原则

系统性原则也称为整体性原则。事物的整体性建立在其内部各要素相互作用的基础上,整体性不等于它的组成要素的机械之和,要从整体与要素的相互联系、相互作用的关系中揭示事物的整体性质。系统性原则要求把调查研究对象视为一个由各个构成要素形成的有机整体,然后从不同层次、不同侧面来分析各个部分、各个要素。在对各个要素具体分析的基础上进行综合,从总体上把握要素系统或子系统的结构、功能、作用机制及其内在的联系,从而完整地、全面地认识调查研究对象。

例如,对于犯罪现象的研究,根据不同的研究目的在界定什么是犯罪的基础上,就要将研究范围限定为某一个或某几个层次(规范或经验层面的,国家、地区或个人层次的,等等),从不同角度将犯罪划分为各种类型(如经济犯罪、政治犯罪或暴力犯罪、普通街头犯罪和白领犯罪,等等),分析各种犯罪的表现形式和特征。探究和分析犯罪产生的原因时,既要从个人角度,又要从社会和群体的角度,包括家庭、工作环境、社会经济和文化环境等方面的影响。

3. 现代警务调查研究的方法体系

现代警务调查研究是一种复杂的认识活动,为了解决研究过程中遇到的各种问题,研究者需要对现代警务调查研究方法的总体框架以及这个框架中的各个具体部分都十分了解和熟悉。现代警务调查研究方法同科学方法一样,可分为三个层次:方法论、基本研究方式、具体方法。

(1) 方法论

现代警务调查研究的方法论所涉及的主要是现代警务调查研究过程的逻辑和研究的哲学基础,它提供了调查研究的指导思想。现代警务研究的方法论所涉及的是现代警务研究的原理、原则和方法的体系,其主要问题包括:现代警务研究的理论基础及其假定;警务活动和警务现象的性质及其理解;警务研究过程和结果的客观性和检验问题;警务研究中的不同范式及其应用;各种不同研究方式的内在联系问题等。

(2) 基本研究方式

由于方法论是指导研究的一般思想方法和哲学基础,因而它直接关系到研究者对研究问题的选择,以及采取什么样的研究方式。

基本研究方式指的是"研究所采取的具体形式或研究的具体类型,表明贯穿于调查研究全过程的程序、步骤和操作方式,它说明研究者是通过何种具体途径得出研究结论的"[①]。基本研究方式根据调查对象的范围不同,可以划分为普遍调查、抽样调查、典型调查和个案调查。其中每一种方式都具备某些基本的元素或特定的语言,在具体操作上都具有与其他类型不同的特点,同时,每一种方式可以独立的走完一项具体现代警务调查研究的全部过程。

(3) 具体方法和技术

具体方法和技术指的是在研究过程中所使用的各种资料收集方法、资料分析

---

① 张蓉:《社会调查研究方法》,高等教育出版社,2005年版,第16页。

方法,以及各种特定的操作程序和技术。它说明研究者是通过何种具体途径收集资料,采用什么样的分析方法得出研究结论的。如收集资料的途径和方法有问卷法、观察法、访问法以及文献法等,分析资料的手段和技术有定量分析和定性分析两种。资料的收集和分析是警务调查研究过程中的重要环节。

现代警务调查研究的方法体系是一个有机的整体。虽然它们之间有层次上的差别,但各种方法论、研究方式、具体方法和技术都不是各自独立、互不相关的。方法论与研究方式之间、研究方式与具体方法和技术之间,都存在着十分紧密的内在联系。

二、现代警务调查研究的类型

现代警务调查研究根据不同的分类标准可划分为不同的类型:根据调查研究的性质,可划分为理论性调查研究和应用性调查研究;根据调查研究的层次,可分为宏观调查研究与微观调查研究;根据调查研究的领域可分为各种专题调查,如舆论调查(或民意测验)、公安执法调查、犯罪调查、民警心理调查、社区警务调查等等;根据调查对象的范围不同,可以划分为普遍调查、抽样调查、典型调查和个案调查。在不同性质、层次和领域的调查研究中,都存在调查研究对象的范围问题,因此,这里根据最后一种分类标准进行介绍。

(一) 普遍调查

1. 含义和特点

普遍调查,也就是普查,是对构成调查研究对象的所有单位无一遗漏地逐个进行调查,其目的在于了解研究对象的基本情况、把握其总体全貌、得出具有普遍意义的结论。一般来说,普遍调查的规模往往非常大,属于宏观的调查。例如全国范围的普查、全省普查、全市普查、全县普查或某一行业、系统的普查等等。最典型的普遍调查就是人口普查,我国在 1953、1964、1982、1990、2000、2010 年进行过六次全国人口普查,2020 年,第七次全国人口普查将彻查人口出生变动情况以及房屋情况。

普遍调查的特点包括:(1) 调查对象的全面性。普遍调查的对象全覆盖,从总体中所有对象那里收集的资料来了解总体的基本情况。(2) 工作量大,组织工作复杂。由于调查对象人数众多,分布通常非常宽广,因此调查的组织工作更加复杂。(3) 需要高度集中的统一和组织。由于普查对象的全面性、地域范围分布广,整个调查过程的时间又相对较长,需要的工作人员往往又很多,因此,必须有一个高度集中的组织系统和协调班子,对调查规划、程序和内容等每一个细节作出统一明确的安排,以保证调查工作的一致性和条理性,保证普查的顺利进行和调查结果的质量。(4) 普查在具有全面性的同时又具有局限性。因为调查对象多,因此调查项目必须简明,不能复杂,只能了解一些基本情况。在通常情况下,调查范围越大、调查对象越多,则调查的项目越少。反之,如果范围较小,对象较少,则调查项目相对可以较多。由于普查具有范围广、对象多的特点,因此,普查的内容一般只限于了解最基本的情况,不可能作全面和深入的了解。此外,由于调查对象众多,普查无法在短期内把资料收集起来,也很难在短期内对大量数据进行分析取得结果。

2. 普遍调查的应用范围

由于普查是对所有研究对象的调查,它可以对研究对象的整体状况作出全面而准确的描述,为了解一个国家或地区某些方面的基本状况提供参考,例如人口普查、工业普查等等。另一方面,普查具有全面性,根据所收集的资料往往能够得出具有较普遍性的结论,为国家及相关部门制定政策、计划提供可靠的依据,对各种社会科学研究工作也具有重要的参考价值。

3. 普遍调查的程序和方式

由于普查涉及的社会面大,参与人员多,所以必须要统一和严密组织规划,对整个调查过程予以通盘考虑,并按照一定的程序开展。一般来说,普查是按以下的程序和步骤进行的:

第一,组建统一的调查工作领导机构。

第二,制定普查方案,包括确定调查的总体对象、分析单位,制定调查表、调查工作细则和调查经费预算等。

第三,设立专门机构,选拔和培养调查人员。

第四,进行普查试点,根据试点情况修订普查办法和工作细则。

第五,正式普查阶段,进行普查登记,并及时送报调查资料。

第六,对调查资料进行汇总和分析。

第七,公布普查资料,撰写调查报告。

第八,普查工作总结。

从资料收集的来看,我国的工业普查和人口普查有所不同。工业普查是通过统计报表的方式,即由上级普查部门(通常是国家行政部门)制定普查表,由下级有关部门根据所掌握的资料进行填报。国家统计局对全国工农业总产值进行统计的数据资料,就是来自各城乡企业、单位统一填报的报表汇总来的。而全国人口普查是通过建立专门的普查机构,由专门的调查人员采用专门的调查表对每个调查对象进行直接的调查登记进行的。

(二) 抽样调查

1. 抽样调查的含义

抽样调查是从研究对象的总体中,按一定方式抽取一部分对象作为代表性样本,以对样本进行调查的结果来推论总体状况的一种调查方法。以调查部分来反映整体,这一推论的理论基础是概率论的大数法则关于大量随机现象具有稳定性的原理。抽样调查是在20世纪初期,随着抽样理论、统计分析方法、问卷技术,以及计算机技术的发展、完善和普及而逐步发展起来。它与问卷法、统计分析一起,成为现代社会调查方法的主要标志。[①] 现代社会生活非常复杂,往往由于人力、财力、时间及其他客观条件的限制,对研究对象难以进行全面的调查,那么抽选一部分作为代表去推论总体情况也就成为一种更好的选择。由于抽样调查具有许多明显的优点,因而在现代社会调查研究中的应用越来越广泛。

2. 抽样调查的特点

与普遍调查相比,抽样调查具有下列几个方面的突出优点:

(1) 节省时间、人力和财力,这也许是抽样调查最突出的优点。因为抽样调查是抽取部分研究对象进行调查,不仅耗费的时间减少,调查所耗费的人力、财力相对来说也要比普遍调查少。

(2) 抽样调查可以十分迅速地获得资料数据,具有较强的时效性。由于调查对象减少,工作量小,从调查的准备到调查的实施,从资料的输入到结果的分析,时间上都可以大大缩短,这可以帮助调查研究者及时了解和掌握某些社会现象的发展状况。现代社会发展节奏加快,许多社会信息需要随时掌握,普遍调查耗时耗力,有可能等到结果出来时研究对象的情况已经发生变化,难以适应及时决策的需要,抽样调查的结果就成为更多决策的参考依据。

(3) 抽样调查可以设置更多的调查项目,收集更加详细和丰富的信息资料。

(4) 准确性高,抽样调查结果与真实状况的差距小。从理论上说,普查是对所

[①] 张蓉:《社会调查研究方法》,高等教育出版社,2005年版,第85页。

有个体的情况进行调查,从这个角度说,它对研究对象总体的反映应该是最准确的;抽样调查由于只对总体中的部分样本进行调查,因而它对研究对象总体的反映在准确程度上要低于普遍调查,其中存在两种误差:一是由于受抽样主体因素的影响破坏了随机原则而产生的误差,被称为系统性误差;二是由于抽样的随机性引起的偶然的代表性误差,也被称为抽样误差。抽样误差就是用样本值去估计总体值时所出现的误差。

在实际调查过程中,要减少非抽样误差就需要尽可能地提高调查工作人员的素质,对他们进行充分的训练,加强调查工作的检查监督。对于抽样误差,当样本规模增加时,样本统计量的随机波动程度就会降低,抽样误差也随之降低。在简单随机抽样中,可以扩大样本规模的方式来达到降低抽样误差。而分层抽样中,可以缩小总体的异质性程度或分布的方差,也就是通过一定的标准将总体划分为不同的类别或层次,以此为基础的抽样使得这些不同类别或层次在样本中都有代表。

3. 抽样调查的局限性

抽样调查与个案调查相比,调查内容仍然不够深入、全面,工作量也较大;抽样调查在资料处理和分析上需要运用大量的数理统计知识和复杂的技术,使用上有更高的技术要求;由于抽样误差的存在,抽样的结果只能近似总体,而不能等于总体。

4. 抽样调查的应用

抽样调查的性质决定了它具有很大的方便性和灵活性,而且在非普遍调查中,只有抽样调查可以对研究对象的总体进行推论,因此在社会研究和实践领域中被广泛应用。在调查研究中,一般在以下几种情况下,常常采用抽样调查。

(1) 想要了解研究对象的总体和全面情况,但由于条件的限制无法进行普遍调查,常使用抽样调查。

(2) 对研究对象虽然可以进行普遍调查,但如果使用抽样调查也能取得同样的效果,从经济的角度来说,也更倾向于进行抽样调查,因为一项科学的抽样调查可以相当精确地推论总体。此外,对于具有较高同质性的社会事物或现象,也同样可以用抽样调查代替普遍调查。

(3) 抽样调查还经常被用来对普遍调查进行质量检验或补充修正。

现实社会生活中为制定决策而进行的调查研究,或者在实施决策后进一步收集反馈信息,以及了解特定社会背景下的某些社会和群体成员的意见,也常常使用抽样调查的方法。

5. 抽样的类型

根据概率论原理,抽样调查可分为随机抽样和非随机抽样两大类。前者也称为概率抽样,是按照随机原则来抽取样本,而后者顾名思义,不按随机原则抽取样本。非随机抽样是由调查者根据自己的主观经验和主观判断来选择样本的。随机抽样又包括一些不同的抽样方法。

(1) 简单随机抽样

简单随机抽样也称纯随机抽样,是指对研究对象总体不进行任何分类组合,仅按照随机原则从总体单位中直接抽取样本的一种方法。它是最基本的概率抽样形式,也是其他几种随机抽样方法的基础。简单随机抽样可以是直接抽选法,即从调查对象的总体中直接随机抽取若干样本。例如从一个个教室或宿舍里的学生中随机抽取几名学生进行调查。另外也可以使用抽签的办法,即把构成总体的每一个单位都编号,每个编号做成一张签条,然后混合均匀,再从中任意抽取,直到抽够预定的样本数目。这样,由抽中的号码所代表的元素组成的就是一个简单随机样本。

如果构成研究对象的总体元素较多,则可以采用随机数表法。随机数表的数码和排列都是随机形成的,也称为乱数表。采用随机数表法抽样首先要确定总体所有元素的名单(即抽样框),将所有这些元素单位进行编码,根据总体单位数决定随机数表中多少数字构成一组,然后从随机数字表的任一起点开始抽取,直到选够所需的样本数为止。

(2) 等距随机抽样

等距随机抽样也称机械随机抽样或系统随机抽样,是根据一定的顺序将总体单位排列起来,再按照一定的间隔,从中抽取样本的一种方法。其具体做法是:首先将总体各单位按照某一标志顺序编号;用总体单位数除以样本单位数得出抽样间隔;再随机确定抽取的起点,采取简单随机抽样的方式在第一个抽样间隔内随机抽取一个单位作为第一个样本,然后再按抽样间隔依次等距抽样,直到抽取最后一个样本为止。

使用等距随机抽样有一个十分重要的前提条件,那就是总体中元素单位的排列对于研究的变量来说,应是随机的,也就是这些单位不存在某种与研究变量相关的规律性分布。所以,在进行等距抽样时,一定要注意总体单位的编制方法。特别要注意总体名单中,单位的排列具有某种次序上的先后、等级上的高低的情况以及单位的排列上有与抽样间隔相对应的周期性分布的情况。上述两种情况,都不符合总体的全面性要求,在这两种情况下进行等距抽样,都会产生严重的样本偏差。

(3) 分层随机抽样

分层随机抽样也称类型随机抽样,是按照一定的标准将调查对象的总体单位分成各种不同的类别(或组),然后根据各类别(或组)的单位数与总体单位数的比例从各类别(或组)中随机抽取样本的方法。分层抽样一定程度上能克服简单随机抽样的缺点,在不增加样本规模的前提下可以提高抽样的精确度,降低抽样误差,或者在相同的抽样误差下,可以减少必要的样本数量。分层抽样也非常适用于了解总体内不同层次的情况,以及对总体内不同的层次进行单独研究。

对于总体单位数量大,单位个体之间差异大的调查对象,分层抽样更具优势。在进行分层抽样时,还应当需要考虑以下两方面问题:一是分层的标准问题。这需要调查研究人员在抽样之前对总体各单位的情况有比较精确的了解。同一个总体可以按照不同的标准进行分层,不同的分层标准下抽样结果的精确度有很大差别。分层标准的确定通常可以调查研究中的主要分析变量或与其相关程度高的变量作为分层标准,或者以那些已有明显层次区分的变量作为分层变量。不论哪种情况,分层标准都应当保证各层内部同质性、各层之间异质性、突出总体内在结构。二是分层的比例问题。分层后的抽样中有按比例和不按比例两种方式。按比例分层抽样是指根据各种类型或层次中的单位数目占总体单位数目的比例来抽取样本的方法。采取按比例分层抽样的方法,可以确保总体各部分按大小成比例地在样本中得到代表。但是,在有些情况下,又不宜采用这种方法。例如,有时根据标准分层后,有的类型或层次的单位数目太少,有时满足不了起码的精度要求。为便于了解各个层次的情况,这时往往要采取不按比例抽样的方法,对那些规模较小的层类分配一定的样本。

(4) 整群随机抽样

整群随机抽样又称聚类抽样,是先把总体分为若干个子群,然后一群一群地抽取作为样本。分群的标准通常是自然地理区域或社会组织。整群抽样的单位是"群",样本相对集中,不仅可以简化抽样的过程,更重要的是它便于组织调查,节省人力和费用,因此通常比简单随机抽样和分层随机抽样更实用。作为抽样单位的群或组可以是一个家庭、一个单位部门,也可以是一个街道、一个村庄。许多较大规模的社会研究往往从节省经费、人力以及从研究的可行性等方面考虑,而采用整群抽样的方法。

必须注意的是,整群抽样所具有的简便易行、节省费用的优点,是以其样本的分布面不广、样本对总体的代表性相对较差等缺点为代价的。要克服这个缺点,就必须注意群与群之间以及群内部的差异性,前者与抽样误差成正比,后者与抽样误差成反比。在这一点上,整群抽样方法与分层随机抽样存在相反的关系。因此,在方法的选择上,当某个总体是由若干个有着自然界限和区分的子群(或类别、层次)所组成,同时,不同子群相互之间差别很大、而每个子群内部的差异不大时,则适合分层抽样的方法;反之,当不同子群相互之间差别不大、而每个子群内部的异质性程度比较大时,则特别适合采用整群随机抽样的方法。

(5) 多段随机抽样

多段随机抽样也称为阶段随机抽样,是一种分阶段从调查对象的总体中抽取样本进行调查的方法。多段随机抽样首先将研究总体按一定标准划分为若干群体,作为抽样的第一级单位;再将第一级单位分为若干小的群体,作为抽样的第二级单位,以此类推,可根据需要划分层级单位。然后,按照随机原则从第一级单位中随机抽取若干单位作为第一级单位样本,再从第一级单位样本中随机抽取若干单位作为第二级单位样本,以此类推,直至获得所需要的样本。

每一阶段抽样的单位数目要考虑各个抽样阶段中的子群体的同质性。同质性程度越高的子群体,抽样的数量就应相对小一点;反之,则应大一点。另外还要考虑研究团队的人力和经费。一般来说,在其他条件不变的情况下,样本的覆盖面越大,其代表性也越大,也就越能说明整体的情况。多段抽样的方法适用于研究总体范围特别大、对象的层次特别多的研究。

(三) 典型调查

1. 典型调查的含义

典型调查是在对调查对象总体有初步了解的基础上,根据调查研究的目的和要求,有意识、有目的地选择有代表性的典型单位作为调查对象,进行系统、深入、详细的调查,并以此大体推论研究总体的一种调查方法。典型调查是从个别到一般的一种定性认识方法,"典型",是对于总体有代表性的单位,代表性愈充分,则愈能反映总体的情况,即所谓"麻雀虽小,五脏俱全"。社会学家费孝通在上个世纪30年代通过对"江村""禄村""易村"等典型调查,形成了影响深远的《江村经济》《禄村农田》和《易村手工业》等社会调查成果,对于其关于发展乡村工业同发展都市工业并存,走中国自己的现代工业化道路的思想的提出有重要意义。

典型调查可分为两种:一种是特殊性典型,也就是研究对象总体差别较大,选取某一个类型中有代表性的单位进行调查;另一种是全面性调查,是在研究对象总体差别较小时,对总体有代表性的单位进行调查。典型调查可以用于研究新事物,及时反映新情况、新问题,形成科学预见。由于调查对象少,有时甚至是个别对象,因此可以进行深入、细致的分析,弄清事物发展的全貌。典型调查还可以通过类型分析,总结正反两方面的经验,对不同事物和现象进行比较,探寻事物间的差异和相互联系。

2. 典型调查的特点

(1) 典型调查的调查对象容易受个人主观因素的影响。典型调查要求明确总体的一般特征,对典型进行反复的比较和筛选。一般来说,成功的典型调查往往需要调查者具有较高的思维能力和敏锐的洞察力。

(2) 典型调查的单位数量少,简便灵活,节省人力与经费。同时,由于调查的单位少,因此能够使用更多的指标收集材料,调查可以深入、细致。

3. 典型调查的局限性

一是调查结果只能用来大体上推断总体,不能保证准确性。作为典型调查对象的个别单位是调查者根据对研究对象的已有了解和主观经验选择出来的,其典型性、代表性推论往往不能保证其准确性,调查结论的适用范围也难以确定。典型调查大多适用于范围较小、同质性较强的研究总体,对于较大范围的总体就不太适用了。二是典型调查对象少,收集的资料往往只能用于定性分析,难于进行定量统计分析。

(四) 个案调查

1. 个案调查的含义

个案调查是以一定的社会单位为对象,收集与它有关的一切资料,进行深入、细致、全面的调查,详细描述和分析其产生与发展的全过程的一种调查方式。调查个案可以是个人、家庭、组织、社区,也可以是事件。对近代人类学和民族学产生重大影响的马林诺斯基从1914年至1918年在新几内亚进行了三次调查,写下《西太平洋的航海者》,生动地展示了居住在这一地区的人们的生活。马林诺斯基的田野调查实践,成为个案研究的最初范例,具有里程碑式的意义。后来经由人类学、社会学者的共同推动,个案研究已成为人文社会科学研究中最重要的研究方式之一。在中国,比较有代表性的个案研究是近代社会学者严景耀先生于1927年夏季在京师第一监狱对犯人进行的个案调查。当时背景下,犯罪问题的研究数量比较少,受学者关注的程度不如农村社会经济和人口研究等领域。但在燕京大学从事教学研究活动的严景耀采用个案调查方法,建立了许多犯人的档案,这些档案留下了难得的历史材料,对这些调查资料的分析最终形成的《北京犯罪之社会分析》在社会学界产生了重要影响。

在对研究对象的总体没有全面了解的情况下,通常会采用个案调查作为研究过程的第一步。个案调查是一种深度调查,不仅了解对象的现状和历史,还要了解其社会背景和各种社会联系,并在此基础上,得出关于研究对象的社会结构和社会过程的一般理论。当研究的个案对象是一个社区时,通常又称为社区研究。社区研究中,研究者通常采用参与观察、访谈以及收集当地现有文献等方法来收集资料。个案研究以及社区研究所具有的深入、全面的特点是其明显的长处。而其最大的不足,或者说其最困难的一个方面,是如何发掘个案研究所具有的概括意义。

2. 个案调查的特点

个案调查的优点体现在:调查对象是确定的,调查可以非常深入细致,方法可以灵活多样,调查结果真实可靠。

3. 个案调查的局限性

个案调查需要详细描述,记录过程中避免个人主观影响并不容易,可能因此造成缺乏客观性——总是希望观察和发现自己所希望的现象。其次是调查单位缺乏普遍性,不能对总体进行推论。个案研究总是要面临特殊性与普遍性、微观和宏观的问题,研究者个案调查研究目的并不在于就是个案本身,总是试图希望从一个或少数几个个案中进行某种形式的概括,但在个案调查基础上的概括需要十分谨慎。

个案调查侧重调查对象的生活史与社会背景,在研究社会反常个体、现象或新生事物中经常被使用。例如,针对自21世纪以来屡打不绝、屡禁不止的传销非法活动,有学者以活跃在某市某区的阳光资本组织为个案,详尽调查了其内部管理和日常运作,从居住空间和活动场域、管理单位和内部分工、层级结构和利益分配、晋升机制和利益共同体形成机制、日常活动、制度规范六个方面进行剖析,认为传销组织自身的适应性变迁是当前传销活动滋长蔓延的微观原因之一,并结合阳光资本"打处"过程中遇到的问题和困难提出打防传销不法活动的对策建议。[①]

---

① 殷建国:《现代警务研究》(第七卷),群众出版社,2015年版,第364页。

三、现代警务调查的基本方法

(一) 观察法

1. 观察法的含义及其特点

观察法是指调查者有计划、有目的地用自己的感觉器官及其辅助工具直接感知和记录收集资料的调查研究方法。观察法在科学研究中占有重要的地位,是一种最基本的资料收集方法,它贯穿于整个科学研究中。英国社会学家莫塞(Moser)说,"观察可称为社会探究的第一等的方法"。

作为调查研究中收集资料的具体方法,观察法与日常观察是有区别的,体现在以下几点:观察法是调查者有目的、有计划的观察;观察法是系统的观察;观察法是在一定理论指导下,借助一定观察工具对当前正在发生的、处于自然状态下的、作为调查研究对象的个体行为和社会现象的观察。观察结果能够比较直接和全面地反映调查研究对象的状况。

2. 观察法的类型

观察法的方式是多种多样的,从不同的角度可以分成不同类型,这里介绍几种主要的类型:

(1) 参与观察与非参与观察

按照观察者的角色,即是否参与被观察对象的活动,观察可分为参与观察与非参与观察。

参与观察就是观察者加入被观察对象的群体,作为一名成员参与被观察者活动的观察。这种观察法,不暴露观察者的身份,可以使被观察对象处于自然状态。观察者通过与被观察者共同活动,从被观察对象的活动中观察到一些可靠、真实的资料和信息。当研究者考察一个研究对象时,我们只有在一定的情景下去观察其真实的自然状态,才能更加有效地、更清晰地把握和认知研究对象。比如,当我们观察基层派出所行为特征时,我们可能会发现派出所并不像制度文本中所表述的那样维护社会稳定、处理各类纠纷等,而是忙于其他非治安事物。这就需要我们不仅要考察应然状态下的派出所行为,而且要理解实然状态下派出所的真实行为。这就需要对基层派出所所处的政治环境与社会环境进行观察,从而才能清楚地把握派出所为何做这些事情。

非参与观察是指观察者以旁观者的身份,从侧面对观察对象进行观察。观察者处于局外人的角色,不参与被观察对象的任何活动或交往,只是观察、记录被观察者的活动过程。这种非参与观察不影响被观察者的行为和语言。例如,学生利用假期到工厂、农村参观,了解工厂、农村的生产情况和工人、农民的生活变化情况就属于非参与观察。非参与观察法,可以使用现代科学仪器和观察工具,如录音机、录像机、望远镜等。

(2) 结构性观察和无结构性观察

结构性观察也称为标准化或有控制观察,它是观察者根据研究的理论框架和要求,确定好统一的观察内容和项目,制定详细的观察计划,采用统一的观察程序和手段进行的观察。通常,结构性观察多采取局外观察的方式进行。其观察的内容有具体的清单,观察记录表类似于结构式问卷,观察者根据统一的要求,对每一个观察对象进行统一观察和记录。因而其结果可以用来进行定量分析。

无结构观察也称非标准化或无控制观察,它一般没有明确的理论框架和严格的观察计划和程序,观察内容也没有严格要求,往往使用结构比较松散的观察提纲,观察标准化程度较低,有的还可能是根据回忆来加以记录。无结构观察一般对所要研究的对象不太了解,实施观察时方法也比较灵活,通常只确定研究的目的和任务以及观察的主要对象,观察者可以充分发挥主观能动性对观察内容进行选择。非结构观察一般是在观察对象处于自然状态的情形下进行,但也有少数是在实验室进行的。

3. 观察法的优点及其局限性

(1) 观察法的优点

第一,直接获取第一手资料。在实地观察中,不需要其他中间环节,观察者可以直接感知观察对象。获取生动的、具体的感性资料。特别是参与观察,更能掌握大量第一手经验资料。它是收集非语言行为资料最有效的方法。

第二,观察和收集到观察对象在自然状态下的比较真实的信息资料。采用观察法,观察者直接到现场观察发生在自然状态下的社会现象,这样,就可以避免被观察者在活动中受到影响而失真。

第三,获取的资料及时生动。由于观察法观察到的是正在发生的事情,能保持被观察者的正常活动,能观察到当时当地的特殊环境和气氛,所以这样观察到的材料就较为及时、生动、形象。

(2) 观察法的局限性

第一,受观察者自身的限制。由于观察是由人来直接进行的,而且主要是由人的感觉器官来进行的,这就必然带有某些局限性。人的感觉器官是有一定限度的,观察结果还会受到人的主观意识的影响,人在观察问题时容易加入自己的情感、好恶,使观察结果带有主观性;观察的结果还要受观察者的知识、能力的限制等等。

第二,受时间空间条件的限制。一些社会活动都是在一定的时间、一定的空间中进行的,超过一定时间空间或范围就观察不到。比如,对于许多治安违法活动,一般情况下都无法亲临现场观察,如想知道那时的情况,只能靠查找民警办案记录等文字资料和观看视频监控等。

第三,受观察对象的限制。有些观察对象进行的活动事先不容易预测,发生时就观察不到,如地震、犯罪的抢劫活动等。有些观察对象的活动不好控制,如犯罪团伙内部活动等。

因此,观察法最好与其他方法配合起来施用,互相补充,以求取得好的调查研究成果。

(二) 文献法

1. 文献法的含义

文献法是指根据一定的研究目的,借助于文献来收集研究资料的社会调查方法。文献法的主要对象是文献。文献是人们存储和传递信息的载体,是人们从事各种社会活动的记录。利用文献资料来对历史事件和社会现象进行考察研究,和观察法相比较,是一种间接研究方法,它包括历史文献的考据,社会历史发展过程的比较,统计资料文献的整理与分析,理论文献的阐释,以及对文字资料中的信息内容进行统计和数量化分析等等。文献资料是间接的、第二手资料。

文献有广义和狭义之分。狭义的文献是指用文字和数字记载的资料;广义的文献是指一切文字和非文字资料,包括照片、录音等。研究者除了可以通过查阅公开出版物和有关组织或个人的档案等传统途径来获取文献资料外,还可以利用互联网来获得。

文献有三个基本要素:一要记录一定的信息内容,没有记录任何信息的物体,如空白纸、空白磁带等,不能算是文献;二要有物质载体,人头脑中的知识信息,以及口头传达的信息都不能称文献;三要有一定的记录手段和载体形式,如文字、图像、符号、声频、视频等。

警务调查研究中,各种执法办案文件可以是一种很好的研究资料来源。

2. 文献法的优点及其局限性

文献研究法的优点主要有:一是可以适用于调查研究者无法接触的对象。文献研究法的基本优点是,可以超越时空和现场调查费用的限制,一方面使研究者对不能亲自接近、从而不能以其他方法进行研究的对象做研究。另一方面,因为调查研究者与研究对象时空上的隔离,具有无反应性。调查研究者接触的仅仅是有关研究对象的文献,因此不会产生研究的"霍桑效应"或者说是"干扰效应"。二是研究费用低。文献一般集中放在档案馆、图书馆等地或网络上,使用文献法,可在相当大的程度上打破财力、人力的限制,研究大量的他人观察所涉及到的社会现象。

文献法的局限性:一是文献资料缺乏生动性和具体性;二是文献资料与现实状况之间存在时差,不能完全反映目前的实际情况方面,作为二手资料,真实性也难于保证。

3. 文献的类别

对于文献,从不同的角度可以有不同的划分方法。这里举出两种常见的分类方法。

(1) 按文献存在的形式分类

文字文献。文字文献主要指用文字记录的信息资料,它是最广泛的文献形式。文字文献主要包括公开发行的报刊、杂志、书籍、档案、日记和其他大量油印和打印材料。

数字文献。数字文献主要是指各种统计报表,主要用于各种社会现象的定量分析。如统计年鉴。

有声文献。有声文献是指用声音反映的文献形式,如录音带、唱片等。

图像文献。借助录像片、照片、图片,图像文献能更生动、具体和形象地提供过去某一社会现象的信息资料。

美国社会学家费希尔曾经利用图像文献收集信息用于一项有关不同代际家庭关系的研究。他收集了30户美国家庭在1729年到1871年之间的全家合影照片,对照片进行了内容分析。他认为家庭内的关系状况可以从合影中家庭成员不同的位置安排中得到反映,他发现1775年以前的所有照片中除了一张外,全都是父亲位于家庭其他成员之上(即在后排站着),母亲则坐着,旁边可能还坐着家庭中其他的成年女性,子女则在母亲之下。而在1775年后,这种暗示着父亲的家长角色和父母高于子女的等级角色的垂直安排发生了变化,照片中家庭成员的位置被一种水平安排所取代,所有的家庭成员都处于同一层次。费希尔将这些早期的全家合影和更接近于当代的全家合影进行比较,结果发现,暗示着家庭中成员之间的相互平等的水平安排,又被20世纪更大的变化所取代,比如在某些合影中,子女的位置处于父母之上。

(2) 按资料性质分类

第一手文献,又称为原始资料,是研究者没有经过其他中介环节而得到的文献,它来源于事情发生的现场的资料,是通过直接的观察、实验得来的文献。

第二手文献,是指对一些文献进行加工整理,通过中介而获得的资料。第二手资料与第一手资料相比,是一种较为整齐、系统的资料,它在社会调查中利用率很高。

4. **历史文献研究和统计资料文献研究的过程及要注意的问题**

历史文献研究与内容分析和统计资料分析方法在一定程度上是有些重叠的,但是它们之间有着本质的不同。统计资料文献研究,一般是利用官方和半官方的统计资料,这些统计资料大多是原始、没有经过分析的数据。历史文献资料分析是引用他人的研究成果、根据他人获得的资料进行自己的分析。也就是说,历史文献研究运用的统计数据是已经被别人分析过并得出研究结论的,后面的研究者利用这些数据做自己的分析和研究。

社会学实证研究中有大量利用现存统计资料进行分析的案例,一百多年前法国社会学家迪尔凯姆对自杀现象的经典性研究应该说是其中最著名的一个。迪尔凯姆在《自杀论》中对自杀的相关因素进行了统计分析,最先引起他注意的是自杀率总体表现出的相对稳定性。他查阅了好几个国家的相关资料,并将这些不同的资料进行对比来寻找其中的一些变化模式和规律。他分析发现,尽管自杀率具有相对稳定性,但是,自杀率在政治动乱时期会突然增高。迪尔凯姆通过对一系列不同的统计资料进行分析,使这个一般性的假设更加明确、具体。从各种类似于宗教等社会因素与自杀间关系的其他具体表现中,抽象出"社会整合程度"的概念,说明自杀现象与社会整合程度高度相关,是社会整合程度的一种反映。他得出结论:社会整合程度越高,自杀率就越低;反之,自杀率就越高。

使用现存统计资料进行分析和研究时需要注意效度和信度问题。效度是指能够准确测出所需测量的事物的程度,信度是指统计数据的可靠程度。通常,信度低,效度不可能高;信度高,效度未必高。另一方面,效度低,信度很可能高;效度高,信度也必然高。例如,一项研究未能说明社会流动的原因,但它很有可能很精确很可靠地调查了各个时期各种类型的人的流动数量。现有的统计资料与我们课题研究所需要的资料都存在一定的差距,而我们的测量对于我们所希望得出的结论来说,也常常不能成为我们所研究的变量和概念的有效的代表,因此,逻辑推理和重复验证这两条科学的原则,对于保证现存统计资料分析的效度来说是极其重要的。如果所有这些检验都表现出一致的结果,那么,调查研究就有力地支持了你的结论。

5. 网络文献及其利用问题

网络文献是指借助计算机信息技术而存在于互联网上形式比较特殊的文献。现代信息技术的发展使得网络信息量大,内容丰富,而且具有动态性,时效性强。网络文献要比传统文献内容存量大得多,更新的速度也远远超过传统文献。但网络文献也有可能处于无序状态,其真实可靠性也需要加以辨别。

网络文献包括电子报(期)刊、电子图书、大型数据库、其他信息。除了上述电子报刊、图书、大型数据库外,互联网上还有大量其他文献信息供用户使用。

(三) 问卷法

1. 问卷法的含义和特点

问卷法是通过由一系列问题构成的调查表来收集调查对象资料的方法。问卷是一种类似于体温表、测力器、磅称、米尺那样的工具,在形式上是一份按照一定目的设计的结构化问题,研究者根据被调查者对问题的回答进行统计分析,来测量人们的行为、态度和社会特征。

问卷法的优点体现在:问卷是结构化和标准化的。问卷中的问题、回答的形式和内容,对于所有的被调查者都是同样的,所得到的资料便于统计和定量处理和分析。具有很好的匿名性,被调查者不受研究者和调查员的影响,可减少顾虑、给出较真实的回答;间接性,调查者不与被调查者直接见面,可以避免主观偏见。问卷法可进行大范围的资料收集,特别是信息网络背景下,问卷可以通过网站、电子信箱、微信等进行发布与回收,数据直接使用数据库记录,方便筛选与分析。

问卷法收集资料,被调查者由于各种原因(如记忆和理解错误,或者自我防卫等)也可能对问题做出错误或虚假的回答;在许多场合对于这种回答要想加以确证又几乎是不可能的。因此,要作好问卷设计并对取得的结果做出合理的解释,必须具备丰富的心理学知识和敏锐的洞察力。

2. 问卷的类型

根据社会调查中使用问卷的方法,我们把问卷划分为两种不同的类型:一种称为自填式问卷,即由调查员发给(或邮寄给)被调查者,由被调查者自己填写的问卷;另一种称为访谈式问卷,即由调查员按照问卷向被调查者提问,并根据被调查者的回答进行填写的问卷。这两种类型的问卷在设计程序、设计原则、内容与结构等方面都是相同或相似的,只是在设计方法与使用方法上有一定差别。

3. 问卷的基本结构

尽管实际调查中,根据研究目的和对象的不同,问卷的内容和组成各不相同,但是比较完整和规范的问卷往往都包含封面信、指导语、问题、答案、编码等。

(1) 封面信。封面信是一封致被调查者的短信。在封面信中,要说明的内容包括:调查者的身份、调查的主要目的和大致内容,也要说明调查对象的选取方式和对调查结果保密的措施。

(2) 指导语。指导语是用来指导被调查者填答问卷的各种解释和说明,其作用和仪器的使用说明相似。有些问卷的填答方法比较简单,指导语很少,常常只在封面信中用一两句话说明即可。比如,"请根据自己实际情况在合适的答案号码上画圈或者在空白处直接填写"。

(3) 问题及答案。一般来说,问卷应当整齐清楚,问题后留给被调查者作答空白处应适当。从形式上看,问题可分为开放式与封闭式两大类。所谓开放式问题,就是那种提出问题,不给答案,由调查者根据自己的情况自由填答的问题,这类通常是比较概括、广泛、范围较大的问题,对回答的内容限制不严格。而封闭式问题则是在提出问题的同时,还给出一组答案,要求回答者根据实际情况进行选择,可以是单选,也可以是多选,有的还可设计成排序等等。根据开放式问题与封闭式问题的不同特点,研究人员常常把它们用于不同的调查中,比如在探索性调查中常常用开放式问题构成的问卷;而在大规模的正式调查中,则主要采用以封闭式问题构成的问卷。

(4) 编码及其他资料。在以封闭式问题为主的问卷中,为了将被调查者的回答转换成数字,输入计算机进行处理和定量分析,需要对回答结果进行编码,即赋予每一个问题及答案一个数字作为它的代码。编码既可以在问卷设计的同时就设计好,也可以等调查完成后再进行。前者称为预编码,后者称为后编码。除了编码以外,有的问卷还需要在封面上印上问卷编号、调查员编号、审核员编号、调查日期、被调查者住地、被调查者合作情况等有关内容。

4. 问题及答案的设计

问题形式包括以下几种类型:

(1) 填空式,即在问题作答处画一短横线,让回答者在空白处自己填写。填空式一般只用于那些对回答者来说既容易回答,又容易填写,通常只需填写数字的问题。比如年龄、家庭人口、收入等。

(2) 是否式,即问题的答案只有是和不是(或其他肯定形式和否定形式)两种。回答者根据自己的情况选择或多项。

(3) 多项选择式,即给出的答案至少在两个以上,回答者根据自己的情况选择。这是各种调查问卷中采用得最多的一种问题形式。

(4) 矩阵式,即一种将同一类型的若干个问题集中在一起,构成一个问题的表达方式。矩阵式的优点是节省问卷的空间,同时由于同类问题集中在一起,回答方式也相同,因此也节省了回答者阅读和填写的时间,回答者能较快回答这类问题。

(5) 表格式,它其实是矩阵的一种变体,其形式与矩阵式十分相似。表格式的问题除了具有矩阵式的特点外,还显得更为整齐、醒目。但是应当注意的是,这两种形式虽然具有简单集中的优点,但也容易使人产生呆板、单调的感觉。有时还可能使回答者形成固定答案模式,一目十行对问题给出错误回答。因此,矩阵式和表格式在一份问卷中不宜用得太多。

5. 问题设计时的要求

在讨论理想的问卷设计时首先应当对自填式问卷和访谈式问卷两种方式加以区分。尤其是在封面信、指导语和问题顺序的安排上要加以考虑。

一般来说,问题要简短、准确;避免双重提问;提问避免带倾向性和诱导性;不要直接提有敏感性或威胁性的问题;所提问题不应超出回答者的能力;问题中不要用抽象的概念。

一份问卷应该包括多少个问题,这要依据调查的内容,样本的性质,分析的方法,拥有的人力、财力和时间等各种因素来决定,没有固定的标准。但一般来说,问卷不宜太长。通常以回答者在 20 分钟以内完成为宜,最多也不要超过 30 分钟。

在安排问卷中问题的次序时应遵循下列常用的规则:把简单易答的问题放在前面,把复杂难答的问题放在后面;把能引起被调查者兴趣的问题放在前面,把容易引起他们紧张或产生顾虑的问题放在后面;把被调查者熟悉的问题放在前面,把他们感到生疏的问题放在后面;一般先问行为方面的问题,再问态度、意见、看法方面的问题;个人背景资料,一般放在结尾,但有时也可以放在开头;若有开放式问题,则应放在问卷的最后面。

(四）访谈法

1. 访谈法的概念

访谈法是运用有目的、有计划、有方向的口头交谈方式向被调查者了解社会事实的方法。这一方法的最大特点是具有互动性和灵活性，整个访谈过程是访问者与被访问者相互影响、相互作用的过程。访谈法是社会科学研究常用的一种资料收集的基本方法。在实地社会研究中，访谈法常与观察法并行使用。

2. 访谈法的特点

（1）访谈法的优点

信息是双向导通的。问卷法中调查员发出的询问和被调查人的回答，是通过问卷作中间传递介质的，二者之间没有直接的、面对面的联系。如果被调查人对问卷上的问题看不懂弄不清，或错误理解了，也无法向调查员询问，无法及时得到澄清或指导，于是就造成了误差。在访谈中，由于双方直接交谈，被调查人可以对不懂的问题要求解释，调查员可以及时发现误解而做出纠正，信息在二者之间是双向传导，能够随时纠正干扰造成的失真，保证了信息的传导畅通。

环境是可控制的。由于面对面接触，可以了解被调查人提出信息的环境，而问卷法是做不到这点的。问卷调查中还可能出现替代回答的问题，信息的真实性难以得到保障。

回收率有保证。由于是面对面地打交道，可以施加各种影响使谈话开展起来，取得预期效果，这要比回收问卷有把握得多。此外，许多人，尤其是文化水平较低的人群对于问卷的文字回答感到难、生疏，更乐于使用谈话的方式，可以使所有的问题得到比较完整的回答。

回答有效、深刻。通过单独接触，不但能听到回答，看到表情，往往还可以确定回答是认真的还是敷衍的，是自愿的还是迫不得已的，这样对判断回答是否真实有效是有帮助的。在倾听被调查者回答时，经常可以得到一些超出问题要求的自发性回答，这对我们往往是有启发的。如果交谈投机，我们可以与被调查人就调查者关心的问题进行更深入或更广泛的讨论，可以得到意外的收获。

（2）访谈法的缺点

费时间、人力、物力。由于必须找到被访人，而他们可能在一个很大区域里，访谈时还必须选择适于谈话的时间、环境。因此，为了完成一次访谈，用于寻找的时间有可能大大超过谈话时间。数访不遇或无法谈话是常有的事，这使访谈调查难以速战速决,而时间拖得较长,就有可能使问题的研究背景发生改变,尤其在今天这样一个改革的时代里,也许你还未来得及了解清楚大家对一个新问题的看法,它就已经被更新的问题所取代了。

受调查员的影响较大。由于调查员与被访人是面对面的交往关系,因此,调查员的性别、年龄、外貌、服装、口音都会对访谈造成影响。

被访人缺乏思考的机会。调查访谈是以问答形式出现的,被访人对问题的思考往往受时间限制而不充分,有时也没有机会去核对事实,同时在接受访谈时,容易受疲劳、烦闷和环境的干扰,不像回答问卷可以自己安排时间,可以分为几次回答,因而不够从容。

匿名性差。在不具姓名的问卷回答中,调查对象没有精神压力,可以畅所欲言,但在面对面的访谈中,对于敏感性、尖锐性或有关个人隐私的问题,它的效度不及自填式问卷,被访人往往回避会给予模棱两可的回答,乃至拒绝。

3. **访谈法的类型**

(1) 根据对访谈过程的控制程度可分为结构式访谈和非结构式访谈

结构式访谈又称为标准式访谈,是访谈者依据事先统一设计的、有一定结构的标准化问卷或访谈调查表进行访谈。结构式访谈对所有被访谈者提出的问题,提问的次序和方式,以及对被访者回答的记录方式等是完全统一的,甚至连访谈的时间、地点、周围环境等外部条件,也力求保持基本一致,尽量避免个人的自由发挥。结构式访谈最大的优点是便于对访谈结果进行统计和定量分析,便于对不同被访谈者的回答进行对比分析,同时能够对调查过程加以控制,从而提高调查结果的可信程度。但这种访谈缺乏弹性,难以对社会问题进行深入探讨,同时,也不利于充分发挥访谈者和被访谈者的积极性和主动性。

非结构式访谈就是非标准化的访谈,即围绕一个题目或大致范围,对问题、提问方式和答案记录没有统一规定的访谈方法。非结构访谈的具体问题可在访谈过程中边谈边形成边提出,对于提问的方式和顺序,回答的记录,访谈时的外部环境等,可根据访谈过程中的实际情况作各种安排。非结构式访谈有利于充分发挥访谈者与被访谈者的主动性、创造性,有利于调查原设计方案中没有考虑到的新情况、新问题,有利于拓宽和加深对社会问题的研究。但是,这种调查方法对访谈者的要求较高,对访谈结果难以进行定量分析和对比研究。

(2) 按访谈的对象组成状况,则可分为个别访谈和集体访谈两大类型

集体访谈法,就是访谈者邀请若干被访谈者,通过集体座谈的方式了解社会情

况或研究社会问题的方法。按照调查的形式也可分为两类:一类是互相讨论式的调查会;一类是各抒己见式的调查会。按照调查的方式可分为口头集体访谈和书面集体访谈。

头脑风暴法是集体访谈的特殊形式,它鼓励所有参与人员畅所欲言,开展集体讨论。其主要规则是:会议主持人简要说明会议主题,提出讨论的具体要求,并严格规定讨论问题的范围;鼓励与会者自由发表意见,但不得重复别人的意见,也不允许反驳别人的意见,以便形成一种自由讨论的气氛,激发与会者进行创造性思维的积极性;支持与会者吸取别人的观点,不断修改、补充和完善自己的意见;鼓励与会者在综合别人意见的基础上,提出自己的新想法;会议的主持者,特别是高级领导人和权威人士,不发表自己的意见,不表明自己的倾向,以免妨碍会议的自由气氛。

4. 访谈员注意控制访谈的技巧

注意访谈目的的介绍,兴趣与注意力的引导。提问先易后难,注意语气、态度和语速;在回答不完整、没讲清问题、感觉有隐瞒时,可追问;要讲究方式:直接、延续、迂回、补充等。确切地记下回答的原意,不要企图去总结、概括或分解被访者的回答内容;可在访谈结束时将记录念给被访者听,以检查是否有错记之处。

在获取研究资料的过程中,访谈者与被访谈者之间是一个"互为主体"的关系,在访谈过程中,访谈者应当处理好"局内人"和"局外人"的双重角色。在警务调查研究中,一方面,既要做好"局内人"角色,以获取警务工作者的信任,切身理解他们的行为,顺利地深入到警务工作运作的真实情形中,获取隐蔽在表面背后的内在机制。另一方面,研究人员又要做好"局外人"角色,脱离"警察身份",客观地观察警察的执法行为和相关工作,从而获取对警务运作的真实感受,保证获取资料的可信性和科学性。比如,在公安机关处置群体性事件的过程中,研究者既要深刻理解公安机关作为执法主体的内部运作机制、操作流程及法律思维;又要从民众的视角出发,梳理群体性事件发生的微观动因、过程及相关机制等。

四、现代警务调查资料的整理和分析

(一) 调查资料的审核与整理

调查资料的审核与整理是分析资料的基础,它是保证调查资料客观性、准确性、条理性、完整性不可缺少的重要环节。

1. 资料的审核

审核是指在着手整理调查资料之前，对原始资料进行审查与核实的工作过程，目的在于保证资料的客观性、准确性和完整性，为资料的整理打下坚实的基础。可分为实地审核或收集审核、系统审核。对于警务调查研究来说，资料的审核还应根据国家和政府的相关法规进行涉密审查。

(1) 一手资料的审核

一手资料的审核可以从定性和定量两个方面进行。

定性资料是以文字形式叙述的资料，主要来源于无结构访问、观察的记录、问卷调查中的开放式问题。对定性资料的审查主要集中在真实性、准确性和适用性三方面。一是真实性审查，即看所收集的资料是否真实可靠地反映了调查对象的客观情况，其主要是根据已有的经验常识、材料的内在逻辑进行核查，若发现资料前后矛盾，或违背事物发展的逻辑，就要找出问题所在，剔除不符事实的材料。还可根据资料的来源进行比较和判断，直接来源比间接来源更可靠，有文字记录的情况比传说的情况可靠些，引用率高的文献比引用率低的可靠些。二是准确性审查，即效度检查。一方面是审查收集到资料符合原设计要求及对于分析所研究的问题有效用的程度，那些与研究主题相差太远、作用不大或不符合要求的资料要予以清除。三是适用性审查，就是考察资料的分量是否合适、资料的深度与广度如何、资料是否完整、是否适合分析与解释。

定量资料的来源有实地源和文献源。前者包括问卷调查、结构性访问和观察记录；后者主要是文献统计资料。定量资料主要审核其完整性、统一性和合格性。完整性审核，包括资料总体的完整性（如样本数是否达到要求，问卷回收率如何）和每份资料的完整性。统一性审核，首先检查所有问卷、报表登记填报方法是否统一；其次检查对同一指标的量度单位是否一致，以及不同表格对同一指标的计算方法是否统一等。合格性审核，包括提供资料者的身份是否符合规定；所提供的资料是否符合填报要求；所提供的资料是否正确无误。

(2) 二手资料的审核

二手资料是指用文献法所获取的调查资料。对书面文献和二手统计资料应采取不同的方法进行审核。

书面文献资料（二手定性资料）要审核文献的作者、出版者的背景。注意文献编写的时间，尤其是对记叙历史事件的文献。一般来讲，文献编制日期离事件发生的时间越近,文献的内容就越具体可靠;但也有相反的情况,事件发生一段时间后再进行文献编制可摆脱当时的各种社会影响和压力,反而可能更客观地反映事物的真实情况。所以审核时应根据实际情况而定。

2. 资料的整理

(1) 整理的概念。资料的整理是根据研究目的将经过审核的资料进行分类汇总,使资料更加条理化和系统化,为进一步深入分析提供条件。它是从调查阶段过渡到研究阶段、由感性认识上升到理性认识的一个必经的中间环节。

(2) 分类与分组,即根据研究需要将调查资料按照某些标志区分为不同类型。分类适用于全部调查资料,分组只限于统计资料,习惯上将它们称为统计分组或统计分类。分类具有两重意义,对于全部资料而言是分,即将相异的资料区分开来,对于各份资料而言则是合,即将相同或相近的资料合为一类。分类使繁杂的资料条理化、系统化,为找出规律性的联系提供依据。

(3) 选择和确定分类标志的原则。分类的关键在于选择和确定分类标志。分类标志一经选定,必然突出在此标志下的性质差异,而将其他标志下的差异掩盖起来。分类标志选择的恰当与否,直接影响资料分析的科学性。

调查研究中选择正确的分类标志,一般遵循四条原则:

一是从研究目的出发选择标志。研究目的不同,选择的标志也应不同。如研究人口的年龄结构,就以年龄为标志进行分类;研究公务员的文化素质,就以文化程度为分类标志。分类必须服从于研究目的。

二是从反映作为调查研究对象的社会现象本质的需要去选择标志。社会现象的众多特征中有本质特征和非本质特征,应选择反映本质特征的标志作为分类标志。如对国家的社会结构问题研究,其最本质的标志是生产资料的占有关系。

三是根据具体的历史条件背景去选择标志。要随历史条件的变化而变化,力求时代性和创造性,不要重复之前调查研究的老路。

四是分类标志的确立必须坚持逻辑上的穷尽性和互斥性。穷尽性指分类标志要包含所有可能,互斥性指不同分类并不交叉。如"性别"分男、女,就同时满足了上述要求;"婚姻状况"分"未婚""已婚""离婚"和"丧偶"就没有满足互斥性。

3. 资料的汇总

通过调查表得来的原始资料反映了总体内各个样本所具有的数量特征,它们包含了表现总体数量特征的有用信息,但这些原始数据是分散的,只有对它们依据一定的方法进行科学整理,才能使总体的数量特征和规律性显示出来。资料汇总就是根据研究目的,对分类后的各种数据进行计算和加总,汇集到有关的表格之中,以集中系统地反映调查资料总体内部的数量情况。汇总的结果通常用汇总表的形式给出。

(二) 调查资料的分析

1. 定量资料的统计分析

(1) 统计分析的概念

统计分析就是运用统计学原理,对调查得到的数据资料进行综合处理,以揭示被调查对象内在数量规律的过程和方法。统计数据是由多个数据构成的数据集,通过对同一事物进行多次观察或计量得到大量数据,利用统计方法来探索出内在的规律性。

例如,在人口统计调查中,如果对单独某个家庭进行观察,其新生婴儿的性别可能是男性,也可能是女性。新生婴儿的性别比例从单个家庭来看似乎没有什么规律可循。但如果对大量的家庭进行调查,就会发现新生婴儿中男孩略多于女孩,大致情况为每出生 100 个女孩,相应地就有 107 个男孩出生。这个 107∶100 就是新生婴儿性别比的数量规律,而且古今中外这一性别比例都大致相同,反映了人类自然发展的某种内在规律。

上述例子说明,通过多次观察或试验得到大量的统计数据,利用统计分析方法是可以探索出其内在的数量规律的。因为客观事物本身是必然性与偶然性的对立统一,必然性反映了事物的本质特征,偶然性反映了事物表现形式上的差异。由于偶然性的存在,使事物的表现形式与必然规律性之间产生偏移,从而形成了表面形式上的千差万别,使得必然性的数量规律性被掩盖在表面的差异之中了,统计数据作为客观事物的一种数量表现,是事物必然性与偶然性共同作用的结果。偶然性使得对同一事物的多次观察得到的统计数据是有差异的,而必然性则隐含在统计数据本身,正是我们利用统计方法要寻找的。

(2) 统计分析的作用

第一,可以对调查资料进行简化和描述。统计分析以精简的数字来综合大量的事实,对研究变量自身特征作出数字化的清晰描述,也即所谓的描述性统计。

第二,可以对变量间的关系进行描述和深入的分析。理解各种社会现象间的相互关系是社会研究的重要内容,这在调查统计中可以转化为变量间的关系,统计分析为深入描述和分析变量间关系提供了十分有力的手段。在社会研究中,运用实验方法研究多个变量之间复杂的因果关系存在许多困难,而统计分析则可以通过事后解释来探讨变量之间复杂的因果联系,即采用社会调查来获取关于社会现象的资料,然后从统计分析中去发现事物中存在的数量联系,通过统计和控制手段,去掉其中偶然性因素的影响,并将各因素的作用分解,以最后确定这种数量联系中那些稳定的、相关程度高的联系,从而实现理论解释。

第三,可以通过样本资料推断研究对象总体的情况。在社会研究中,通过抽样调查,运用参数估计和统计检验等手段,进行推断性统计,将样本资料推论到总体并能指出这种推论的误差及做出这种推论的把握有多大。推断性统计大大扩展了社会调查的范围,提高了社会调查的效率,并使调查研究得以深入。

2. 定性资料的整理与分析

定性资料的整理与分析指根据研究的目的对所获得的原始资料进行系统化、条理化,然后用逐步集中和浓缩的方式将资料反映出来,其最终目的是对资料进行意义解释。在庞杂的定性资料中,我们需要去还原和理解真相,还需要从这些信息中提炼出来可靠的意义和联系。

一定意义上,没有任何"客观存在"可以自己为自己说话,"客观存在"之所以存在,之所以有意义,是因为经过了研究者的分析和解释。任何收到的资料都已经经过了研究者视域的扫视,对定性资料进行整理和分析不过是将这个理解进一步深化、具体化、可操作化而已。在实际操作中,定性资料的整理和分析工作是同步进行的,整理必须建立在一定的分析基础之上,任何一个整理行为都受制于一定的分析体系。

(三) 理论解释

1. 概念

社会调查是从感性认识入手来研究社会现象的。但调查不能停留在对社会现象的经验描述上,它还必须透过事物的表象和外在联系来揭示事物的本质和内在联系。要做到这一点,就必须借助抽象思维,对经验材料进行加工制作,上升到理性认识。

理论解释是运用抽象思维方式对经验材料进行深入分析,结合定量分析和定性分析揭示事物的本质和内在联系;其目的在于得出一般性的、系统的理论认识。

理论解释在对调查资料进行全面、深入、详细分析之后概括性总结出一项调查研究的结果,并以简明扼要的方式陈述出来。在此基础上提出新的理论观点,以推动理论的发展,或提出政策性建议,提供解决实际问题的方案。

2. 理论解释的作用

(1) 对统计分析的结果作出理论性说明和解释。在统计调查中,资料分析的第一步是对大量数据进行统计分析,描述现象的各种状态、分析变量间的相关程度等。如何解释这些状态和相关度则是第二步理论分析的工作。

(2) 对研究假设进行检验和论证。定量调查研究中,通常是依据某些明确的研究假设来收集资料、了解客观事实的。因此在研究阶段,需要结合统计分析的结论对研究假设进行检验和论证。如,在有关公安机关执法规范化研究中,理论假设是"严密的执法标准和操作规程和公正、统一的执法结果,可以提升公安机关的执法公信力"。为此,我们首先要从数据上进行统计分析,看统计结果与假设是否一致,其次要解释为什么?如果二者不一致,如"严密的执法标准和操作规程和公正、统一的执法结果,未能提升公安机关的执法公信力",原因在哪?是所选样本不具有代表性,还是理论假设本身无法说明公安机关行政执法中普遍存在的现象;如果二者一致,也要结合具体资料进行具体的理论分析和讨论,以便从各个角度、各个方面来论证和发展理论。

(3) 由具体的、个别的经验现象上升到抽象的、普遍的理性认识。在定性调查研究中,一般都是采用小样本进行调查的,对这些个案资料进行的分析,仍然是具体的、个别的经验认识,所谓的做研究在这里就需将这种经验认识提升到抽象的、普遍的理性认识。如在有关公众参与公安行政执法研究中,通过相关个案调查发现,"在公众参与的形式上,以个体参与居多,群体化参与程度较低"[①]。这样的结论是否具有普遍性,通过理论分析,如用历史分析法、国家—社会理论视角分析,随着国家治理理念的发展,强调社会多主体的共治共享,从而使社会公众获取了一定的执法参与空间,但因制度的路径依赖特征,社会成员对执法参与仍有一定的疑虑,从而在行为上表现出一定的隐蔽性。

3. 理论解释的常用方法

(1) 比较分析

比较分析是科学研究中常用的方法之一,通过对各种事物或现象的比较,确定它们的异同点,分辨出事物的性质、变化和发展,从而更深刻地认识事物的本质和规律。利用比较法应注意以下原则:将横向比较与纵向比较相结合;既要比较事物

[①] 陈祥群:《公安行政执法中公众参与问题研究——以浙江省温州市为例》,硕士学位论文,湖南大学,2015年。

的共同点,也要比较事物的差异。"异中求同""同中求异";要注意可比性,不同事物的比较要有统一的比较标准,否则就无法进行比较;要善于发现和比较本质的异同。调查研究的重点之一是要在表面上差异极大的现象间发现共同的本质,或在表面上相似的现象间找出本质差异。

从分析的角度来看,比较分析又分为以下几种:

第一,类型比较,是对各种类型进行比较,它建立在对各种事物进行分类或建立类型的基础上。是一种横向比较法。

第二,理想类型,是从具体独特的现象中抽取一些主要性质、舍弃其他性质而建立的典型或标本,建立理想类型,再将具体事物与理想类型进行比较。如社区警务概念的提出和发展,分析其他警务模式的异同点,这样就可对具体的、处于不同历史阶段或不同文化环境中的警务模式进行比较和概括。

第三,历史比较法,是对不同历史时期的社会现象的异同点进行比较和分析,揭示社会现象的发展趋势或发展规律,是一种纵向比较。在具体的警务调查研究中运用历史比较法,是将收集到的具体事实分为不同时期进行对比,并具体分析它们的差异,概括出一些本质差异,然后上升到某种社会历史理论的高度对这种差异作出说明和解释,或者是提出一些新的理论观点。如现代警务与传统警务的比较,就有学者从科学警务、实战警务、主动警务、信息警务、效能警务等方面进行对比和分析。[1]

（2）动态分析

一切社会现象,都处在不断发展变化之中。对社会现象发展变化的状况及其趋势的分析,称为动态分析。动态分析的目的在于从变动中揭示调查客体的本来面目。

由于社会现象的发展变化都存在着一个过程,具有一定的阶段性。运动着的社会现象,在一定的阶段上,处于质的相对稳定状况。动态分析,就是研究社会现象各个发展阶段的性质以及数量特征,从而揭示社会现象发展变化的现状及其趋势。因此进行动态分析,需要搜集调查客体各个时期的资料,按照各个发展阶段的顺序排列,构成动态资料,以反映社会现象的动态,揭示调查对象变动的现状及其趋势。例如,调查某一地区不同时间段的发案数、种类,构成的动态资料,可以反映该地区发案的升降情况和社会治安形势。

---

[1] 张跃进:《从传统警务走向现代警务》,《江苏警官学院学报》,2007年第5期。

(3) 系统分析

所谓系统,就是由若干相互联系、相互作用的要素构成的、具有特定功能和运动规律的整体。无论在自然领域或社会领域,系统都是普遍存在的。系统分析就是把社会现象或事物,作为一个系统,进行整体、综合研究的方法。系统分析的方法是符合辩证唯物主义原理的。

根据调查资料,对社会和警务现象进行系统分析主要包括以下内容:

① 系统要素方面:着重分析社会现象的组成,尽可能排出所有的要素,如分析一个犯罪团伙,它有多少成员、是由哪些成员组成的等等。

② 系统结构方面:分析系统内部的组织结构,即系统各要素之间的关系和地位。如犯罪团伙成员之间是什么关系,谁是团伙头子,谁是主要成员,谁是一般成员等等。

③ 系统功能方面:分析系统各要素的活动及作用,以及系统的活动及作用等等。如分析犯罪团伙和每一个成员的活动及其作用。

④ 系统整合方面:分析维持系统存在与发展的因素,如分析犯罪团伙的行为规范、入伙的程序、活动规律、惩罚手段、思想控制的方式等,以及团伙成员之间交流信息、沟通思想的渠道和方式等等。

⑤ 系统问题方面:分析系统要素间关系失调、功能障碍的状况、性质,产生的原因,发展的趋势等。如分析犯罪团伙成员之间的矛盾或分歧。这种矛盾或分歧的程度、原因以及发展的趋势等等。

⑥ 系统联系方面:分析这一系统与其他系统之间的各种联系,在高一层次系统中的地位和作用。如某犯罪团伙与当地其他犯罪团伙之间的关系,是互相勾结,还是互相对立,或者是互不相扰,在当地所有犯罪团伙中,它所占的地位和作用是什么等等。

对社会和警务现象的分析方法还有很多,随着许多学科互相渗透的发展趋势,警务调查研究可以而且应该从其他学科吸收科学的研究分析方法,以深化对警务现象本质及其规律的认识。

第十章　现代警务研究报告写作

现代警务研究报告是在对所搜集的警务工作相关资料开展研究后,撰写而成的反映警务工作有关方面客观事实的书面报告。警务研究报告写作的对象是与警务工作相关的方方面面,既可以是宏观的,也可以是微观的,既可以是全局的,也可以是局部的,既可以是面上的,也可以是点上的。警务研究报告撰写的过程离不开调查研究和理论分析,是写作者主观认识对警务工作客观规律的反映。警务研究报告撰写的目的,是向受众展示该研究的过程是如何展开的,研究的结果有哪些,研究的意义体现在哪些方面。

一、现代警务研究报告撰写的意义

(一)推广警务研究的结果及价值,有利于取得社会效益

现代警务发展涉及一系列的现实问题,需要警务研究工作者深入研究,并通过研究报告揭示警务工作的规律以及相关问题的解决途径,从而推动现代警务工作不断向前发展。如公安部现代警务改革研究所形成的《统筹谋划中国境外合作产业园区安保服务体系建设》《江苏民用无人机管理应寻求安全与发展最大公约数》《大数据时代社会治理现代化转型探析》《当前网络空间安全形势分析及治理对策》《公安机关智能化建设与社会治理深度融合的实践与思考》等研究报告,这些研究报告出炉迅速及时,针对性强,既有理论高度,又有实践指导意义,对公安机关和政府有关部门正确有效处理相关问题提供了非常有益的对策建议。总之,警务工

必须解决社会问题,服务社会发展,作为警务研究成果载体的警务研究报告,必须站在警务思想、警务理念、警务机制的新高度研究警务问题,认识警务问题,进而推动警务实践的发展。

(二) 促使研究深化,有利于提高研究的科学化水平和能力

警务研究报告的撰写,并不总是简单地停留在分析、综合、归纳、概括等经验认识的层面,更多的需要警务研究工作者以社会发展为大背景,站在警务理论或者相关学科理论的高度,借助有关学科知识以及相关的思维工具和理论模型对警务实践进行深入的分析研究和理论探索,从而有利于提高警务研究的科学化、现代化水平。

(三) 提供有关研究过程的实际资料,有利于学术交流与合作

警务研究报告的撰写通常需要以对警务工作的调查研究为基础,在调查研究的过程中,研究者通过一定的途径收集到大量的警务工作案例、警务工作数据等资料,同时采取适当的研究方法对这些资料进行分析研究。警务研究报告通过期刊、智库专报、简报、学术会议等途径进行交流,让更多的同行共享研究经验和研究成果,从而提升人们关于现代警务的知识水平和认识能力,促进现代警务研究不断向前发展。

二、现代警务研究报告的类型

根据研究内容和方式的不同,可以将现代警务研究报告分为实证性研究报告、文献性研究报告、理论性研究报告。

(一) 实证性研究报告

实证性研究报告强调实证分析,以和警务工作有关的数据等资料及典型案例为研究对象,通过对规律的探寻和对经验教训的总结,来指导警务实践。比如研究某个地域的犯罪特点,研究某个种类犯罪的发展演变,研究某个特殊人群的犯罪现状,研究城市社区警务的变迁等的研究报告,都属于实证性研究报告。

(二)文献性研究报告

文献性研究报告的研究对象是涉及警务工作的各种文献情报资料,通过对这些资料的分析、综合,得出警务工作某个方面的基本状况、动态发展等结论,主要呈现形式为述评、综述类研究报告。如对中外警察制度的比较研究、对民国警政的断代研究、对社会治理的历时研究等所形成的研究报告,就属于典型的文献性研究报告。

(三)理论性研究报告

理论性研究报告,侧重于对警务工作相关问题理论层面的认识,重在揭示研究对象的本质及规律。尽管研究的对象是具体的警务工作,但一般需要借助警务理论或相关学科的理论进行深层次的理性分析。理论性研究报告的撰写对作者的理论素养和理性思维能力有比较高的要求。苏州创意警务研究报告、常州民生警务研究报告、宿迁社区单元警务研究报告都属于理论性研究报告,这些研究报告由于具有见解的创新性和理论的深刻性的特点,对现代警务研究和警务工作发展具有极大的推动作用。

现代警务研究报告还有其他一些分类方法。如根据收集研究资料的方式和资料的性质不同,可以将现代警务研究报告分为定量研究报告和定性研究报告,如对失业率和犯罪率之间的关系进行定量研究形成的研究报告就是定量研究报告。

根据警务研究报告表达方式的不同,可以将现代警务研究报告分为描述性研究报告和解释性研究报告。描述性研究报告以对警务工作相关问题进行准确、客观描述为基本特征,《河北农村犯罪现状及对策——部分县(市)的实证研究》[①]就是描述性研究报告,该调查报告采用调查问卷的方法,对河北农村犯罪的具体情况进行了描述,其中包括总体犯罪数量上升、侵财性犯罪多发、未成年人犯罪比例上升、基层组织职务犯罪显现等具体情况。解释性研究报告尽管离不开对具体事实的描述,但写作的重点在于探寻警务事实产生的原因,《城市流动青少年犯罪原因及对策思考》[②]就是解释性研究报告,该研究报告在分析城市流动青少年犯罪的现

---

① 张学超:《河北农村犯罪现状及对策——部分县(市)的实证研究》,《中国人民公安大学学报》(社会科学版),2010年第5期。
② 李博翔、蒋岩波:《城市流动青少年犯罪原因及对策思考》,《江西社会科学》,2014年第9期。

状与特征的基础上,深入剖析了城市流动青少年犯罪的原因,并对预防与减少城市流动青少年犯罪提出了具体的对策。根据研究对象范围的不同,可以将现代警务研究报告分为综合性研究报告和专题性研究报告,如对长江水域公共安全突出问题与治理对策进行研究形成的报告就是专题研究报告;根据研究目的和读者群体的不同,可以将现代警务研究报告分为学术性研究报告和应用型研究报告。

三、现代警务研究报告的结构

不同种类的研究报告,结构形式存在一定的差异,如江苏现代警务研究中心研究报告《扫黑除恶背景下加强农村赌博问题治理的对策思考》,正文包括三个部分:当前我省农村赌博违法犯罪呈现的主要特点、打击整治农村涉赌黑恶势力面临的问题挑战、加强农村赌博问题治理的对策建议。而一篇题为《犯罪嫌疑人反侦查行为研究——以 445 名在押犯罪嫌疑人为分析样本》[①]的研究报告,正文包括四个部分:问题的提出、研究程序、研究结果的统计分析、思考与启发。江苏现代警务研究中心的研究报告《创意警务:公安工作创新驱动的全新命题》正文包括导言、主体和结语三个部分,主体部分包括背景分析:以创意警务激发公安工作内生动力,内涵解读:以创意警务探寻现代警务发展规律,价值目标:以创意警务深化社会管理创新实践,实现路径:以创意警务驱动警务方式转型升级。上述研究报告结构上的差异主要源于研究的方法、目的方面存在的差异,以调查数据为支撑的调查报告,一般强调研究程序、研究结果的统计分析;理论性的研究报告,一般没有实证研究过程,更多的是对研究对象的特征、规律、趋势等的深度分析。

这里主要介绍研究报告常见的结构要素。

(一) 标题及署名

标题是对研究报告研究内容、研究方向、研究结论等的高度概括。如江苏现代警务研究中心以苏州"创意警务"为研究对象的研究报告标题《创意警务:公安工作创新驱动的全新命题》,这个标题明确了报告的研究内容,即"创意警务";明确了报告的研究方向,即如何以创新驱动公安工作;同时也从总体上提示了研究结论,即

---

① 刘启刚:《犯罪嫌疑人反侦查行为研究——以 445 名在押犯罪嫌疑人为分析样本》,《山东警察学院学报》,2017 年第 1 期。

必须通过创新来促进新时期公安工作的发展。

撰写警务研究报告标题应注意三个方面的问题:第一,标题应当与报告实际表达的主题相一致,不然就犯了题文不一致的错误。如一篇题为《农村社会治安问题的现状、原因及对策研究——以新沂市高流镇为例》的研究报告,这个标题包含主标题和副标题,副标题对主标题的研究范围作了地域限定,采取解剖麻雀的研究方法,研究就比较具体深入。第二,标题文字要简洁,一目了然,切莫在标题上故弄玄虚,让读者摸不着头脑。如《创意警务:公安工作创新驱动的全新命题》,这个标题文字就非常简洁,表达清晰明了。第三,标题要尽可能具有吸引力。在具备准确性的前提之下,研究报告标题同时还具有吸引力,这对于研究报告作者而言肯定是更好的追求。因为研究报告标题倘若不能激发读者的阅读兴趣,其社会价值就会大大缩水。当然不能为了吸引读者的眼球搞标题党。

研究报告的署名可以是单一作者署名、多人共同作者署名,也可以署研究课题组的名。

(二) 摘要与关键词

摘要的长度一般在 200—300 字之间,包含的内容主要包括:该报告研究的目的、意义、重要性,研究的主要内容,研究的结论和成果。

以江苏现代警务研究中心的研究报告《创意警务:公安工作创新驱动的全新命题》的摘要为例:

> 创意警务是公安机关在现代警务变革和社会管理创新背景下,运用先进的理念、科学的思维激发公安队伍的创意创新潜能,推进警务机制和警务方法的优化创新,实现公安工作无增长改善、内涵式发展的警务活动方式。深入研究创意警务的背景、内涵、价值和实现路径,可以更好地把握创意警务对公安工作创新驱动作用的内在机理:以创意警务激发公安工作内生动力;以创意警务探寻现代警务发展规律;以创意警务深化社会管理创新实践;以创意警务驱动警务方式转型升级。

这段摘要二百多字,长度适宜。点明了产生创意警务这种警务活动方式的时代背景,指出了开展这一研究的重要性,呈现了研究的主要内容和基本结论,完全符合摘要的写作要求。

关键词也称作主题词,是最具实质意义的检索语言。它是从研究报告中选取出来的,最能体现研究报告内容特征、意义和价值的单词或术语。《创意警务:公安工作创新驱动的全新命题》的关键词为创意警务、公安工作、创新驱动,这三个关键词直接来自标题,完整体现了研究报告的主要内容。

(三) 问题的提出

问题的提出属于导言部分。这部分内容主要包含如下三个方面:第一是明确研究的背景和研究的目的;第二是明确研究的对象及其界定;第三是说明研究的意义。明确研究的背景和研究的目的,可以使读者了解所研究问题的时代背景、政策背景、知识背景、技术背景、学术背景等。因此,不管所研究的是有关警务工作的简单经验问题,还是一个比较复杂的警务问题,都应该在导言部分明确研究的背景和研究的目的。明确研究的对象及其界定,可以使读者明确报告的具体对象以及该研究对象的内涵和外延,从而使读者能够在一个确定的认知框架内阅读、理解、应用、拓展该研究报告。说明研究的意义,可以使读者明确研究的重要性和必要性。

如《创意警务:公安工作创新驱动的全新命题》的导言部分是:

> 苏州市公安机关在全国率先提出创意警务并付诸实践,为"五大警务"的良性运行、融合发展提供了强力引擎,开辟了公安机关推进现代警务机制改革和社会管理创新的独特路径,成为江苏公安工作实施创新驱动战略、率先基本实现警务现代化的重要标志。深入研究创意警务的背景、内涵、价值和实现路径,可以更好地把握创意警务对公安工作创新驱动作用的内在机理。

这一段导言阐明了研究的意义。

又如《犯罪嫌疑人反侦查行为研究——以445名在押犯罪嫌疑人为分析样本》的导言部分是:

> 对反侦查的传统研究侧重于理论分析和描述性经验总结,缺少从犯罪嫌疑人的角度运用实证的方法开展反侦查研究。本研究拟在此领域作一些初步的探索,希望相关的研究结果有助于侦查机关更为准确、全面和深入地认识犯罪嫌疑人的反侦查行为,对研发出有效的应对之策提供启发和思考。

这一段导言阐明了研究的目的。

在规范的警务研究报告中,作为背景介绍的文献回顾,具有十分重要的地位。文献回顾必须精心选择,能客观反映对象研究的历史演进和现状。

如《大数据与侦查模式变革研究》①的导言部分就包含了文献回顾：

> 早在 1980 年，未来学家阿尔文·托夫勒认为大数据是"第三次浪潮的华彩乐章"。"大数据"作为一个明确的概念提出是在 2008 年 9 月《自然》杂志发表的文章"Big Data:Science in the petabyte Era"。2011 年 9 月全球知名咨询公司麦肯锡报告揭示了"大数据"时代的到来。2012 年 3 月，奥巴马政府将"大数据"战略上升到国家战略的高度，认为大数据是"未来的新石油"。

这段文献评论包含了对与大数据概念的提出、作用等相关的重要文献所作的简要梳理和评述。

导言部分的最后，应简要介绍报告研究的基本框架。

如《犯罪人价值观的调查研究——以河北省 HS 监狱服刑人员为样本》②在导言部分简要介绍了自己的研究：

> 为了更好地理解犯罪人的价值观，本文不仅分析了犯罪人整体的价值观，比较了不同类型犯罪人的价值观，而且比较了犯罪人和非犯罪人的价值观。

（四）研究方法和过程

主要包括 4 个方面的内容：

一是明确研究方式。研究方式包括观察法、比较研究法、文献调查法、历史研究法等，针对所要研究的具体问题，选择采取合适的研究方式。

二是界定研究对象。警务研究的对象可以是总体研究对象、个案研究对象或者抽象研究对象。采取总体研究，必须对研究对象的时空范围和总体大小作出界定。采取个案研究，必须确保个案的典型性。采取抽样研究，必须采取科学的抽样方法，从而确保样本的代表性。

三是资料收集的方法和过程。包括调查问卷、采访、实地观察、大数据检索等，应对资料收集的方法和过程进行说明。

四是资料的分析方法。资料的分析方法与研究方式、研究对象、资料收集方法有关。如有的以定性分析为主，有的则以定量的统计分析为主。不管采取哪一种

---

① 何军：《大数据与侦查模式变革研究》，《中国人民公安大学学报》（社会科学版），2015 年第 1 期。
② 付有志、孔萍：《犯罪人价值观的调查研究——以河北省 HS 监狱服刑人员为样本》，《中国人民公安大学学报》（社会科学版），2016 年第 2 期。

分析方法,都离不开比较、综合、分类、归纳、因果探求等最基本的分析方法。

如研究报告《犯罪嫌疑人反侦查行为研究——以445名在押犯罪嫌疑人为分析样本》①,这部分的内容是这样表述的:

> 采取整群抽样法对某地两大省级看守所的犯罪嫌疑人进行反侦查行为调查,收到问卷474份,剔除无效问卷29份后,得到有效问卷445份,问卷有效率为93.90%。在所调查的犯罪嫌疑人中,男性有398名,占总调查人数的89.40%;女性有47名,占总调查人数的10.60%。犯罪嫌疑人涉嫌的犯罪主要有毒品、杀人等20余种各类重大刑事犯罪。
>
> 为了从实证角度研究和分析犯罪嫌疑人的反侦查行为,我们设计了两个问题:第一个是选择式问题,要调查犯罪嫌疑人在犯罪前后有无故意实施反侦查行为,分析犯罪嫌疑人的反侦查行为案件类型差异;第二个是开放式问题,要调查实施反侦查的犯罪嫌疑人的具体做法,从外在行为表现的角度总结当前犯罪嫌疑人实施反侦查行为的主要做法。

这段表述,作者明确了研究方式,即整群抽样法;界定了研究对象,即某地两大省级看守所的犯罪嫌疑人;说明了资料收集的方法和过程,即采取调查问卷法;规定了资料分析的方法,即通过选择式问题,分析犯罪嫌疑人的反侦查行为案件类型差异;通过开放式问题,从外在行为表现的角度总结当前犯罪嫌疑人实施反侦查行为的主要做法。

(五) 结果

包括从资料中得出的研究结论、初步的理论建构等。研究结果的表达方式通常有:1.数据:对收集的数据采取统计等分析方法,或者使用某种分析工具,从而得出规律和结论;2.图表:有结构图、统计图、示例图、变化图等,图表是对结果的直观展示;3.文字:可以直接描述研究结果,或者对数据、图表等加以解释和说明。

研究报告《犯罪嫌疑人反侦查行为研究——以445名在押犯罪嫌疑人为分析样本》对研究结果的统计分析包括两个层面,一是对犯罪嫌疑人反侦查行为基本状况的统计分析,二是对犯罪嫌疑人反侦查行为具体做法的统计分析,通过调查、统

---

① 刘启刚:《犯罪嫌疑人反侦查行为研究——以445名在押犯罪嫌疑人为分析样本》,《山东警察学院学报》,2017年第1期。

计与分析,作者总结出了 24 种犯罪嫌疑人反侦查的具体做法,包括逃至外地藏匿;不和亲友联系;关掉手机,不接打电话;留在住处少出门;尽量不在人多的地方露面等。

(六) 讨论

讨论是在结果的基础上展开的,是对结果的综合分析和逻辑论证,讨论的过程是从感性认识提高到理性认识的过程,从而使研究报告更有意义。不同研究报告讨论部分的内容不尽相同,大致可以包括:对研究过程中各种数据或现象的理论分析和解释;评估自己结果的正确性和可靠性,与他人结果比较异同,并解释其原因;研究结果的理论意义及对实践的指导作用和应用价值;所研究对象的作用机制或变化规律的探讨;同类课题国内外研究动态及与本研究的关系;对意外的发现进行分析、假定或说明;作者在研究过程中的经验和体会;对同类研究课题的展望或建议,提出今后的研究方向和设想。

研究报告《犯罪嫌疑人反侦查行为研究——以 445 名在押犯罪嫌疑人为分析样本》的讨论部分主要是对侦查人员如何应对反侦查行为提出三点建议:一是应重视犯罪嫌疑人反侦查行为的普遍性;二是应注重从案件类型角度认识犯罪嫌疑人的反侦查行为;三是应结合犯罪嫌疑人反侦查行为的具体表现采取系统和有针对性的应对措施。

(七) 参考文献

研究报告的参考文献,也可以称作参考书目。参考文献是研究过程中所阅读过的、评析过的或者作为引证使用过的文献。参考文献的主要意义是说明与本研究课题相关的他人的研究成果,从而体现本课题的研究背景、研究起点。由于某个研究领域的文献比较多,通过文献检索,可以找到大量相关的研究报告,这就涉及一个参考文献如何取舍的问题。文献的选择我们可以从三个方面考虑:一是根据研究的相关性进行选择。研究对象、方法、理论框架等相关性越大,越是应该考虑作为参考文献的选择对象;二是根据发表的时间进行选择。一般选择比较近期的研究文献;三是根据研究者的学术影响进行选择。学术影响大的作者的研究文献应该优先作为参考文献。

(八) 附录

　　研究报告的附录部分主要是一些与研究主题和研究结论的联系相对松散、内容相对独立的材料,主要对研究过程或研究报告中的某些细节进行解释和说明,放在报告的后面,作为正文的补充。附录可以包括:调查问卷和量表、调查指标的解释或说明、计算公式和统计用表、调查的主要数据、典型案例、名词注释、人名和专业术语对照表等。并不是所有的研究报告都有附录。

　　事实上,研究报告的结构没有固定的模式,不同类型的研究报告结构模式甚至有较大的差异,我们再以《创意警务:公安工作创新驱动的全新命题》为例,简要分析一下以理论分析为主要特征的理论性研究报告的结构和写法。

　　《创意警务:公安工作创新驱动的全新命题》以苏州市公安机关为研究对象,以"创意警务"为研究视角,除了导语部分,全文分四个部分,第一部分是"背景分析:以创意警务激发公安工作内生动力",第二部分是"内涵解读:以创意警务探寻现代警务发展规律",第三部分是"价值目标:以创意警务深化社会管理创新实践",第四部分是"实现路径:以创意警务驱动警务方式转型升级"。第一部分背景分析,分析了实施"创意警务"的原因,回答了"为什么"的问题;第二部分分析了"创意警务"的内涵,回答了"是什么"的问题;第三部分分析了"创意警务"的价值目标,是对"创意警务""做什么"的进一步深入的回答;第四部分分析了"创意警务"的实现路径,回答了"怎么做"的问题。

　　这篇研究报告,体现了如下几方面的特点:

　　一是逻辑严密。除了研究报告整体上从"为什么""是什么""做什么""怎么做"来安排结构,体现严密的逻辑性,每个部分的论述,逻辑也非常严密。以第一部分为例,报告从三个方面阐述了"为什么"的问题。一是现代警务变革催生创意警务;二是社会管理创新呼唤创意警务;三是服务率先发展开创创意警务。比较起来,可以认为第一个方面是属于宏观层面的分析,说明"创意警务"是现代警务变革大背景下的题中之义;第二个方面是属于中观层面的分析,说明"创意警务"是社会管理创新的现实需求;第三个层面是微观层面的分析,说明"创意警务"是服务率先发展的具体举措。这三个层面的分析层层推进、环环相扣,将"创意警务"的背景分析得非常透彻。

　　二是见解深刻。在对"创意警务"做背景分析时,报告以对现代警务的内涵解读为起点,基于对警力资源"无增长改善"、警方与社会合作共治、重塑警察社会服务功能的现代警务变革趋势的敏锐洞察,站在社会管理创新和服务率先发展的高度,得出了以创意警务激发公安工作内生动力这个深刻的命题。在对"创意警务"进行内涵解读时,报告全面分析了"创意警务"对现代警务"以人为本""回归社区""合成作战""科技强警"规律和趋势的探寻和彰显,进一步深化了人们对现代警务机制、现代警务理念的认识。在对"创意警务"的价值目标进行分析时,报告在明确创意警务的逻辑起点(社会治安的治理——公共安全与秩序的维护)和价值基点(政治和社会责任的担当)的基础上,对以彰显警察时代精神为主要内涵的创意警务的核心价值作了深入剖析,并从深化社会管理创新的角度进一步肯定了创意警务的实践价值。在对"创意警务"实现路径进行分析时,报告提出了以持续驱动、柔性驱动、理性驱动、整体驱动为特征的创意警务驱动警务方式转型升级模式。全文论证充分,见解深刻。

三是引领实战。这篇研究报告是江苏现代警务研究中心研究实战、服务实战、引领实战的重要作品,是在对现代警务理论发展的深刻认识和对苏州警务实践的全面把握的基础上,形成的源于实践、又高于实践的创新性研究成果,对推动公安工作发展具有深远意义。引领实战应该成为所有现代警务研究工作者和警务研究报告的价值追求,而这篇研究报告在引领实战上进行了有意义的尝试。

四、撰写现代警务研究报告的基本要求

(一)事实依据要真实

警务研究报告要以事实为根据,报告中涉及的人物、事件以及事件发生的时间、地点、背景、过程、原因、结果都要符合事实。以实地调查为例,如果要想真正了解事实,获得第一手真实的数据,一定要深入基层。但现实中有些调查走马观花,结果看到的都是事物的表象,而不是真相;有的实地调查研究,受到被调查方的支配,呈现给调查者的都是被调查方精心摆设的"盆景"。据此为支撑材料来构建研究报告,结果必然背离事实,没有任何理论价值和实践指导意义。

问卷法是获取事实材料的一种常用方法,在信息传递便捷的当下,这种方法的使用尤其普遍,如我们可以通过问卷星对群众安全感进行调查。问卷法包含选题、问卷设计、抽取样本及具体的调查实施这四个环节,同样存在一个真实性的问题。如选题的倾向性就会影响调查数据的真实性;抽样环节调查总体因调查对象本身

的身份界定模糊及其可能的制度安排也会引发总体范围的失真;在具体调查实施中被调查对象说假话也是警务调查研究资料收集、统计数据失真的最主要缘由所在;调查样本的非随机或者样本不足问题也是影响真实性的一个重要因素,以一篇题为《"智慧警务"在基层公安机关运用状况调查》的研究报告为例,为了深入了解智慧警务在基层警务中的运用状况,研究报告作者一是针对智慧警务自身发展情况,在南通市崇川区任港派出所进行了实际访谈调查,受访谈者包括10名25—35岁的年轻民警和5名36—60岁的中老年民警。二是围绕群众接受智慧警务的程度这一主题,制作了调查问卷,调查问卷共发放50份,回收45份,收回率90%,其中参与调查问卷的是普通社会群众,从年龄来看,20—30周岁的占44%,31—40周岁的占45%,40—50周岁的占11%;从性别来看,男性占78%,女性占22%;从文化程度来看,大专及以上的占62%,大专以下的占38%。上述调查,一是由于调查样本太少,只能反映局部的真实;同时由于只收集了局部地区的数据,因此,也只能反映局部地区的真实。

(二) 观点和材料要一致

警务研究报告的基础是材料,观点和材料是构成研究报告的两个基本要素,观点和材料必须一致,即观点能够从材料中得出,材料能够说明观点:一是从研究报告的形式上看,观点和材料要一致,只有这样,研究报告才是符合逻辑的;二是从观点形成的过程来看,观点应该是在对材料的分析研究后,逐步形成的,观点一定是来自于材料的。三是观点与材料的一致性并不是一次性完成的,随着作者占有材料的增多或者作者对材料认识的深化,观点可以不断修正。从材料的角度看,研究收集的材料并不一定都是报告撰写所需要的,材料本身也有一个调整、完善的过程,观点和材料的这种互动过程,追求的目标还是为了达到观点与材料的一致性,使得报告的主题不断明确化。

在处理观点与材料的一致性问题上,要敢于舍弃和研究主题联系不紧密的材料。现实中存在着观点和材料不一致的情况具体表现为:

一是观点缺少材料的支撑。观点苍白无力,研究报告内容十分空洞。这种观点与材料的不一致性,主要出现在缺乏调查基础的研究报告中,如对妇女卖淫原因的分析,如果没有调查基础,可能会凭想象列出所谓好吃懒做等原因,这些观点由于缺乏材料的支撑,没有说服力,并且很有可能观点本身就是不成立的。

二是材料缺少观点的统摄。研究报告中尽管材料很多,但比较零散,缺乏对材料的深入分析,没有明确的观点统摄这些材料。

三是观点与材料脱节。观点是观点,材料是材料,二者表面上统一,实质上不统一,彼此没有必然联系,或者未能有机地融为一体。

四是观点大于或小于材料。如一篇研究报告提出了"做好110接处警工作,有利于促进社会的和谐稳定"的观点,支撑的材料是:做好110接处警工作有助于督促公正文明执法;做好110接处警工作有助于加快和谐社会建设;做好110接处警工作有助于维护社会安宁;做好110接处警工作有助于加快法治建设的步伐。这一段的论述,观点显然小于材料。其中作为支撑材料的"做好110接处警工作有助于加快法治建设的步伐"和"做好110接处警工作有助于督促公正文明执法""做好110接处警工作有助于加快和谐社会建设"和"做好110接处警工作有助于维护社会安宁"在内容上还属于包含和被包含的关系。

五是观点与材料矛盾。材料不仅不能印证、支撑观点,反而会推出相反的结论来。以上几种情况,既可以指整个研究报告的观点和材料的不合,也可以指研究报告分论点与材料的不合,还可以指研究报告中个别层次或段落的观点句与材料的不合。总之,观点与材料一致,是研究报告写作的基本要求,离开了观点与材料的统一,研究报告将没有任何价值。

(三) 在独立思考的基础上借鉴吸收

警务研究报告的写作,必须借鉴吸收相关的理论和他人的研究成果。现代警务研究工作是一项综合性的工作,除了法学、犯罪学、侦查学等专业业务理论知识,还涉及管理学、决策学、心理学、逻辑学、领导学等学科的理论,现代警务研究必须借鉴吸收相关理论成果,尤其要注重学科交叉,从而构建具体的研究框架,构拟有效的研究理论模型,如基于柯林斯的互动仪式链理论来研究公安微博传播,研究公安微博与受众的互动仪式,对于加强警民互动,积累情感能量,促进信息传播,使公安微博更好地发挥作用具有促进作用。同时,也要借鉴吸收相关学者的研究成果,包括研究思路、研究方法、有关结论等。借鉴吸收的过程是一个独立思考的过程,借鉴吸收的重点是相关理论和研究成果对自身研究课题的启示,而不是简单的套用。如《现代警务的规范演进与质态提升——现代警务机制南通模式研究》[①]中有

[①] 秦剑平、殷建国:《现代警务的规范演进与质态提升——现代警务机制南通模式研究》,《公安研究》,2013年第8期。

一段论述：

  美国社会学家奥格本的文化堕距理论认为，社会的和谐有赖于社会构成要素以及系统之间的均衡性发展，但社会要素以及系统的变化速率是有先后的。物质要素要先于规范性要素，而规范性要素则先于观念性要素。物质、规范、观念三者之间存在着变化的惰性之别，但只有在观念性要素进行支撑性变化之后，物质要素、规范性要素的先导性变化才能得以真正巩固，社会的均衡性才能够阶段性的得以实现。南通市公安机关构建现代警务机制历经三个发展阶段：2004年至2007年，基层基础和信息化建设，为构建现代警务机制奠定物质和技术基础；2008年至2009年，建立和完善标准管理体系，以规范执法带动现代警务机制规范运作；2010年以来，注重警察文化建设，以价值观等文化软实力全面提升现代警务机制运作质态和效能。南通市公安机关构建现代警务机制的发展脉络与文化堕距理论的思想具有内在一致性。

这段论述借助文化堕距理论，分析了南通市公安机关构建现代警务机制的发展脉络，非常具有说服力。

（四）在科学性的基础上创新

  科学性是现代警务研究报告的本质特征和生命所在，是其与小说、诗歌、散文等文学作品的显著区别所在。为了体现科学性，警务研究报告的表述必须观点正确、材料可靠，论证要以事实为依据，推理要合乎逻辑，结论要具有说服力。

  创造性是衡量警务研究报告质量水平高低的重要依据，也是其价值的重要体现。警务研究要随着时代的发展变化不断创新，在警务研究报告中以新的研究视角、新的研究方法深入探索研究现代警务新的发展观、新的治理观、新的安全观等等，从而起到引领现代警务工作不断发展的作用。前瞻性研究是创新研究的重要体现。前瞻性研究的主要作用就是通过研究预见未来、谋划未来、把握未来。如对利用民用无人机实施恐怖袭击的现实风险及其应对、公安机关智能化建设如何与社会治理深度融合、5G时代的公安工作等方面的研究都属于前瞻性研究。警务研究的创新，很重要的一点就是理念创新，在研究中要善于革除旧有的既定看法和思维模式，以新的视角、新的方法和新的思维模式，形成新的结论或思想观点，进而用于指导新的实践。如对公安宣传工作的研究，就必须打破传统的公安宣传工作理念，积极探索新的公安宣传工作理念并用以指导新时代的公安宣传工作。传统的公安宣传工作研究，主要研究如何通过宣传来提升社会与公众对公安工作的知晓率、满意度和公安机关的支持率，进而密切警察与公众的和谐关系。新时代，群众对公安宣传赋予了更多期待和要求，新的公安宣传工作研究，主要研究如何增强公安宣传的社会意识和民众观念，关照公众对公安机关的新期待和对公安工作的新要求；如何通过公安宣传加速提升公众安全的常识技能和治安能力，进而提升全社会的立体化治安防范水平；如何实现公安宣传载体、形式、内容的多元化；如何确立"全警皆宣，全警皆传"观念，充分发挥每一个民警的宣传潜质和能量等。

当然，警务研究的创新离不开科学，没有科学性的所谓创新是没有任何价值的，必须在科学性的基础上创新，尤其要注意在前人已有研究的基础上创新发展。

(五) 文字精练简洁，表达要准确完整

文贵在精，文字精练历来是古今中外学者和文章家们孜孜追求的。1948年初，毛泽东起草的《关于建立报告制度》规定，"每两个月，向中央和中央主席作一次综合报告……报告文字每次一千字左右为限，除特殊情况外，至多不要超过两千字。"毫无疑问，警务研究报告语言文字精练简洁，表达准确完整，也应该是每一个警务研究工作者不断追求的目标。警务研究报告语言文字精练简洁，表达准确完整，达到要言不烦的表达效果，其实是研究者对研究对象认识深刻的外在表现，并不是刻意追求的结果。而警务研究报告语言文字不精练简洁，表达不准确完整的主要原因就是对研究对象认识不深刻，分析、概括不到位，材料取舍不恰当，解决的途径有两个：一是加深对研究对象的分析研究，包括对材料的整合，以及如何从材料中恰当地概括出具体的观点；二是重视对研究报告的修改，研究报告修改的过程既是观点不断提炼深化的过程，同时也是文字表达不断凝练的过程，可以自己修改，也可以征求同行修改意见，从而使研究报告不断得到完善。

附录

创意警务:公安工作创新驱动的全新命题

江苏现代警务研究中心

摘　要:创意警务是公安机关在现代警务变革和社会管理创新背景下,运用先进的理念、科学的思维激发公安队伍的创意创新潜能,推进警务机制和警务方法的优化创新,实现公安工作无增长改善、内涵式发展的警务活动方式。深入研究创意警务的背景、内涵、价值和实现路径,可以更好地把握创意警务对公安工作创新驱动作用的内在机理:以创意警务激发公安工作内生动力;以创意警务探寻现代警务发展规律;以创意警务深化社会管理创新实践;以创意警务驱动警务方式转型升级。

关键词:创意警务;公安工作;创新驱动

伴随深化改革开放的时代步伐,推进现代警务机制改革和社会管理创新已成为公安工作科学发展的主旋律。近年来,江苏省公安机关以科学发展观为引领,加快构建以动态警务、专业警务、合成警务、信息警务、规范警务"五大警务"为主要特征的现代警务机制,引发了撬动全局、影响深远的新一轮警务变革。作为全省经济社会发展的先导区,苏州市公安机关在全国率先提出创意警务并付诸实践,为"五大警务"的良性运行、融合发展提供了强力引擎,开辟了公安机关推进现代警务机制改革和社会管理创新的独特路径,成为江苏公安工作实施创新驱动战略、率先基本实现警务现代化的重要标志。深入研究创意警务的背景、内涵、价值和实现路径,可以更好地把握创意警务对公安工作创新驱动作用的内在机理。

一、背景分析:以创意警务激发公安工作内生动力

(一) 现代警务变革催生创意警务

始于上世纪70年代欧美国家的第四次警务革命,源于人们对以警务装备更新为标志的警务现代化的反思,强调警务的重心在于动员全社会力量预防和打击犯罪,并为公众提供更好的服务。"警务概念的发展与经济社会的发展特别是社会控

制途径的变化应当是相辅相成的……当前其基本的思想是将警务的概念建立在对安全与秩序的维护这个核心的基础之上,并将其重新定义为网络化的结点式管理的过程。"①当代西方对警务的界定,已不将犯罪控制作为警察的唯一职能,警务工作还包括犯罪管理、秩序管理和安全管理等更为广泛的内涵。② 从世界范围看,当前警务现代化发展不仅注重警务装备现代化,更注重警务理念、警务机制和警务主体的全面现代化。苏州创意警务正是与警务现代化发展趋势相生相随的产物。首先,创意警务顺应了警力资源"无增长改善"的现代警务变革趋势。随着现代化的发展和科技水平的提高,犯罪率不断攀升,犯罪手段日益翻新,单纯通过增加警力无法应对这一局面,警力资源不仅应从"量"的增加得以改善,更应通过对警察智力资源的有效开发、科学配置和高效使用达到"质"的提高。苏州在创意警务实践中,提出"做优机关、做强专业队、做实派出所、做精社区警务"的"四做"警务发展策略,通过科学配置警力资源、提高决策水平、改善管理机制、动员社会参与,实现了警力资源的"无增长改善"与内涵式发展,提高了公安机关驾驭社会治安的能力和水平。其次,创意警务顺应了警方与社会合作共治的现代警务变革趋势。"社区警务的核心价值是警察、公民及其他可能对社会治安工作有益的公共服务机构的伙伴关系。"③现代警务强调公众和社区对警务的多元参与,这就需要动员警察及社会力量互动合作,不断创新公安工作方式方法,以有效应对社会治安日益动态复杂的局面。苏州在创意警务实践中,通过创意网页、创意论坛、难题征召、创意论证和推广等创意平台,培育民警发挥潜能、主动创新警务活动的使命感;通过组织变革、人员激励、作战方式创新等实现社会面防控、侦查破案、执法水平的质态变化;通过与社会力量的合作改善警民关系,提升警队形象,提高群众对公安工作的满意度。再次,创意警务顺应了重塑警察社会服务功能的现代警务变革趋势。第四次警务革命强调,在完成传统预防和打击犯罪使命的同时,警察的社会服务功能不容忽视。现代社会利益和价值高度分散性的特点决定了社会诉求的多元化,警察要从以往打击犯罪"战士"的单一角色,转变成为公众提供多元化服务的"服务员"角色。这一趋势要求以人民满意为主要目标建立新的警务模式,由"消极警务"转为"积极警务",在警察服务职能上由"被动任务"转向"主动使命"。苏州在创意警务实践中,

---

① 郭太生、戚丹:《警务理念创新与社会管理的完善》,《中国人民公安大学学报》,2009 年第 3 期。
② [英]马丁·因尼斯:《解读社会控制——越轨行为、犯罪与社会秩序》,陈天本译,中国人民公安大学出版社,2009 年版,第 81 页。
③ 公安部治安管理局:《中外社区警务》,中国社会出版社,2004 年版,第 16 页。

通过理念的更新、工作机制的完善以及对民警的教育引导,保证和强化了警方的社会服务功能,全面提升了为公众提供公共安全产品和服务的质量。

(二) 社会管理创新呼唤创意警务

当前,党中央明确提出要紧紧围绕全面建设小康社会的总目标,牢牢把握最大限度激发社会活力、最大限度增加和谐因素、最大限度减少不和谐因素的总要求,积极推进社会管理理念、体制、机制、制度、方法创新,完善党委领导、政府负责、社会协同、公众参与的社会管理新格局,建设中国特色社会主义社会管理体系。社会管理创新必须坚持以科学发展观为指导,创造一种"以人为本"并使"发展是第一要务"这一目标得以实现的最基本的社会条件。社会管理创新对公安工作提出了如下要求:一是在公安工作中坚持以人为本,以民意为导向,着力解决民生问题,打造群众满意的公安机关;二是注重整合公安机关和社会资源,广泛动员社会力量,加强警务协作,完善社会治安问题的源头治理;三是着力增强公安机关对社会矛盾和突发事件的预警、调处和处置能力,加强打防控有机结合的社会治安防控体系建设,提升社会服务管理效能。

社会管理创新必然要求政府在社会管理理念、体制、机制等方面进行一系列改革,创意警务通过以下方面实现上述社会管理创新要求。一是将民情、民意作为公安工作的重要导向,在服务型政府理念指导下,通过强化与社会互动合作实现警务工作的社会参与治理。通过警民恳谈、警营恳谈等开放性参与对话机制促进警务合作与效能,完善社会公共服务管理措施,将人民满意度作为公安机关考评体系的重要组成部分,实现为公众提供优质服务的目标。二是尊重人的首创精神,营造全警参与的警营文化,促进公安机关及其人员战略性地思考警务发展,实现内部资源整合。创意警务从具体的方法技术层面的"小创造""小发明"开始,逐渐扩展到警务体制机制、警务理念层面,强调以人为主体、从人的需要出发战略性地思考警务改革的方向,并通过创造性的政策与措施推动警务实践;从警员的职业生涯发展和警务实践的需要出发,通过发现和选拔人才的动态机制,打造鼓励创新思维和创造能力的学习型组织。三是从机制创新入手带动体制创新,进行功能并归、资源整合,通过情报信息集中研判、合成侦查、多侦联动等机制建设及辅警力量规范化管理,推动社会面防控工作的高效化,催生警务效能和社会效益的几何级增长。

(三) 服务率先发展开创创意警务

江苏地处东部沿海,经济发展快,开放程度高。又好又快推进率先全面建设小康社会、率先基本实现现代化,共同创造更加美好生活,是当前和今后一个时期全省工作的大局。在此背景下,江苏省公安厅党委将公安工作放到"两个率先"总体布局中来谋划,力争在新的起点努力开创公安工作新局面,在系统总结改革开放以来江苏公安工作经验的基础上,从社会治安动态化、公安工作信息化的宏观背景出发,确立了打造动态警务、专业警务、合成警务、信息警务、规范警务"五大警务"的总体思路,为发展和完善具有江苏特色的现代警务机制指明了方向,也为苏州创意警务提供了理念和方向指导。

近年来,苏州经济社会持续健康快速发展,综合实力走在全省乃至全国前列,快速发展的经济给公安工作带来了难得的发展机遇,也带来了严峻的挑战,面对"人少事多"、警力资源紧缺的工作实际,传统粗放式警务发展模式难以为继。在这一背景下,苏州市公安局率先提出并实践创意警务,对破解当前公安机关普遍存在的警力不足、动力不够、方法不多的"三大难题",具有特别重要的意义。创意警务激发了广大民警创意创新的热情,促进了现代警务机制的创新。创意警务注重内部资源和潜力的挖掘,通过对知识、智慧和创意灵感的开发利用,弥补警力的不足;创意警务冲破传统观念束缚,鼓励民警对传统警务进行"越界"思考,通过创新团队建设与制度激励为民警提供开放式创意平台,激发警务创新的动力;创意警务通过项目化推进、复合式管理、工坊式研发做优孵化机制,将智力资源转化为公安工作的新思路、新方法、新措施,从而极大地提升了公安工作的现实战斗力。

二、内涵解读:以创意警务探寻现代警务发展规律

创意警务是公安机关在现代警务变革和社会管理创新背景下,运用先进的理念、科学的思维激发公安队伍的创意创新潜能,推进警务机制和警务方法的优化创新,实现公安工作无增长改善、内涵式发展的警务活动方式。创意警务回应公众对平安和秩序的需求,尊重民警首创精神,开发民警潜能,围绕动态、专业、合成、信息、规范等现代警务的主要特征,系统构建、整体推进警务运行机制;创意警务注重群众工作和以社区警务为代表的公安基础工作,建立常态长效工作机制,实现警务工作质态持续改善;创意警务借鉴知识经济时代成果,坚持向科技要警力、向管理

要警力、向素质要警力,提升警务运行效能。因此,创意警务既是现代警务发展的产物,也是对现代警务主体明确、整体协调、持续发展、效能提升等内在特质的回应,既体现了现代警务发展的普遍规律,也体现了鲜明的中国公安特色。具体解读创意警务的内涵,可以发现创意警务在如下几个方面探寻和彰显了现代警务的规律和趋势。

(一) 创意警务探寻和彰显了现代警务"以人为本"的规律与趋势

现代警务"以人为本"的规律和趋势包括两个层次的内涵:一是以公众为本;二是以民警为本。创意警务突出"以人为本"理念,既包括警务工作的对象——公众的满意度,也包括警务工作主体——民警本源性作用的发挥。两者紧密联系,互相支撑,才可以发挥创意警务对警务运行的引擎作用。

警务工作提供的公共安全产品(管理或服务),应以公众的需求为导向。公众对社会治安的承受度、对警务服务的要求在不断变化,要求警务工作应与公众需求处于贴合互动状态。随着警察由打击犯罪的"战士"角色转变为服务社会的"公仆"角色,对警察的评价标准不再是发案率和破案打击率,而更多是老百姓的满意程度。基于这一变化,创意警务将警务检验的标准落脚于是否有利于满足广大人民群众的需要,提高公众的满意度和安全感上来,主张民警平等思考、换位思考和理性思考,将人民群众的呼声作为第一信号,将人民群众的期望作为第一要求,通过警民恳谈、走进警营、将评判权交给群众、民心品牌工程等举措,广泛征求人民群众对警务工作的意见、建议,了解人民群众的认可程度,使警务活动的针对性和有效性不断提升,实现"民警围绕百姓转、警务围绕民意转",提高公众满意度。

"以人为本"同时是以民警为主体,主张民警主动性积极性的发挥。警务发展的历程正是一部警务资源的优化配置的历史进程:警察职业化体现的是形象资源、警察专业化关注的是制度资源、警察现代化凸显的是装备资源、警察社会化强调的是关系资源。[①] 创意警务跳出了"缺人要人、缺编制要编制"的传统思维,将人力资源看作是现代警务发展的核心,改变传统公安人事管理将警力资源首先视为劳力资源而非智力资源的窠臼,强调人的技能、天赋在警务活动中的运用,强调人的想象力对警务活动的理念突破,倡导创新精神,培养全警的创意创新能力。创意警务通过搭建平台、汇聚全警智力成果,坚持实施"人才兴警"战略、拓展随岗培训基地、

---

① 金镛:《中国警务再造》,中国人民公安大学出版社,2005年版,第57页。

树立先进典型、建构考评激励体系,充分激发全警主观能动性和创造性,实现警务活动由人员密集型向人才密集型转变,开辟了警察人力资源开发新途径,破解了现实困境,实现了警力的无增长改善和内涵式发展。

(二) 创意警务探寻和彰显了现代警务"回归社区"的规律和趋势

现代警务"回归社区"的规律和趋势,催生了以社区警务战略为代表的第四次警务革命,此次革命认识到了警务之树必须扎根社区,警务必须服务民众的传统在现代社会仍具有不可替代的价值。[①] 创意警务注重群众工作和以社区警务为代表的公安基础工作,促进了公安工作的全面协调可持续发展。基层基础工作是公安工作的根基,是推动公安事业长远发展的基石。公安机关作为平安建设和实施社会管理创新工程的主力军,必须以深化社区警务工作为抓手,以社区为指向、工作回到社区,以社区为主导、激发社区参与等,为公安工作的科学发展注入不竭动力。

苏州创意警务把做精社区警务作为有效抓手,通过确立"四做"警务发展策略,集中精力抓基层、打基础,"精耕细作"社区警务,在力量、精力、时间上保证社区警务工作的有效开展。大力推进社区警务信息化建设,开发"社区警务工作平台",实现信息的全面掌控,开通"网上公安机关",建立多功能于一体的网上公安工作平台。全面推行社区民警进村(社区)班子,积极发挥社区民警作用,协调有关部门和各方力量开展联防联治等工作,有效增强社区管理社会事务的能力。深入开展"网上网下恳谈"活动,及时回应群众的期盼和要求,为群众提供方便、快捷、优质、贴心的"零距离"服务。建立健全科学考核激励机制,对社区民警的警务工作绩效实行网上动态考核,综合群众测评和社区(村居)考核情况,形成综合考评结果,作为评优评先依据。通过搭建新平台、探索新机制、运用新方法,提高新形势下联系群众、服务群众、宣传群众的能力水平,把公安工作深深扎根于人民群众之中,问政于民,问计于民,问需于民,切实体现了人民群众是公安工作的基础和源泉。

(三) 创意警务探寻和彰显了现代警务"合成作战"的规律和趋势

以区域警务合作、多警种合作为主要内容的现代警务"合成作战"已成规律和趋势,这是多元共治背景下警务模式的顺应和调整。近年来,江苏公安机关顺应时

[①] 王瑞平:《当代纽约警察——机制·策略·经验》,中国人民公安大学出版社,2009年版,第329页。

代的发展和要求总结和运行的"五大警务"模式,是现代警务"合成作战"理路的代表。而创意警务则是秉承协调融合、合成作战的思路,在警务运行方式的具体创新。

改革开放以来特别是近几年以来,江苏公安机关紧紧围绕"两个率先"大局,立足当代中国警务体制和江苏经济社会发展背景,积极探索具有中国特色、江苏特点的现代警务机制,形成了以动态警务、专业警务、合成警务、信息警务、规范警务等"五大警务"为核心的现代警务理论体系和机制,为破解"经济发展、治安恶化"的世界性难题进行了大胆实践,初步走出了一条公安工作创新发展、科学发展的新路子。"五大警务"尽管在理论上有各自独立的内容,但在推动警务发展实践中,各警务模式紧密联系、协调发展、整体推进,其中动态化是主要特征、专业化是目标取向、合成化是基本途径、信息化是强大动力、规范化是内在要求,相互融合,不可或缺。创意警务作为警务活动方式,同样注重合成作战,重视整体协调,是对江苏公安"五大警务"协调融合发展的驱动和推进。创意警务重点从警务资源整合化、警务工作信息化、警务运行规范化、警务装备现代化、警务运作高效化、警务工作社会化和警务素质实战化等主要方面创新发展。诸多策略可以理解为是对"五大警务"协调融合发展要义的践行,也是进一步探索具有江苏特色、地缘特点的现代警务机制的有益尝试。

(四) 创意警务探寻和彰显了现代警务"科技强警"的规律和趋势

现代警务"科技强警"的规律和趋势是强调现代科学技术特别是信息技术在警务中的先导和支撑作用。创意警务是知识经济时代、信息时代借鉴先进产业理念"越界"思考警务工作的产物。创意警务注重现代技术和信息技术等在警务工作的应用,将知识经济时代的各技术要素作为警务运行效能提升的有效途径。柯林顿说,"新经济的燃料是科技与知识,新经济的精神则是冒险与创新",说明创新能力与信息科技是支撑知识经济持续发展的关键要件。把创意警务作为公安科技改革创新的抓手,提升警务运行效能,依靠全警集思广益,刻苦钻研,挖掘潜力,应用现代技术实现技术发明创造、提供安全防范服务,并在实践中广泛运用,将创新理念和创新技术转化为现实战斗力,科技强警助力创意警务。

信息科技是知识经济发展的催化剂,透过创新能力与知识的累积,大幅提升了信息科技中各项工具、技术的发展与应用,进而加速了知识的储存、累积及重组,促使知识资本增加的速度大幅提高。事实上,创意警务就是人的认知能力——智能与以数字化、网络化、信息化为核心的信息革命联姻的结晶。① 一方面要运用信息化手段改造并提升传统警务模式,开发新兴创意警务工作,不断提高创意警务的科技和文化含量。另一方面,也要在政策上引导高新技术进入创意警务,不断实现科技创新。通过运用高新技术,创意警务可与其他传统警务模式形成共栖、融合和衍生的良性互动关系,不断形成新的创意警务发展格局。

三、价值目标:以创意警务深化社会管理创新实践

(一) 创意警务的逻辑起点和价值基点

1. 创意警务的逻辑起点:社会治安的治理——公共安全与秩序的维护。警务的实质是维护公共安全与秩序,创意警务以此为基点,最初只是鼓励民警发挥主观能动性,在针对不同问题时采用最适合各自的有效方法来解决社会治安问题,在逐步探索的过程中,渐趋于通过制度化设计引领激发全警对警务工作的参与,努力主动寻找警务实践中出现的新问题或难题,并发挥个人或集体的智力、技能优势,将创意与警务工作紧密结合,创造性地解决问题。苏州作为我国发展最具活力的地区之一,正处于社会的关键转型期。随着社会结构的重塑,各种社会问题日益增多,这不仅表现在其数量的增加,更在于其形式的多样化。传统的警力增加模式已不足以应对新问题的产生,亟须通过创新来破题解难。在此意义上,苏州警队近年来充分利用自身的智力资源,借鉴创意产业的理念,实现了思维方式和警务理念、机制、方法的创新。创意警务的提出与实施不仅为解决苏州社会经济发展中的社会治安问题提供了有力的秩序保障,同时在一段时间实践的基础上,创意警务已初步形成一个完整的理论体系,从最初只是鼓励民警积极寻找解决问题的方法和途径,发展为以创意警务理论为统领,从上而下,体制机制明确,功能健全,职责清晰的组织体系,并藉此影响到全体民警的日常工作和思维方式的转变,成为指导和评价实际工作的重要依据。

2. 创意警务的价值基点:政治和社会责任的担当。切实担负起巩固中国共产党执政地位、维护国家长治久安、保障人民安居乐业、服务经济社会发展的重大政治和社会责任,是国家和社会对公安机关履行职责的要求,也是人民警察价值观塑

---

① 何立民:《从资本经济到知识经济——现代计算机的知识革命》,北京航空航天大学出版社,2010年版,第21页。

造的基础。创意警务是在社会管理创新背景下结合公安工作实际而形成的警务活动方式,也是推进落实公安工作"三项建设"、政法机关"三项重点工作"的现实成果。在新的社会发展时期,政法工作面临的挑战异常艰巨,特别是在发达地区,在经济发展步入中等发达国家行列的同时,社会矛盾也呈现出多样化和尖锐化的趋势,因此,始终以政治和社会责任为使命,秉承忠诚、为民、公正、廉洁的基本价值,是人民警察应有的素养,也是创意警务的价值基础。

(二) 创意警务的核心价值——彰显警察时代精神

1. 创意警务的核心价值表现为创意警务的非工具性价值。从根本上说,创意警务能否发挥其在警务活动中的强大推动作用并保持发展的生命力,关键在于厘清务实和务虚这两个维度。务实是创意警务生存之本。从警务活动方式的角度来说,创意警务没有现成的形态可资借鉴,对于其中的规律性尚在探索过程中。因此,创意警务不单是口号和宣言,更主要的是实践。要紧密联系实际和实战的需要,动员和鼓励一切有助于提高警务活动效能的力量投入到创意警务活动中。务虚是创意警务发展之本。尽管在具体工作中随着创意活动的推进获得了很多解决问题的点子、方法,但这只是创意警务价值的初级体现。任何理论的意义在于其不以工具性价值作为自己的终极目的。具体来说,创意警务的非工具性价值可以也应当在两个层次上得到体现。首先是要完成创意警务在警务活动方式上的理论提升,这一点在苏州创意警务的推进中已取得了阶段性成果。其次,通过创意警务活动的实践,使创意精神融入日常工作中,成为警务活动主体的基本价值取向,甚至成为警务活动的核心价值取向。厘清务实与务虚两者的关系,使我们明白创意警务对于重新配置警务资源以及充分调动警务活动主体的积极性的重要意义,但这一意义只有在实现从创意警务理念向创意警务理论的转变,并进一步内化为警务活动主体的内在精神的条件下,才能得到完整的体现。

2. 创意警务的核心价值表现为以创意活动彰显警察内在精神。一方面,要以创意活动方式为导向促进思维方式的转变。从认识层面上看,创意警务的前提是思维方式的转变。创意警务与任何形式的创意活动都是对传统的思维和行为模式的突破,创意活动具有不确定性、独特性、综合性和差异性等特点,这就决定了它不能囿于常规的思维框架,而是要善于从无到有,针对现状谋求改进。另一方面,要以创意精神为导向培育警察的内在素养。信息化社会的核心驱动力是创新,创新的关键是知识和理念。创新过程需要一个以理性思考为基础的知识体系作为支撑。现代警务理念也必须在适应信息化社会的不断变迁中得到发展,在此背景下,警务创新就显得尤为重要。现代警察不仅需要有强健的体魄,更需要有智慧的大脑。正如现代创意产业的发展是以知识资本为手段,创意警务同样要求警务活动主体具备充足的知识储备和敏锐的思维判断能力,使公安工作彻底摆脱仅停留在感性层面、缺乏理性分析的状态。因此,要以创意精神培育和提升警察的内在素养,使之内化为整个群体的精神性力量,以此更好地推动创意活动的开展。

3. 创意警务的核心价值表现为以创意警务生发江苏公安精神。任何一项事业的表象之后都有一种无形的、支撑这一事业的精神力量,这种精神力量决定着这项事业的成败。[①] "忠诚、奉献、务实、创新"的江苏公安精神蕴含了对创意警务的内在精神的肯定,创意警务正是体现江苏公安精神的着力点之一。创新以创造性突破为目的,以批判性思维为前提,这正是创意活动的逻辑起点。离开创意谈创新,就像离开火种谈火焰,创新就会成为无源之水、无根之木。创意警务以创意为基点,谱写着江苏公安人忠诚与奉献的精神,刻画着江苏公安人务实与创新的品质。[②]

(三) 创意警务的实践价值——以创意警务深化社会管理创新

为使人民群众共享社会发展成果,满足精神层面的需求以及对社会公平正义的期待,江苏省委、省政府从"两个率先"的总体布局出发,把社会管理创新列入"十二五"期间重点实施的"八项工程"之一。创意警务的提出是对社会管理创新的具体诠释,是在社会建设和管理活动中的创新性成果。

1. 创意警务是社会管理创新的科学实践。社会管理创新是在现有的社会管理条件下,利用已有的资源和经验,运用新的社会管理理念、方法和机制,对传统管理模式及相应的管理方式和方法进行改造、改进和改革,建构新的社会管理机制。[③] 社会管理创新是在新的社会治理理念影响下进行的一项系统工程。江苏在落实社会管理创新工程中构建了一个行之有效的合理体系。明确社会管理创新的基本原则和参与主体,以依法治理、综合施策作为创新管理的基本手段,以群众工作作为社会管理创新的核心和目的。同时从社会稳定、依法治省水平、基层基础建

---

① 马克斯·韦伯:《新教伦理与资本主义精神》,生活·读书·新知三联书店,1987年版。
② 张跃进:《创意警务论》,中国人民公安大学出版社,2010年版,第79页。
③ 张跃进:《创意警务论》,中国人民公安大学出版社,2010年版,第164—166页。

设和社会管理绩效等四个方面全面考量创新社会管理的水平。创意警务是在公安工作中实践社会管理创新的媒介。在多年实践的基础上,通过科学论证,创意警务形成了完整的理论和实践体系,以创意理论为基础,以创意产业为借鉴模式,以警务实战为实践领域,由创意工作机制、平台载体和考核导向等构成完整的组织架构,注重对创意活动及其成果的激励、应用和推广,推动了警务活动的创新发展。

2. 创意警务以创新管理来维护社会稳定。这是创意警务体现其使命的价值基础。信息化社会条件下,伴随社会经济的持续高速发展,社会交往方式多样化,利益主体多元化,阶层冲突日益增多。为有效应对社会矛盾,防止社会失范引发风险,公安工作需要在观念、主体、手段、制度等方面通过创新提高效率。通过创新管理来维护社会和谐稳定,为进一步深化改革提供良好的社会环境。在推进法治江苏、平安江苏建设中,公安工作起着关键性的作用,构建严密的社会治安防控体系需要不断突破原有的警务活动模式,以警务创新提高综合治理水平。创意警务以社会化、网络化、信息化为依托,极大地提高了维稳能力,为化解社会矛盾,协调社会关系,预防打击违法犯罪,保持社会稳定发挥了重要作用。

3. 创意警务以群众利益为导向实现其社会管理创新功能。坚持以群众工作引领社会管理工作,以警务创新推动社会管理创新,这是江苏省公安厅对公安工作创新社会管理,加强群众工作的基本要求。在公共管理各部门的活动中,警务部门的活动由于牵涉面广,问题复杂,与群众关系密切,同时又存在警力不足的特点,如何利用创新机制来提高警务活动效率显得尤为重要。创意警务在实践社会管理创新的过程中,始终以群众利益作为提高警务活动效率的基本导向。一方面,创意警务活动的开展以服务群众为目的,并以人民满意度作为评价工作成果的重要指标。大量的创意"金点子"正是在了解和满足群众的各类需求的基础上涌现的,在社区防控、流动人口管理、交通管理等方面创造了很多社会管理新经验和新举措。另一方面,通过吸收群众参与以发挥多主体的作用,既体现了创意警务汇集民智的精神实质,也体现了警务活动的开放性,增强了群众与公安机关之间的互动性,引导群众积极参与社会管理。①

四、实现路径:以创意警务驱动警务方式转型升级

创意警务作为一种新型的警务活动方式,深入研究其理论和实践意义在于彰

---

① 陈旭、王志高:《奏响社会和谐人民幸福的"交响乐"》,《群众》,2011年第11期。

显其"模本"和"范型"的价值,驱动更大范围内警务活动方式的转型升级。

(一) 警务方式转型升级的内涵及要旨

警务方式的转型升级是指警务活动方式向灵活、高效、适应需要的方向转变和升级。其前提问题是为什么要转型升级,依据什么转型升级;其基本问题是转什么型、升什么级;其核心问题是转型升级所要达到的目标,这也是公安工作实施创新驱动战略这一全新命题所要达成的目标。"创新驱动"是基于"要素驱动""效率驱动"而言的。世界经济的研究认为,经济体的发展一般要经历"要素驱动""效率驱动"和"创新驱动"这三个阶段,从中国企业普遍的表现来看,我国基本上还处于"要素驱动"阶段,或者顶多可以说是"要素驱动"向"效率驱动"过渡的阶段。由此可见,创意警务对警务方式转型升级的创新驱动是领先和切合时代主题的。公安工作的创新驱动涉及理念的转变、目标的调整、模式的转型和路径的选择等诸多方面,是一个战略性、系统性的变革过程。其中,警务方式转型升级是重中之重,是整个公安工作创新驱动的生命线——再新潮的警务理念、再美妙的警务价值目标,必须经由警务方式这一载体和纽带,才能最终落到实处、收到实效。

警务方式转型升级的核心要旨有三点:一是在彰显警务工作维护稳定、服务大局、惠及民生等核心价值的前提下进一步兼顾公正与效率,充分体现以人为本和"立警为公、执法为民";二是在原来修补式的要素重组、技术升级、方法革新的基础上侧重从制度层面实现组织、体制、机制、模式的不断优化,全面改造提升传统警务作业方式,全面优化警务运行所涉及的技术结构、组织结构、业务结构和相关资源配置结构,保证各具体方法手段及其所需资源的规范化、科学化配置,达到警务运行的"帕累托最优"[①];三是在操作层面实现动态警务、专业警务、合成警务、信息警务、规范警务等"五大警务"的有机整合、深度融合与一体化推进,不断增强公安工作核心竞争力和综合实战能力。

---

① 帕累托最优(Pareto Optimality),也称为帕累托效率(Pareto Efficiency),是指资源分配的一种理想状态,即假定固有的一群人和可分配的资源,从一种分配状态到另一种状态的变化中,在没有使任何人境况变坏的前提下,也不可能再使某些人的处境变好。换句话说,就是不可能再改善某些人的境况,而不使任何其他人受损。

(二)创意警务驱动警务方式转型升级的实现路径

1. 持续驱动:发挥创意警务推动警务方式转型升级的策源地作用。警务方式转型升级需要制度、体制、机制、管理、技术运用等多个层面的有力支撑,本质上仍然是一个管理的问题。随着时代的变迁,管理的重点不断地发生着嬗变:从"指挥和控制"到"激励与协调",再到"决策与协同",最后到"机会的把握和利用"。在此发展过程中,管理越来越强调"人本管理"到"能本管理"的转变,将管理的核心和重心定位于充分发挥人的能力之上。创意警务体现的正是"能本管理"思想,注重充分发挥警察个体的积极性、能动性,"让更多的人成为小发动机而不是零件"[①],这对警务方式转型升级来说至关重要。警务方式转型升级虽然是适应客观形势、回应主观诉求的结果,但本质上是公安机关的决策力、执行力、管理力的综合体现。警务方式的转型升级,其实首先体现在警务的顶层设计上,最终则实现于全体民警的执法、管理、服务过程之中。在决策层面取决于信息的完整程度和智力的汇聚程度,在执行层面取决于具体执法、管理、服务过程中能否将决策层的理念和预定目标落到实处。这就需要全体民警认识一致,心力聚焦,通过聚集全警智慧、激发全警活力,来提升公安队伍的决策力、执行力、管理力。实践经验表明,失败的、半途而废的改革创新,要么是上层的设计或部署出了问题,要么是中间层级的管理出了问题并导致执行出了问题,或者两者兼而有之。根据管理学上的"满意度传导理论"[②],其内核仍然是以人为本、以能为本。创意警务因其"尊重劳动""尊重人才",促使每一位民警的能力得到充分发挥,令其"乐"于创造、高质量地工作。创意警务要本着"不仅要让人民群众得实惠,也要让民警受益"的原则,注重研究、关注、围绕民警的需求,使创意警务与民警的意愿、利益一致化,重视解决基层负担偏重、任务偏杂、管理权责不对称等问题,真正把全体民警的智慧最大程度引导到工作上来。

2. 柔性驱动:发挥创意警务的推动警务方式转型升级的助推器作用。警务方式转型升级需要多层面、多方位的改革和创新。改革和创新的方式有两种,一是渐进式改革创新,二是激进式的推陈出新。经济、政治、社会领域的改革实践已经证明,渐进式的变革在风险上少于激进式变革。正如经济发展力求"稳中求进"一样,

---

① 《海尔 CEO 张瑞敏语录》,http://www.shszc.com/mingrenyulu/6408.html。
② 岳占仁:《转型升级需要什么样的领导力》,《IT 经理世界》,2011 年第 15 期。

警务方式也需要"润物无声"中不断变革创新，逐步实现转型升级。苏州警方决策层将创意警务的关键解读为渐进式完成警务的"顶层设计"，着力构建"六型"目标、"五度"考核、"四做"路径、"六气"精气神等创意内容，是在精确评估客观形势与现实需求，深入总结反思经验教训的基础上，提炼形成的一种顶层设计。对中层、基层领导重点要求在执行力方面去创意，尤其是在机制性建设上谋求有所作为。对广大民警则要求侧重于战术战法的研究和创意。柔性驱动警务方式转型升级的要旨在于，一要重视抓好两头的创意，既着力研究领导层怎样来有效推动、科学引导，又研究如何调动和维护民警的创意热情；二要重视层层落实上下之间、左右之间的相互关联、相互作用、相互合作，最大限度地减少相互间的摩擦力和各种阻力，实现良性互动。这种上下联动、纵横贯通的渐成过程，正是创意警务对警务方式转型升级的有效驱动。

3. 理性驱动：发挥创意警务推动警务方式转型升级的试验场作用。创意警务的"问题导向"可成为推动警务方式转型升级的标向设置。创意警务在标向设置上，紧紧围绕公安工作科学发展进程中遇到的重点、难点、热点问题开展攻坚，在破解难题、解决问题的过程中，化压力为动力、化挑战为机遇，努力提升公安工作的发展质态。这与警务方式转型升级在取向上不谋而合，在实践中无缝对接。苏州创意警务的标向设置，主要围绕三个方面的问题：一是紧紧围绕面临的新形势、新问题开展创意，用科学的思维准确判断和把握国际国内形势的深刻变化，从经济社会发展的大局出发反思公安机关在服务管理方面存在的不适应问题，积极谋求发展对策。二是紧紧围绕人民群众关注的突出问题开展创意，对群众关心的突出治安问题开展创意攻坚，着力提高打防管控效能；直面群众合理诉求，积极改进公安工作，确保规范公正文明执法。三是紧紧围绕制约公安工作发展的体制机制性问题开展创意，研究如何做优机关、做精实战专业队、做实派出所、做细社区警务，不断提高公安工作科学化、集约化、现代化水平。

4. 整体驱动：发挥创意警务推动警务方式转型升级的孵化器作用。创意警务不仅在微观方面通过要素驱动、技术驱动、手段方法等助推警务方式转型升级，更在顶层设计、结构完善、目标与功能定位合理化等方面驱动警务方式转型升级。近年来，在省委、省政府和公安部的领导下，江苏各级公安机关紧紧围绕又好又快推进"两个率先"大局，着眼于世界警务变革的新趋势，着眼于江苏经济社会发展的新要求，着眼于人民群众对平安和谐幸福的新期待，积极构建以"五大警务"为核心的现代警务机制，有效探索出一条公安工作创新发展、科学发展的新路子。"五大警务"的精妙之处在于,不仅动态警务、专业警务、合成警务、信息警务、规范警务各自独立成章,其彼此之间又密切关联,环环相扣,形成有机统一的整体。创意警务既是"五大警务"的具体实践和鲜活例证,又是驱动"五大警务"深度融合、整体运作的重要推手,从而为整体推进警务方式转型升级提供有力支撑。

(三) 创意警务驱动警务方式转型升级的可期未来

如果我们把创新驱动作为公安工作加快转型升级的核心推动力,那么创意警务是最佳的路径选择。警务方式转型升级是一个只有起点没有终点的动态演进过程。创意警务对于警务方式转型升级的最大意义在于,通过不间断的"创意"注入,使作为动态过程的警务运行方式经常性获取最新智力成果和各种有效信息,不断在精神理念、目标定位、制度机制、管理服务方法手段、技术支撑等方面更新优化,实现量上的不断积累直至促成质上的转型与升级。

当然,如同我国的创意产业一样,创意警务毕竟还只是处于起步阶段,进一步成长所需要的环境支持和条件支撑并非那么乐观,创意警务对驱动警务方式转型升级也并非能一蹴而就。由于我国经济社会深刻转型的社会历史阶段耦合政治多极化、经济全球化、社会信息化的时代背景,境内因素与境外因素相互交织、传统安全因素与非传统安全因素相互交织、虚拟社会与现实社会相互交织、敌我矛盾与人民内部矛盾相互交织,公安机关不仅维护社会政治稳定和治安稳定的压力巨大,难度也进一步加大。在未来一个时期,江苏及全国公安工作仍然可能存在迫于客观压力,被动应付、疲于奔命,注重"打处"绩效的现象,这对创意警务的深入推进或造成一定的障碍。此外,从过去的经验事实看,由于客观和主观方面的诸多原因,特别是基于"地方性知识"(即"本土资源")[①]基础上的改革,因为环境背景、认识视角等不同,往往并不能在应有的时间内保持其应有的生命力,或者并不会太容易地转化为具有普适效应的改革模本。创意警务的改革应努力克服这种"地方性知识"的局限。

[①] "地方性知识"是 20 世纪 60 年代以来知识观念变革的产物。作为一种新型的知识观念,"地方性知识"观认为,所谓"知识",是随着我们的创造性参与而正在形成中的东西,其不仅在地域意义上具有"地方性"或"局域性",还涉及知识形成的特定情境。"参与""过程""情景化""局域性"构成了"地方性知识"的精神实质。参见盛晓明:《地方性知识的构造》,《哲学研究》,2000 年第 12 期;苏力:《法治及其本土资源》,中国政法大学出版社,1996 年版。

警务克服人力密集型、技术依赖型的"路径依赖",转入创新驱动型转型升级本身需要一个渐进的过程,而警务转型升级包含的结构改善、功能优化、效益提升、整体升级也是一个渐进的过程。虽然苏州的创意警务在创意创业主体、创意创业载体、创意创业环境方面取得了令人瞩目的成绩,但来自客观形势的压力与挑战和创意警务体制、组织、管理等方面的不尽完善,更需要"居高思进",作出更认真地谋划。本次创意警务与公安工作创新驱动论坛,是一个很好的载体,可以在理论和实务之间通过研讨达到某种程度的贯通。同时,苏州市公安局与江苏现代警务研究中心共同设立"苏州创意警务研究室",也构建了沟通的很好的平台。这一平台通过加强警务理论与警务实践的合作,在促进创意警务可持续发展的同时,将有效促进警务方式的转型升级。此一合作平台的最终目标,是江苏现代警务研究中心与苏州市公安机关共同推进"创意警务与公安工作创新驱动示范实验区"的建设,从而对创意警务的内在品质进行深度挖掘,并努力凸显其对公安工作创新驱动的可期的灿烂未来。

(执笔:殷建国、王智军、钱洁、王驰、施展旦、葛志山)

第十一章　现代警务研究论文写作

一、现代警务研究论文的写作过程

现代警务研究论文是指对涉及现代警务工作的全局或局部，就某个方面、某个领域、某些现象和问题作比较系统深入的专门研究探索之后，形成的探讨其本质特征及其发展规律的理论性文章。现代警务研究论文的写作过程一般包括定题、构思和行文。

（一）定题

爱因斯坦说：提出一个问题比解决问题更重要，因为解决一个问题也许仅是数学上或实验上的技能而已。而提出新的问题，从新的角度去看旧的问题，都需要有创造性的想象力，而且标志着科学的真正进步。

在撰写现代警务研究论文的过程中，定题是最初的也是最重要的步骤，因为定题决定了撰写现代警务研究论文所论述的内容以及研究的领域方向，一个好的选题，对推动警务工作具有重要的作用。我们一般可以从三个方面进行选题：一是选择创新性问题，即现有的理论从未涉及到，也从未有人提出过的问题，比如最新的科技发展成果与现代警务工作的结合问题，就是一个创新性问题，警务工作其实就是在不断的创新中向前发展的。二是质问性问题，即现有理论与现实发生冲突与矛盾,需要研究者进行修正与反驳。社会是一个矛盾发展的过程,现代警务工作的发展也是如此,比如一些既有的警务管理模式与社会结构的变化发生冲突,需要我们提出质问性问题,并尝试建构起新的警务管理模式。三是接力性问题,即在前人的基础上深化对问题的认识。警务工作的历史进程既有继承也有发展,是一个不断认识深化的过程,这是现代警务研究接力性问题的现实基础,比如我们在一个新的时代背景下研究一个老问题就是接力性问题研究。

在现代警务研究论文选题的过程中,我们还要注意选题的需要性、学术性和可行性。

1. 研究选题的需要性

研究选题的需要性是现代警务研究最根本、最内在因而也是最持久的推动力。需要性原则,也叫价值性原则。对于现代警务研究的需要,主要考虑两个方面的因素:一是现代警务工作的需要,如工作方式、工作环境、工作对象的变化需要我们去研究相关问题,如利用无人机实施恐怖袭击具有现实的风险,需要进行深入研究并提出对策措施。二是警务科学本身发展的需要。与其他社会科学一样,警务科学本身有一个不断发展的过程,如讯问科学就是在不断地深化发展,对这类警务科学发展的研究,是进行选题策划的重要依据和出发点。

所谓价值,主要表现在研究选题的实际应用价值与科学理论价值两个方面。前者是指现代警务工作中亟待解决的选题。此类选题同公安工作密切相关,如怎样发挥警务大数据在警务工作中的作用,如何构建现代防控体系,如何完善现代警务机制,等等,研究目标具体明确。选准了这些选题,并且将问题加以解决了,就会对警务工作带来巨大的促进作用。至于现代警务研究的科学理论价值,主要源于现代警务本身也是一门学科,全面深入的研究有利于不断提升其内在的科学理论价值。

2. 研究选题的学术性

选择研究选题不仅要考虑警务工作的现实需要,还要考虑选题本身的学术或理论价值。只有选择有较高学术价值的选题去进行研究,才有可能写出质量较高的研究论文,才能从深层次上提升现代警务的工作水平。那么,究竟什么样的选题才具有较高的学术价值呢?

首先,该选题在现在警务工作中必须占有比较重要的地位,为广大警务工作者所关心,是迫切需要解决的问题。如怎样完善执法权力运行机制和管理监督制约体系,让人民群众在每一起案件办理、每一件事件处理中都能感受到公平正义,这个选题既具有理论高度,又是迫切需要解决的问题,体现了我党坚持公平正义和以人民为中心的执政理念;又如如何严格规范公正文明执法,把打击犯罪同保障人权、追求效率同实现公正、执法目的同执法形式有机统一起来,努力实现最佳的法律效果、政治效果、社会效果。这些选题都需要我们在学术上进行深入研究,并用研究成果指导现代警务工作。

其次,适应现代社会治理的需要。现代警务工作需要不断创新,现代警务研究选题也应该是最有可能或最有希望"创新"的问题。选题策划要有创见、有新意、有特色,要有一定的先进性,如大数据条件下的警务工作研究,就具有这些特点。选题要防止与别人雷同,要有自己的真知灼见和开创性。如果选题本身就比较陈旧或一般,那研究结果就极可能平淡无奇了。当然创新不是赶时髦和一味的标新立异,创新同实事求是的科学精神应该是一致的,研究者通过对问题的深入研究,提出自己的新观点、新方法、新视角,从而促进问题的正确解决。

3. 研究选题的可行性

在选题策划时,既要考虑客观需要、社会价值,考虑论题研究的必要性,又要考虑开展研究、进行论文写作的主观条件、客观条件,考虑完成研究和写作的可能性。

首先,要考虑自己的专业特长与工作背景。专业特长是一项很重要的主观条件。选题策划,应该是自己经过认真学习与钻研之后的必然结果。自己对所从事的学科、开展的工作、钻研的重点,有了较多的积累,不但对前人取得的成果、达到的水平较为熟悉,而且对遗留的问题、争论的问题也较为清楚。在警务研究领域,研究的薄弱环节是什么?在哪些方面仍有研究的必要和广阔的前景?学科发展的趋势如何?等等。对这些问题,都应做到心中有数。只有这样,才能避免选题策划的盲目性,有利于发挥自己的专长与优势。进行现代警务研究,必须扬长避短。扬长,就是发挥个人的专业特长与优势;避短,就是不要去搞那些在专业上不熟悉的或者与自身的工作场景相距甚远的东西。比如熟悉派出所工作的人员,就比较适合对派出所工作的方方面面进行深入研究;如果是从事公安法制建设的人员,研究警务执法规范化、警务执法面临的困境与出路等就是比较适合的方向。

其次,要有浓厚的兴趣。兴趣是个人的喜好情绪。兴趣是最好的老师,它是推动人们去进行某种活动的原动力之一。如果现代警务研究者对警务工作中的某一对象有兴趣,就会积极地去接近它,研究它,认识它。兴趣可以充分地调动起研究者心理活动的积极性,并为灵感的出现打下心理基础。

除此之外,我们的警务研究选题还应该避免以下几种情况:一是选题不具有科学探索的倾向。选题没有明确的、具体的理论指导,没有研究假设,没有不确定性,没有探索倾向,这类选题一般不具备探索意义,撰写而成的研究论文也只是对相关问题的简单分析归纳和对事实材料的逻辑串联,没有多大价值,是不可取的。二是选题比较肤浅。例如:作为选题依据的大量的调查研究仅停留在使用百分比,对不具有普遍意义的细小环节进行肤浅的描述,没有使用科学工具探究变量之间的相关关系和因果关系。三是选题重心太高。不注重从"小"做起,片面追求宏大,用"战略""对策""发展"堆砌空中楼阁,该重点阐述的缺乏表述力度,从而表现出"空泛化"倾向。对于大的选题我们很难在论述中做到面面俱到,为此选用相对小的选题更有助于专注探索,如我们可以采取"解剖麻雀"的办法,选取一个区域或一个部门的警务工作进行深入研究,对警务工作也能起到很好的推动作用。四是选题笼统空泛、概念模糊。论题离不开判断,论题必须用有准确含义的概念表达,否则论题则流于空泛。论题笼统空泛、概念模糊是研究论文选题中出现最多的问题。有的作者认为论题广内容就多,就有东西可写,实际上论题大写作难度也大,面面俱到常常是面面俱不到、不深刻。比如初次写作警务研究论文的作者,就不太适合选择中国诈骗犯罪类型以及治理对策研究这种比较大的选题。因为作者无法全面掌握第一手资料,对研究对象缺乏客观的认识,涉及相关内容的阐述必然蜻蜓点水,泛泛而论,甚至产生错误,从而使得研究论文没有实际的学术价值和应用价值。还有的论题用词不准确,造成概念含糊,经不住推敲。如有一篇警务研究论文的选题是《浅论转型期警察腐败原因和治理对策》,选题中的"转型期"其实是一个内涵不确定的概念,因此,从选题看,研究对象是不明确的。

(二) 构思

1. 谋篇构思的思路与要求

(1) 构思要围绕主题展开

若要使警务研究论文写得条理清晰、脉络分明,全文必须有一条贯穿线,这就是警务研究论文的主题。主题是一篇警务研究论文的精髓,集中体现了作者的学术观点和学术见解,警务研究论文对读者的影响主要就是依靠其主题来实现的。因此,下笔撰写警务研究论文前,谋篇构思就要围绕主题进行,构思一定要为主题服务。有一篇题为《当前社会排斥视域下的警务治理》的研究论文,内容框架是:一、利益分配失衡:当前社会稳定问题的深层原因;二、社会排斥丛生:当前社会稳定问题的心理与行为基础;三、执法环境恶化:社会排斥背景下警务工作的挑战与压力;四、警务治理:社会排斥背景下的警务变革思路。这篇警务研究论文,从深层原因、心理与行为基础、挑战与压力、变革思路等几个方面,紧紧围绕警务治理这个主题展开论述,是一篇比较规范的警务研究论文。又比如有一篇警务研究论文,选题为机动车礼让行人的法律研究,研究论文的内容框架是:一、行人与机动车路权的法律分析;二、行人与机动车路权的划分以及存在的问题;三、完善行人与机动车路权划分对策。很明显,这篇论文的论述范围大于论题,论文构思与论题不一致。

(2) 构思论文布局,要力求结构完整统一

在对一篇警务研究论文进行构思时,有时需要按照时间顺序撰写,有时又会需要按照地域位置(空间)顺序撰写,但总的来说,都是需要按照研究对象的逻辑关系来撰写,即要求警务研究论文构思布局符合研究对象(现代警务工作)的内在联系和规律,符合科学研究和认识事物的逻辑。但不管属于何种情形,都应保持合乎情理、连贯完整。有时,构思出现几种写作方案,这就需要进行比较,在比较中,随着思考的不断深化,写作思路又会经历一个由庞杂到单纯,由千头万绪形成一条明确主线的过程。

(3) 要进行读者分析

撰写现代警务研究论文,有读者阅读才有存在的价值,因此,构思时要求做到"心中装着读者",多进行读者分析。有了清晰的论文读者对象,才能有效地展开构思,也才能顺利地确定立意、选材以及表达的角度。从是否是专业人士的角度进行划分,读者可以分为专业读者和非专业读者,不同的读者对警务研究论文的要求与评估标准存在显著的差异。对于专业读者,如警务研究工作者,论文构思要从满足专业需要与发展的角度去思考,确定材料的取舍与表达的深度与广度,明确研究的重点。对于非专业读者,如广大一线基层民警,构思要从解决实务问题的需求出发,论文结构力求简洁明了。

2. 如何提高构思能力

很难想象,一个思维不清晰的作者会写出条理清晰、脉络分明、逻辑严密的警务研究论文来。因此,提高构思能力的关键在于通过论文写作实践训练提高思维能力。思维能力提高了,构思论文的能力也将随之提高。

在正式撰写警务研究论文之前,先拟好论文提纲,可以极大地帮助作者锤炼思想,凝练思维,提高构思能力,这是被长期实践证明行之有效的办法。

写作研究论文提纲的作用,具体说,有以下几点:

(1) 可以体现作者的总体思路。提纲是由序码和文字组成的一种逻辑图表，是帮助作者考虑论文全篇逻辑构成的写作设计图。其优点在于，使作者易于掌握论文结构的全局，层次清楚，重点明确，简明扼要，一目了然。

(2) 有利于论文前后呼应。有一个提纲，可以帮助我们树立全局观念，从整体出发，检验论文每一个部分所处的地位、所起的作用，相互间是否有逻辑联系，每部分所占的篇幅与其在全局中的地位和作用是否相称，各个部分之间的比例是否恰当和谐，每一字、每一句、每一段、每一部分是否都为全局所需要，是否都丝丝入扣、相互配合，成为整体的有机组成部分，都能为展开论题服务。经过这样的考虑和编写，论文的结构才能统一而完整，从而很好地为表达论文的内容服务。

(3) 有利于及时调整，避免大返工。在警务研究论文的研究和写作过程中，作者的思维活动是非常活跃的，一些不起眼的材料，从表面看来不相关的材料，经过深思熟虑常常会产生新的联想或新的观点，如果不认真编写提纲，动起笔来就会被这种现象所干扰，不得不停下笔来重新思考，甚至推翻已写的从头再写；这样，不仅增加了工作量，也会极大地影响写作情绪。警务研究论文提纲犹如工程的蓝图，只要动笔前把提纲考虑得周到严谨，多花点时间和力气，做得扎实一些，就能形成一个层次清楚、逻辑严密的论文框架，从而避免许多不必要的返工。

论文提纲可分为简单提纲和详细提纲两种。简单提纲是高度概括的，只提示论文的要点，如何展开则不涉及。这种提纲虽然简单，但由于它是经过深思熟虑构成的，也能确保论文写作能顺利进行。详细提纲，是把论文的主要论点和展开部分都较为详细地列出来。如果在写作之前准备了详细的提纲，那么，具体展开论义写作时就能更加顺利。

论文提纲的写作方法：一是先拟标题；二是写出总论点；三是考虑全篇总的安排：从哪几个方面，以什么顺序来论述总论点，这是论文结构的骨架；四是大的项目安排妥当之后，再逐个考虑每个项目的下位论点，直到段一级，写出段的论点句（即段旨）；五是依次考虑各个段的安排，把准备使用的材料按顺序编码，以便写作时使用；六是全面检查，作必要的增删。

(三) 行文

根据国家标准 GB/T 7713—1987《科学技术报告、学位论文和学术论文的编写格式》(以下简称《编写格式》)，学术论文的前置部分包括题名、论文作者、摘要、关键词，正文部分包括引言、正文、结论、参考文献。现代警务研究论文的写作一般应按照这八个方面依次行文。

警务研究论文的题名、论文作者、摘要、关键词、参考文献的写作要求和警务研究报告的写作要求一致,第十章已经做过介绍,本章不再重复。

1. 引言

引言,是论文的开头部分,又称前言、导言、绪论。根据《编写格式》,引言简要说明研究工作的目的、范围、相关领域的前人工作、理论基础和分析、研究设想、研究方法和实验设计、预期结果和意义等。应言简意赅,不要与摘要雷同,不要成为摘要的注释。一般教科书中有的知识,在引言中不必赘述。比较短的论文可以只用小段文字起到引言的效用。

2. 正文

根据《编写格式》,论文的正文是核心部分,占主要篇幅,可以包括:调查对象、实验和观测方法、仪器设备、材料原料、实验和观测结果、计算方法和编程原理、数据资料、经过加工整理的图表、形成的论点和导出的结论等。由于研究工作涉及的学科、选题、研究方法、工作进程、结果表达方式等有很大差异,对正文内容不能作统一的规定。但是,必须实事求是,客观真切,准确完备,合乎逻辑,层次分明,简练可读。

尽管对正文内容不能作统一的规定,但撰写研究论文正文均要求做到:一是实事求是,不能弄虚作假,确保数据、案例等的真实性;二是不管采取何种结构形式,都应该合乎逻辑;三是要层次分明,可在一节中分若干小标题来写。论文层次不宜过多,一般不超过5级。

3. 结论

根据《编写格式》,论文的结论是最终的、总体的结论,不是正文中各段小结的简单重复。可以在结论或讨论中提出建议、研究设想、仪器设备改进意见、尚待解决的问题等。

结论应该准确、完整、明确、精练。

二、现代警务研究论文的一般论述过程

(一) 现状分析

现状分析包括研究的背景、国内外的研究现状、研究目的和意义、研究方法等。

研究背景是具体介绍所研究问题的组织、环境特征的,包括现实背景、理论背景等。国内外研究现状是指与本论文研究具有关联性的国内外的研究情况,包括研究的结果、研究的方法、研究的角度、研究的不足等。研究目的和意义是指本选题的研究对警务工作会产生什么样的效用,或者这个研究得出的结论可以为其他方面的研究打下什么样的基础。一般来说,研究意义可以从四个方面来写:一是对本项工作的意义;二是对整个警务工作的意义;三是对国家或社会的意义;四是对学科理论的贡献。研究方法,就是通过什么方法,分析、解决论文提出的问题。研究方法分为两大类,一是定性分析法,二是定量分析法。不同的警务研究可以具体采取调查研究法、案例分析法、比较研究法、历史研究法等不同的研究方法。

(二) 存在的主要问题分析

警务研究论文主要解决警务工作中实际存在的问题或者对一些前沿问题的探索。警务研究论文应该透过事物的表象,找到产生问题的真正原因,进而从根本上解决问题。一是发现问题。需要对与研究对象有关的素材进行深入仔细的分析,在此基础上对问题进行归纳、分类,鉴别主要问题和一般问题,核心问题和延伸问题等。二是对存在问题的原因或特点进行分析。原因既有客观的,也有主观的,既有外在的,也有内在的,这是解决问题的基础。

(三) 解决问题的因素分析

解决问题的因素,也有客观和主观两个方面。客观因素一般包括社会环境、各项政策、技术条件等;主观因素主要属于内在的因素,如管理水平、工作积极性等就是典型的主观因素。对于主客观因素的分析描述,必须符合实际,从而确保方案实施的可行性。

(四) 解决方案的提出

解决方案是针对前述分析的问题,所采取的针对性措施,包括行动目标、基本原则、思路方法、具体内容等。提出解决方案,需要综合考虑工作背景、可用资源、管理思想和方法等各种因素。解决方案应具备三个特性:一是指向明确。方案应和前面分析的问题相呼应,解决前面提出的问题。有些研究论文前面分析问题和后面的解决方案脱节,提出的问题没有后续的解决方案,或者提出的解决方案并不是针对前面提出的问题,论文就失去了存在价值。二是方法先进。采用科学、先进的理论方法,研究方法具有创新性。三是现实可行。方案中列出的每个解决措施,必须紧密结合警务工作实际,具有现实可操作性。四是事理明晰。方案的提出要有一定的推理,要合乎逻辑地表明什么问题可以得到怎样的解决。

(五) 结论

关于论文的结论,前面的行文部分已经做过阐述,并强调合理的结论必须准确、完整、明确、精练。所谓准确,是指论文的结论是论文内容发展的必然结果,也是全篇逻辑推理必然得出的结论,因而结论不是对论文内容歪曲的总结,也不是额外生出的枝叶。所谓完整,是指结论不应是正文中各段小结的简单重复,结论应该以正文中的实验或考察得到的现象、数据和阐述分析作为依据,由此完整地指出研究所揭示的原理及其普遍性、研究的理论意义和实用价值、与其他研究者的差异、研究的例外或者研究尚难以解释和解决的问题、深入研究的建议等。所谓明确,是指结论的相关表达不能含混不清。所谓精练,是指语言要简洁有力,以便给读者留下深刻的印象。

如果在文中不可能明显导出应有的结论,也可以没有结论并进行必要的讨论。

三、现代警务研究论文写作的思维方式

(一) 以抽象思维为手段,概括论文内容

抽象思维属于理性认识阶段,是思维的高级形式。抽象思维需要借助语言符号,利用概念、判断、推理进行,其主要特点是通过分析与综合、抽象与概括、归纳与演绎、求同与求异、原因与结果等基本方法,来揭示事物的本质和规律性联系。从具体到抽象,从感性认识上升到理性认识,必须运用抽象思维。抽象思维的基本单位是概念,并在概念的基础上进行判断和推理。概念、判断、推理是抽象思维的基本形式。

在警务研究论文写作过程中,对警务概念的内涵、外延的界定,对警务工作对象类别、性质、特点的阐述以及对警务现象的原因分析和对策措施的提出等,都需要运用抽象思维方法。

(二) 以程式思维为基础,规范论文格式

程式思维是指用某种固定的思维模式去分析问题和解决问题的思维方式。尽管警务研究的过程不应该受到程式思维的束缚,尤其需要思维的创新,但作为研究成果表达形式的警务研究论文,一般还是需要有相对固定的组成部分和写作过程,从而有利于撰写比较规范的研究论文,这就需要程式思维。当然,在具体的论文写作过程中适当的变通也是可以的,如经验性的研究论文可能只包含现状分析、原因分析和对策措施,我们一定要根据具体研究对象和研究方法选择相对合适的论文结构模式。

(三) 以系统思维为保障,调控论文脉络

系统思维就是人们运用系统观点,把对象的互相联系的各个方面及其结构和功能进行系统认识的一种思维方法。系统论是具有哲学价值的方法论,其基本思想是把研究和处理的对象看作一个整体系统来对待。

整体性原则是系统思维方式的核心。这一原则要求人们无论干什么事都要立足整体,从整体与部分、整体与环境的相互作用过程来认识和把握整体。警务研究论文也是一个有机的整体,需要各种论文要素的有机整合。有些研究论文内容和标题不一致,问题与解决方案不一致,分论点排列顺序缺乏必要的逻辑性,等等,都属于系统思维不够的结果,从而导致论文出现脉络不清、前后不照应、逻辑不合理的整体性问题。

(四) 以辩证思维为灵魂,确立论文主题

辩证思维是反映和符合客观事物辩证发展过程及其规律性的思维。辩证思维的特点是从对象的内在矛盾的运动变化中,从其各个方面的相互联系中进行考察,以便从整体上、本质上完整地认识对象。辩证思维既不同于那种将对象看做静止的、孤立的形而上学思维,也不同于那种把思维形式看作是既成的、确定的形式逻辑思维。

警务工作处于不断发展变化的过程中,过去合适的工作方式或者问题解决方案,随着场合的变化或者时代的变迁可能变得不合适了,工作主题、工作思路、问题解决方案可能也要发生变化,作为警务研究工作者,一定要充分运用辩证思维,研

究、确定论文的主题。

四、现代警务研究论文写作的语言特点

语言是思维的工具。警务研究论文是警务研究成果的表达形式,而语言是警务研究论文的表述形式。如果没有好的语言,警务研究论文内容的科学性、严谨性难以得到正确有效的表达。

(一) 准确、严谨

准确、严谨,指研究论文语言真实确切,语意明确,文句严谨,细致周密。这是研究论文语言的最基本的要求。

1. 注重研究论文语言的科学性。警务研究论文旨在阐述科学的理论和方法,或者在科学理论的指导下解决警务工作实际问题,语言表达具有科学性是最基本的要求。如在论文中不能使用比喻或形象描述来代替对概念的科学界定,如我们不能用"警察是人民群众的守护神"来代替对"警察"概念的科学界定。论文中的数据要准确,不能使用内涵、外延不确定的概念,如果一定要使用,必须进行内涵界定。如在研究论文中使用"以上""以下",就必须对是否包含本数做出界定。不能为了追求新奇而生造和杜撰新的词语和概念。在复杂的句子表述中,要注意前言后语构建的关系是否科学合理。如一篇警务研究论文中有这么一段表述:"公安工作不同于一般的社会工作,需要专业的知识技能和乐于奉献的职业精神,岗前培训必不可少。"我们知道,所有的工作都需要专业的知识技能和乐于奉献的职业精神,如清洁工,因此,理由是不成立的,表述是不科学的。又如一篇警务研究论文中有这么一段表述:"通过法律手段给予私家侦探应有的法律身份,明确其法律地位,填补相关法律的欠缺,对于该行业在我国的良好发展乃至法治中国的建设都是至关重要的。"将私家侦探法律建设上升到对法治中国建设至关重要的位置,这种判断过于夸大了私家侦探法律建设的意义,所形成的判断是不科学的。

2. 使用现代警务专业语言。体现研究论文的专业性,一个重要的方法就是善于运用专业语言。如专业术语等专业语言,具有内涵、外延唯一确定的特点,在使用过程中不会产生歧义。现代警务专业语言是用来阐述现代警务专业知识的,要求科学、准确、规范,表达要清楚,意思要唯一,不能够产生歧义。要使用好专业术语,首先要明确这些术语的内涵,区分好相近术语间的细微差别;如一篇警务研究

论文中有这么一段表述:"本文论述了公安文秘人员参谋职能发挥的现状,仍存在参谋辅助意识淡薄,辅助决策能力缺乏,与领导沟通协调不够,参谋决策位置模糊等问题;但是,公安秘书在领导决策中有辅助确定决策目标……"这一段文字将"公安文秘人员"和"公安秘书"两个内涵和外延比较接近但又有区别的概念混用,表达就不严谨了。一篇警务研究论文中有这么一段论述:"因此出现了各种贪污腐败,严刑逼供,使用手中权利向他人或者不法分子牟利等令社会群众不满的不正之风。""权利"应该改为"权力",这是两个不同的概念,属于专业术语使用的错误。后者是公权,应依法使用。其次,为了熟练使用专业术语,要提升专业思维能力,熟练使用专业术语进行思维,从而达到规范学术语言表达、提升论文学术品位的目的。当然,也不能滥用专业术语,变论文为专业术语的堆砌,从而给阅读者设置语言障碍,影响论文的接受效果。

3. 注重研究论文语言表达的逻辑性。研究论文语言表达的逻辑性包含三个层次:一是从整体看,整篇论文脉络清晰、层次分明、逻辑合理。二是从局部看,研究论文按照所表达思想的先后顺序依次排列组合各语句和语段。一篇警务研究论文中有这么一段表述:"进入新世纪,跨国犯罪成为危害我国国家安全与社会稳定的重要问题,我国迫切需要开展相应的警务合作以面对日益严峻的安全形势。"这段表述存在两个问题:一是国家安全和社会安全不在一个层次上,不能并列写;二是表述时逻辑上一般由小到大。应改为:"进入新世纪,跨国犯罪成为危害我国社会稳定乃至国家安全的重要问题……"这样表述,逻辑上才是合理的。又如一篇警务研究论文中有这么一段表述:"由于城市轨道交通具有污染小、节约能源、运输效率高等特点,许多国家都开始着手于发展城市轨道交通,一时引发了世界各国修建城市地铁的浪潮。""城市轨道交通"和"城市地铁"在逻辑上属于上下位概念,不能混用。可以改为"一时引发了世界各国修建城市轨道交通特别是城市地铁的浪潮"。一篇警务研究论文有这么一段表述:"不少民警还严重缺乏对于工作的经验与热情,不愿意侦办有一定难度的案件,对社会主义法制建设造成了十分不良的影响。"这段表述前后因果关系跨度太大,或者说没有直接的因果关系。

(二) 精练、朴实

精练、朴实,指研究论文语言简明扼要,精当不繁,平直自然,通俗易懂。这是研究论文的又一特质,也是研究论文作者应该孜孜追求的境界。正如清代文学家刘大櫆在《论文偶记》中主张:"文贵简,凡文笔老则简,意真则简,辞切则简,理当则简,味淡则简,气蕴则简,品贵则简,神远而含藏不尽则简,故简为文章尽境。"

1. 表达要简洁

警务研究论文要以简明扼要的语言承载饱满的信息,不说空话、套话,在不影响表达的前提下,多余的字、词、句坚决删除,如一篇警务研究论文的题目是《论对未成年人的行政公益诉讼问题研究》,这个标题完全可以改为《未成年人行政公益诉讼问题研究》,删除三个字,语义更加明确。在研究论文的语言表达上,虽然复合句的使用有时不可避免,但我们认为能够使用简单句表达的,尽量不要使用复合句。认为只有结构复杂的句子才能表达复杂思想的观点是错误的。

2. 语言要朴实

在研究论文中,用尽可能通俗朴素的语言把理论表达清楚,也是论文作者需要不断追求的境界。有的作者认为通俗朴实的语言无法将研究论文的深刻性、复杂性表达出来,只有深奥曲折或者华丽的语言形式才能满足表达所需,这实在是对论文语言认识的误区。

语言学家陈望道把修辞方法区分为积极修辞和消极修辞。认为"记述的境界,如科学文字、法令文字及其他的诠释文等,都以使人理会事物的条理、事物的概况为目的。而要使人理会事物的条理、概况,就须把对象分明地分析,明白地记述。所以这一方面的修辞总是消极的,总拿明白做它的总目标。而要明白,大抵应当:(1)使它没有闲事杂物来乱意;(2)没有奇言怪语来分心。所以所用的语言,就要求是概念的、抽象的、普通的,而非感性的、具体的、特殊的语言,那就无论如何简单,也总有多方面可以下观察、下解释,而且免不了有各自经验所得的感想附杂在内,要它纯粹传达一个意思,实际非常为难。又所用的语言,也须是质实的、平凡的,不是华丽的、奇特的。因为假如用了华丽奇特的语言,又将使读者分心于语言的外表,而于内里反不留心了。所以消极修辞的总纲是明白,而分条可以有精确和平妥两条。"[①]

根据上文,陈望道先生认为科学文字的记述境界是以使人理会事物的条理为目的,办法就是把对象分明地分析,明白地记述,这就是所谓的消极修辞。可见作为科学文字的警务学术论文,也应该使用消极修辞,具体要求就是使用概念的、抽象的、普通的,而非感性的、具体的、特殊的语言,这种语言应该是质实的、平凡的,不是华丽的、奇特的。

---

① 陈望道:《修辞学发凡》,上海教育出版社,1997年版,第53页。

有一篇警务研究论文中有这么一段表述:"在网格化治理中,网格员在其中扮演着最基本的角色,也是网格化治理最关键的主体,是推动网格化治理这辆动车的根本动力,在网格化治理的进程中有着举足轻重的作用,其队伍的建设直接关系到网格化治理的推进质效。"这段话表述华丽,但语义表达重复、啰嗦,其实就是说网格员重要。

要达到语言朴实的境界,最关键的是要加强对研究对象的认识,只有认识到位,才有可能使用朴实的语言清晰地表达出来。同时,也需要具有坚实的语言功底,平时要勤于思想方法、研究方法、专业知识和语言表达的训练。

(三) 庄重、规范

庄重是指用语慎重,不随便、轻浮,学术论文不是文艺作品,不可掺杂作者太多的感情色彩,只要求作者以严谨的科学态度来论证自己的观点,因而语言应该庄重。在论文写作中应避免使用口语色彩过于强烈、有损于语言纯洁健康的粗俗语言,避免使用感情色彩过于浓烈的形容词、副词、叹词以及象声词。

警务研究语言的规范,包括语法规范、学术规范、社会规范等方面对语言表达的要求。具体要做到:

1. 词汇要规范

规范用词,主要是指研究论文中要使用合法的词汇,尽管不完全排斥网络用语等新词语,但一般要使用现代汉语词典中的词语。多使用相关学科的专用术语,以体现用语的规范性,如对于尚未经法院定罪判决的人,我们只能称其为犯罪嫌疑人,而不能称作罪犯。考虑到警务研究论文的学术性,词汇的选择还要庄重,新华社定期发布的《新华社新闻信息报道中的禁用词和慎用词》对警务研究论文写作用词也具有很好的参考作用。以2016年7月修订版为例,如对有身体伤疾的人士不使用"残废人""独眼龙""瞎子""聋子""傻子""呆子""弱智"等蔑称,而应使用"残疾人""盲人""聋人""智力障碍者"或"智障者"等词汇。涉及犯罪嫌疑人家属、案件涉及的未成年人、被暴力胁迫卖淫的妇女、艾滋病患者、有吸毒史或被强制戒毒的人员不宜使用真实姓名,可使用其真实姓氏加"某"字的指代,如"张某""李某",不宜使用化名,等等。

2. 语法要规范

警务研究论文语言表述要合乎语法规范,准确使用各种句式,保持句法的严密和完整。在警务研究论文中,常见的语法错误包括句法成分搭配不当,如主语和谓语、述语和宾语、定语和中心语、状语和中心语等的搭配不当,这类错误比较常见。也有句子杂糅的问题,如"警用无人机应单独制定统一并且根据实战要求实时改进行业标准",这个句子就犯了杂糅的毛病,应改为"警用无人机应单独制定统一的行业标准,并且根据实战要求不断改进行业标准"。介词结构使用不当也是一种常见的错误,如一篇警务研究论文有这么一段表述:"近十几年的事实表明,在面对不断上升的跨国犯罪活动中,仅仅依靠我国的司法机关独立实施管辖,已远远不能适应同这类犯罪作斗争的需要。"这段表述犯了介词结构误用的错误,应删除"在……中",改为"面对不断上升的跨国犯罪"。语法不规范的情况很多,这里只是列举了几类。

3. 文字要规范

文字规范方面的主要要求就是要使用规范的汉字,避免错别字。手写的研究论文可能会出现非法简体字和错字,电脑输入的研究论文一般可能会出现别字,特别是同音的别字。如一篇警务研究论文有这么一段表述:"土耳其与欧盟签署的《重新接纳协议》的生效,使难民从这里进入希腊的难度增加,这条途径希腊、马其顿、塞尔维亚、克罗地亚、斯洛文尼亚和奥地利进入德国帕绍或特劳恩施泰因地区的巴尔干路线也遭到了封堵"。"途径"应改为"途经",前者为名词,方法、路子的意思;后者为动词,中途经过的意思。国内发表的论文,除了特殊要求,应使用规范的现代汉语简体字,不要使用繁体字,尤其要避免繁简混杂。

4. 标点要规范

标点符号是研究论文的有机组成部分,用得恰当,能够准确表达论文内容,体现研究论文的学术性、严谨性、规范性;反之,就会影响内容的表达,甚至产生歧义。如"社会治理的现代化是国家治理体系不可或缺的一部分。目前,中国正处于过渡时期。社会治理的概念,环境和条件已经和以往大不相同。""概念"后面应使用"、"号,表示并列。对准确使用标点符号,有些论文作者往往不够重视,认为这是小儿科,使用起来比较随意,逗号加句号的情况比较常见。关键是思想上要高度重视,严格按照标点符号国家标准使用标点符号。

参考文献

一、专著

1. 王智军:《警察的政治属性》,社会科学文献出版社,2009年版。
2. 曾忠恕:《美国警务热点研究》,中国人民公安大学出版社,2005年版。
3. 薛向君:《英国现代警察的治理与问责》,知识产权出版社,2013年版。
4. 林维业、李文涛、林国合:《中国警察史》,辽宁人民出版社,1993年版。
5. 陈允文:《中国的警察》,商务印书馆,1935年版。
6. 夏菲:《论英国警察权的变迁》,法律出版社,2011年版。
7. 余秀豪:《警察学大纲》,商务印书馆,1946年版。
8. 中国社会科学院法学研究所法制史研究室:《中国警察制度简论》,群众出版社,1985年版。
9. 郑宗楷:《警察法总论》,商务印书馆,1938年版。
10. 上海市公安局史志办公室编、黄臻睿执编:《海上警察百年印象》,同济大学出版社,2014年版。
11. 范扬:《警察行政法》,商务印书馆,1940年版。
12. 万川:《中国警政史》,中华书局,2006年版。
13. 周谷城:《中国社会史记》(上册),齐鲁书社,1988年版。
14. 彭先国:《民国湖南土匪史探》,岳麓书社,2002年版。
15. 徐有威等:《洋票与绑匪——外国人眼中的民国社会》,上海古籍出版社,1998年版。
16. 张宪文、张玉法主编,赵兴胜、高纯淑、徐畅、杨明哲著:《中华民国专题史(第八卷):地方政治与乡村变迁》,南京大学出版社,2015年版。
17. 葛元煦:《沪游杂记》,上海古籍出版社,1989年版。
18. 钟叔河主编:《走向世界丛书》,岳麓书社,1985年版。

19. 董纯朴:《中国警察教育史论》,吉林文史出版社,2007年版。
20. 郑观应:《盛世危言·巡捕》,华夏出版社,2002年版。
21. 夏东元:《郑观应集》,上海人民出版社,1988年版。
22. 韩延龙、苏亦工:《中国近代警察史》(上、下),社会科学文献出版社,2000年版。
23. 戴鸿映:《旧中国治安法规选编》,群众出版社,1985年版。
24. 李士珍:《警察行政之理论与实际》,中华警察学术研究社,1948年版。
25. 内政部警察总署:《中国警政概况》,中国警政出版社,1947年版。
26. 张厉生:《警政法规汇编》,中国警政出版社,1947年版。
27. 俞可平:《治理与善治》,社会科学文献出版社,2000年版。
28. 张静:《国家与社会》,浙江人民出版社,1998年版。
29. 赵可:《国外警学研究集粹》,中国人民公安大学出版社,1999年版。
30. 刘德寰等:《正在发生的未来:手机人的族群与趋势》,机械工业出版社,2012年版。
31. 风笑天:《社会学研究方法》,中国人民大学出版社,2009年版。
32. 张蓉:《社会调查研究方法》,高等教育出版社,2005年版。
33. 陈真、陈和权:《世界警察概论》,四川大学出版社,2008年版。
34. 汪勇:《警管区制研究》,中国人民公安大学出版社,2012年版。
35. 孟庆超:《中国警察近代化研究——以法文化为视角》,中国人民公安大学出版社,2006年版。
36. 穆玉敏:《北京警察百年》,中国人民公安大学出版社,2004年版。
37. 丁芮:《管理北京:北洋政府时期京师警察厅研究》,山西人民出版社、山西经济出版社,2013年版。
38. [英]罗伯特·雷纳:《警察与政治》,易继苍、朱俊瑞译,知识产权出版社,2008年版。
39. [英]特雷弗·琼斯、蒂姆·纽伯恩:《私人安保与公共警务》,李继红、朱安春、徐青等译,南京出版社,2013年版。
40. [英]贝珊·洛夫特斯:《社会变迁与警察文化的嬗变》,蒋荣丰、徐爱华、赵鹏荣等译,南京出版社,2013年版。
41. [澳]洛林·梅热罗尔、珍妮特·兰斯莉:《第三方警务》,但彦铮等译,中国人民公安大学出版社,2012年版。
42. [意]马西尼:《现代汉语词汇的形成——十九世纪汉语外来词研究》,黄河清译,汉语大词典出版社,1997年版。
43. [英]坎南:《亚当·斯密关于法律、警察、岁入及军备的演讲》,陈福生、陈振骅译,商务印书馆,2005年版。
44. [美]罗伯特·兰沃西、劳伦斯·特拉维斯:《什么是警察:美国的经验》,尤小文译,群众出版社,2004年版。
45. [英]贝思飞:《民国时期的土匪》,徐有威等译,上海人民出版社,2010年版。
46. [美]陶涵:《蒋介石与现代中国》,林添贵译,中信出版社,2012年版。
47. [美]布坎南:《自由、市场和国家》,吴良健等译,北京经济学院出版社,1988年版。
48. [美]埃利诺·奥斯特罗姆等:《公共服务的制度建构——都市警察服务的制度结构》,宋全喜等译,上海三联书店,2000年版。
49. [美]戴维·奥斯本、特德·盖布勒:《改革政府——企业精神如何改革着公营部门》,周敦仁等译,上海译文出版社,1996年版。

50. [英]安东尼·吉登斯:《第三条道路——社会民主主义的复兴》,郑戈译,北京大学出版社、生活·读书·新知三联书店,2000年版。

51. [美]西摩·马丁·李普塞特:《政治人——政治的社会基础》,张绍宗译,上海人民出版社,1997年版。

52. [法]让-马克·夸克:《合法性与政治》,佟心平等译,中央编译出版社,2002年版。

53. [美]迈克尔·罗斯金等:《政治科学》,林震等译,华夏出版社,2001年版。

54. [英]齐格蒙特·鲍曼:《共同体》,欧阳景根译,江苏人民出版社,2007年版。

55. [美]约翰·罗尔斯:《正义论》,何怀宏等译,中国社会科学出版社,1988年版。

56. [法]E.迪尔凯姆:《社会学方法的准则》,狄玉明译,商务印书馆,2003年版。

57. [英]K. R.波珀:《科学发现的逻辑》,查汝强、邱仁宗译,科学出版社,1986年版。

58. [英]Alison Wakefield:《社会发展与警务变革——公共领域的社会化警务》,郭太生等译,中国人民公安大学出版社,2009年版。

二、外文文献

1. Committee to Review Research on Police Policy and Practices, *Fairness and Effectiveness in Policing: The Evidence*, Washington, DC: The National Academies Press, 2004.

2. D. Cornish, and R. Clarke, "Understanding crime displacement: An application of rational choice theory", *Criminology*, 1987, 25(4): 933-959.

3. Department of Justice, Bureau of Justice Statistics, *Law Enforcement Management and Administrative Statistics: Local Police Departments 2000*, Washington, D. C., 2003.

4. D. Garland, "The limits of the sovereign state", *British Journal of Criminology*, 1996(36): 445-471.

5. D. H. Bayley, *Police for the Future*. New York: Oxford University Press, 1994.

6. D. Kennedy, A. Piehl, and A. Braga, "Youth violence in Boston: Gun markets, serious offenders, and a use-reduction strategy", *Law and Contemporary Problems*, 1996(59): 147-196.

7. D. M. Kennedy, "Pulling levers: Chronic offenders, high-crime settings, and a theory of prevention", *Valparaiso University Law Review*, 1997(31): 449-484.

8. D. Weisburd, and P. W. Neyroud, *Police Science: towards a New Paradigm*. Washington, DC: National Institute of Justice, 2011.

9. D. Weisburd, S. Mastrofski, A. McNally, R. Greenspan, and J. Willis, "Reforming to preserve: Compstat and strategic problem solving in American policing", *Criminology and Public Policy*, 2003(2): 421-456.

10. D. Weisburd, T. Cody, H. Joshua, and E. John, *The Effects of Problem-Oriented Policing on Crime and Disorder*, in Campbell Systematic Reviews, 2008.

11. E. Silverman, "Compstat's innovation", in D. Weisburd and A. Braga(eds.), *Police Innovation Contrasting Perspectives*, Cambridge University Press, 2006.

12. F. E. Zimring, *The City That Became Safe: New York's Lessons for Urban Crime and Its Control* (*Studies in Crime and Public Policy*), Oxford: Oxford University Press, 2011.

13. F. Zimring, and G. Hawkins, *Deterrence: The legal Threat in Crime Control*, Chicago: University of Chicago Press, 1973.

14. G. L. Kelling, A. Pate, D. Dieckman, and C. E. Brown, *The Kansas City Preventative Patrol Experiment: Technical Report*, Washington, DC: Police Foundation, 1974.

15. G. L. Kelling, and M. H. Moore, "From political to reform to community: The evolving strategy of police", in J. R. Greene and S. D. Mastrofski (eds.), *Community Policing: Rhetoric or Peality?* New York: Praeger Publishers, 1988.

16. H. Goldstein, *Problem-oriented Policing*, New York: McGraw-Hill, 1990.

17. H. Goldstein, "Improving policing: A problem oriented approach", *Crime and Delinquency*, 1979(24): 236 - 258.

18. J. E. Eck, and D. P. Rosenbaum, "The new police order: Effectiveness, equity, and efficiency in community policing", in D. P. Rosenbaum (ed.), *The Challenge of Community Policing: Testing the Promises*, Newbury Park, CA: Sage Publications, 1994.

19. J. E. Eck, and W. Spelman, *Problem Solving: Problem-Oriented Policing in Newport News*, Washington, Police Executive Research Forum and National Institute of Justice, 1987.

20. J. MacDonald, "The Effectiveness of Community Policing in Reducing Urban Violence", *Crime & Delinquency*. 2002, 48(4): 592 - 618.

21. J. P. Levine, "Ineffectiveness of adding police to prevent crime", *Public Policy*, 1975(23): 523 - 545.

22. J. Q. Wilson, and G. L. Kelling, "Broken windows: The police and neighborhood safety", *The Atlantic Monthly*, 1982(3): 29 - 38.

23. Kansas City Police Department, *Response Time Analysis*, Kansas City, MO: Kansas City Police Department, 1977.

24. Kerner Commission, *National Advisory Commission on Civil Disorder*, Washington, DC: US Government Printing Office, 1968.

25. K. Newman, *The principles of Policing and Guidance for Professional Behavior*, London: The Metropolitan Police, 1985.

26. L. E. Cohen, and M. Felson, "Social change and crime rate trends: A routine activity approach", *American Sociological Review*, 1979(44): 588 - 605.

27. L. Mazerolle, and J. Ransley, "Third-party policing: Prospects, challenges and implications for regulators", in *Regulations: Enforcement and Compliance Conference*, Melbourne, 2003.

28. L. W. Sherman, and D. Weisburd, "General deterrent effects of police patrol in crime 'hot-spots': A randomized controlled trial", *Justice Quarterly*, 1995(12): 626 - 648.

29. L. W. Sherman, *Evidence-based Policing*, *Ideas in American Policing Series*, Washington, DC: The Police Foundation, 1998(2).

30. M. Feeley, and J. Simon, "Actuarial justice: the emerging new criminal law", in D. Nelken (ed.) *The Futures of Criminology*, London: Sage, 1994.

31. P. Brantingham, and P. Brantingham (eds.), *Environmental Criminology*, Sage, Beverly Hills, Calif, 1981.

32. President's Commission on Law Enforcement and Administration of Justice, *The Crime Commission Report: The Challenge of Crime in a Free Society*. Washington, DC: US Government Printing Office, 1967.

33. R. B. Taylor, *Breaking away from Broken Windows*, Boulder, CO: Westview Press, 2001.

34. R. Ericson, "The division of expert knowledge in policing and security", *British Journal of Sociology*, 1994, 45(2): 149-175.

35. R. Ericson, and K. D. Haggerty, *Policing in the Risk Society*, Toronto: University of Toronto Press, 1997.

36. S. J. Dempsey, *An Introduction to Policing*, Wadsworth Publishing Company, 1994.

37. T. Jones, and T. Newburn, *Private Security and Public Policing*, Oxford: Clarendon, 1998.

38. W. G. Skogan, and L. Steiner, *Community Policing in Chicago*, Year Ten, Chicago: Illinois Criminal Justice Information Authority, 2004.

39. W. J. Bratton, and P. Knobler, *Turnaround: How America's Top Cop Reversed the Crime Epidemic*, New York: Random House, 1998.

40. W. Oliver, "The Third Generation of Community Policing: Moving Through Innovation, Diffusion, and Institutionalization", *Police Quarterly*, 2000, 3(4): 367-388.

41. W. Spelman, and D. K. Brown, *Calling the Police: Citizen Report in Serious Crime*, Washington: US Government Printing Office, 1984.

三、期刊、学位论文

1. 石启飞：《论西方"警察"与"警务"含义的演化对中国警务发展的启示》，《公安教育》，2017年第5期。
2. 郭太生、戚丹：《警务理念创新与社会管理的完善》，《中国人民公安大学学报》（社会科学版），2009年第3期。
3. 谢慧敏、党燕：《"警察"词源补正》，《公安大学学报》，1997年第2期。
4. 何瑞林：《略论中国奴隶社会的国家警察管理》，《甘肃政法学院学报》，1998年第2期。
5. 祝悦：《我国警察行政法制之基本构建》，博士学位论文，中国政法大学，2007年。
6. 鄢定友：《近代西方警政思想东渐中国的路径与反响》，《史志学刊》，2017年第2期。
7. 彭雪芹：《近代中国早期警察观念探析》，《河南大学学报》（社会科学版），2009年第6期。
8. 邱华东、史群：《张謇的警政思想及其实践》，《南通大学学报》（社会科学版），2006年第5期。
9. 侯利敏：《中国近代警察制度的形成与发展》，《河南省政法管理干部学院学报》，2004年第6期。

10. 杨玉环:《试评中国近代警察制度》,《辽宁大学学报》(哲学社会科学版),2007年第3期。

11. 郁建兴、吕建再:《治理:国家与市民社会关系理论的再出发》,《求是学刊》,2003年第4期。

12. 邓正来、景跃进:《建构中国的市民社会》,《中国社会科学季刊》,1992年第1期。

13. 李风华:《治理理论:渊源、精神及其适用性》,《湖南师范大学社会科学学报》,2003年第5期。

14. 夏文信:《略论社会组织的变革与公安工作》,《江苏警官学院学报》,2002年第1期。

15. 王柏杨、朱旭东:《论现代警务体系的基本问题》,《中国人民公安大学学报》(社会科学版),2016年第2期。

16. 王秋实:《APP,移动互联网的下一个战场》,《中国电信业》,2014年第2期。

17. 史波:《移动互联网环境下公共危机信息传播行为的影响因素研究》,《情报杂志》,2013年第6期。

18. 陈天祥等:《"媒介化抗争":一种非制度性维权的解释框架》,《江苏行政学院学报》,2013年第5期。

19. 方兴东等:《微信传播机制与治理问题研究》,《现代传播》,2013年第6期。

20. 彭兰:《社会化媒体、移动终端、大数据:影响新闻生产的新技术因素》,《现代传播》,2012年第16期。

21. 武琳、吴绮琪:《英美公共安全领域政府开放数据应用进展》,《情报杂志》,2018年第4期。

22. 尚进:《公共安全信息适度共享探析》,《中国行政管理》,2017年第10期。

23. 张学超:《河北农村犯罪现状及对策——部分县(市)的实证研究》,《中国人民公安大学学报》(社会科学版),2010年第5期。

24. 李博翔、蒋岩波:《城市流动青少年犯罪原因及对策思考》,《江西社会科学》,2014年第9期。

25. 刘启刚:《犯罪嫌疑人反侦查行为研究——以445名在押犯罪嫌疑人为分析样本》,《山东警察学院学报》,2017年第1期。

26. 何军:《大数据与侦查模式变革研究》,《中国人民公安大学学报》(社会科学版),2015年第1期。

27. 付有志、孔萍:《犯罪人价值观的调查研究——以河北省HS监狱服刑人员为样本》,《中国人民公安大学学报》(社会科学版),2016年第2期。

28. 秦剑平、殷建国:《现代警务的规范演进与质态提升——现代警务机制南通模式研究》,《公安研究》,2013年第8期。

29. 陈祥群:《公安行政执法中公众参与问题研究——以浙江省温州市为例》,硕士学位论文,湖南大学,2015年。

30. 薛向君:《当代美国警务理论与模式创新》,《中国人民公安大学学报》(社会科学版),2017年第1期。

31. 王智军:《警事治理:国家警事社会化的新理解》,《中国人民公安大学学报》(社会科学版),2005年第1期。

32. 张凤阳:《转型社会背景下的社会怨恨》,《学海》,2014年第2期。

33. 王驰:《从宣传警务、公关警务到媒介警务——警察传播研究的历史素描与时代命题》,《净月学刊》,2014年第5期。

34. 王驰:《警察传播学——公安学下新兴学科探究》,《江苏警官学院学报》,2014年第1期。

35. 王驰、张亮:《媒介变革及其对公共安全治理的影响》,《中国人民公安大学学报》(社会科学版),2014年第5期。

36. 王驰、赵明、宋垒磊:《移动互联网时代的传播变革及其对网络安全防控的影响》,《公安研究》,2014年第9期。

37. 鄢定友等:《清末巡警部创建的历史考察》,《湖北警官学院学报》,2007年第6期。

38. 鄢定友等:《黄遵宪警政改革思想的历史学分析》,《河南公安高等专科学校学报》,2008年第2期。

39. 鄢定友:《袁世凯与清末民初警察教育的勃兴》,《山西档案》,2014年第1期。

40. 鄢定友:《民国时期警察的工资待遇考论》,《沧桑》,2014年第6期。

41. 鄢定友:《民国时期警察素质提高的路径依赖考论》,《兰台世界》,2012年第31期。

42. 吴永生:《民国警察的社会教化功能》,《学海》,2016年第6期。

43. 夏敏:《川岛浪速与晚清警政建设》,《政法学刊》,2007年第1期。

44. 夏敏:《北洋政府时期的地方警政建设》,《江苏警官学院学报》,2003年第6期。

45. 夏敏:《晚清时期中国近代警察制度建设》,《江苏警官学院学报》,2003年第4期。

后　记

众人操弓，合志成城。在江苏高校优势学科建设工程资助项目（PAPD）资助下，在江苏省高等教育教改重中之重课题《公安本科院校大数据条件下实战化教学改革路径研究》（课题编号：2019JSJG006）支持下，在江苏警官学院教材项目支持下，《现代警务研究概论》编著团队历经两年时间的努力，完成了本书的编著工作。

在编著本书之前，编著团队成员曾在相关研究基础上，为江苏警官学院公安大学生警务研究人才训练班做了八年的《现代警务研究理论基础》和《现代警务研究方法与写作》两门课程的授课，为南京师范大学法学院法律硕士（警务方向）2013级至2018级研究生做了七年的《现代警务研究专题》课程的授课，这些为本书的成稿奠定了扎实的研究和写作基础。在成书之际，感谢江苏现代警务研究中心，江苏警官学院学科部、研究生部、教务处等多部门的支持和帮助。

本书各章的编著任务分工如下（以章节先后为序）：第一章、第七章钱洁教授，第二章薛向君教授，第三章鄢定友教授，第四章、第八章王智军教授，第五章杜永吉副研究员，第六章王驰副研究员，第九章黄小英副研究员，第十章、第十一章施辉副教授。

在本体论和方法论两个层面对现代警务研究进行全方位地梳理和阐述，在国内尚属首次。研究刚刚开始，还有大量的工作亟待跟进，同时已有的研究工作和写作中一定还有一些不当之处，甚至谬误，请读者们阅读中不吝赐教。

是为后记。

本书编著组

2020年9月